高等职业教育公共课精品教材
新时代课程思政建设配套教材

大学生心理健康教育

（思政课+精品微课）

主　编：王　珮　冯靖雄

- 思政课程
- 互联网+
- 配套教学资源包

北京体育大学出版社

策划编辑：韩培付
责任编辑：曹晓燕
责任校对：米　安

图书在版编目（CIP）数据

大学生心理健康教育 / 王珮，冯靖雄主编. — 北京 ：北京体育大学出版社，2023.11
ISBN 978-7-5644-3925-5

Ⅰ. ①大… Ⅱ. ①王… ②冯… Ⅲ. ①大学生－心理健康－健康教育 Ⅳ. ①G444

中国国家版本馆 CIP 数据核字(2023)第 204657 号

大学生心理健康教育
DAXUESHENG XINLI JIANKANG JIAOYU　　主　编　王　珮　冯靖雄

出版发行：北京体育大学出版社
地　　址：北京市海淀区农大南路 1 号院 2 号楼 2 层办公 B-212
邮　　编：100084
网　　址：http://cbs.bsu.edu.cn
发 行 部：010-62989320
邮 购 部：北京体育大学出版社读者服务部 010-62989432
印　　刷：三河市龙大印装有限公司
开　　本：880mm×1230mm　1/16
成品尺寸：210mm×285mm
印　　张：13
字　　数：375 千字
版　　次：2023 年 11 月第 1 版
印　　次：2023 年 11 月第 1 次印刷
定　　价：48.00 元

PREFACE 前言

近年来，国家相继印发一系列政策文件，不断推动高校心理健康教育规范化建设发展。2001—2015 年，教育部印发了 5 项加强学生心理健康教育工作的相关政策文件。2016 年 12 月，国家卫生计生委、中宣部等 22 部门联合印发《关于加强心理健康服务的指导意见》，明确要求教育系统要进一步完善学生心理健康服务体系，提高心理健康教育与咨询服务的专业化水平。2017 年 12 月，中共教育部党组印发《高校思想政治工作质量提升工程实施纲要》，提出要切实改进工作，提升心理育人质量。2018 年 7 月，中共教育部党组印发《高等学校学生心理健康教育指导纲要》，提出建设教育教学、实践活动、咨询服务、预防干预“四位一体”的心理健康教育工作格局。2019 年 12 月，国家卫生健康委、中宣部等 12 部门联合印发《健康中国行动——儿童青少年心理健康行动方案(2019—2022 年)》，明确要求完善儿童青少年心理服务体系，对儿童青少年常见的心理行为问题与精神障碍开展早期识别和干预研究。2020 年 4 月，教育部、中组部等 8 部门印发了《关于加快构建高校思想政治工作体系的意见》，明确要求把心理健康教育课程纳入整体教学计划，按师生比不低于 1∶4 000 的比例配备专业教师，每校至少配备 2 名。

从以上文件中可以看出，国家非常重视高校心理健康教育工作。开展高校心理健康教育是时代发展的要求，是教育改革的要求，是德育创新的要求，更是大学生健康成长的需要。

本书以国家颁发的相关文件为编写依据，根本目的和根本任务在于提升大学生的心理素质，预防和调节大学生的不良情绪，促进大学生身心健康协调发展。按照实用、科学的原则，本书共分为十个章节，选取了与大学生成长过程息息相关的主题，包括大学生心理健康概述、大学生自我意识、大学生情绪管理、大学生人格发展、大学生人际交往、大学生学习心理、大学生网络心理、大学生恋爱心理和性心理、大学生职业生涯规划、大学生生命教育。

本书内容充实、体例新颖、图文并茂，意在提高大学生的学习兴趣，进而帮助大学生更好地掌握理论知识。此外，本书还添加了丰富的案例，将理论知识与案例充分结合，希望能引起大学生的共鸣，从而达到普及大学生心理健康基本知识、培养大学生的个性、提高大学生的适应能力和促进大学生发展的目的。

本书的特色模块如下。

育人目标：列出与理论知识相关的价值目标，使大学生理解学习该内容的意义。

学习目标：提出与理论知识相关的学习目标，让大学生对理论知识的结构有一个清晰的认识。

情境导入：每章开篇都有一段导读，以激发大学生学习的积极性。

名人名言：引用名人的话语，增强内容的可靠性和科学性。

精选案例：编写与理论知识相关的案例，并对案例进行分析，以便大学生更好地理解相关内容。

知识延伸：介绍与理论知识相关的知识点，开阔大学生的视野。

思政元素：选取与理论知识相关的优秀文化、先进事迹等小篇幅的思政内容，陶冶大学生的情操。

小贴士：提示重点，补充内容，加深大学生的印象。

课堂讨论：引导大学生对所学知识进行讨论，发散大学生的思维。

教学检测：针对理论知识编设训练题，题型多样，包括思考题和活动设计题。其中，思考题是对所学知识的回顾；活动设计题意在使大学生参与活动，达到学以致用的目的。

思政园地：选取与每章内容有关的优秀文化、先进事迹、突出贡献等大篇幅的思政内容，并配以讨论题，引导大学生思考，培养大学生积极、健康的心态。

本书既从理论上分析了大学生的心理机制和各种心理问题产生的原因，也提出了解决大学生不同心理问题的方法。希望本书能够帮助大学生解除心理困惑、扫清心理障碍，让其成长为真正意义上的健康的人。本书既可作为高等院校公共课系列教材，也可作为广大人士的自学读物。

由于编者水平有限，书中难免存在不足之处，恳请广大读者批评指正，以使内容日臻完善。

目录

CONTENTS

第一章 大学生心理健康概述/1

第一节 健康与心理健康/2

第二节 大学生的心理健康/4

第二章 大学生自我意识/15

第一节 自我意识概述/16

第二节 大学生自我意识的发展/20

第三节 大学生健康自我意识的培养/29

第三章 大学生情绪管理/37

第一节 情绪概述/38

第二节 大学生情绪概述/42

第三节 大学生情绪的有效管理/53

第四章 大学生人格发展/61

第一节 人格概述/62

第二节 大学生的人格缺陷及人格障碍/69

第三节 大学生健康人格的塑造/75

第五章 大学生人际交往/80

第一节 人际交往概述/81

第二节 大学生人际交往概述/88

第三节 大学生良好人际关系的建立/93

CONTENTS

第六章 大学生学习心理/100
第一节 学习概述/101
第二节 大学生学习的特点及问题/105
第三节 大学生学习能力的提高/111

第七章 大学生网络心理/119
第一节 网络与大学生/120
第二节 大学生常见的网络心理障碍及其干预方法/125
第三节 大学生健康网络心理的培养/131

第八章 大学生恋爱心理和性心理/138
第一节 大学生恋爱心理概述/139
第二节 大学生健康恋爱心理的培养/149
第三节 大学生性心理概述/154
第四节 大学生健康性心理的培养/158

第九章 大学生职业生涯规划/164
第一节 职业生涯规划概述/165
第二节 大学生职业生涯规划概述/169
第三节 大学生求职择业的技巧/177

第十章 大学生生命教育/184
第一节 生命及生命教育/185
第二节 大学生自杀行为的预防/190
第三节 大学生心理咨询/195

参考文献/202

第一章 大学生心理健康概述

育人目标

◎ 关注身心健康，切实提升心理素质，树立健康的心理观念，为心理健康成长打下坚实的基础。

◎ 树立理性平和、积极向上的阳光心态，以健康的心理和坚强的意志迎接未来的机遇和挑战，做一名勇立时代潮头、勇担时代重任的新时代青年。

学习目标

◎ 了解健康和心理健康的概念及标准，了解大学生心理健康的标准。

◎ 了解大学生心理健康现状与常见的心理问题，理解加强大学生心理健康教育的意义。

◎ 掌握加强大学生心理健康教育的方法，培养良好的心理素质。

情境导入

徐晓，某重点大学大一新生。由于从小到大一直受到父母无微不至的照顾，以致她的生活自理能力较差。虽然徐晓以优异的成绩顺利地考入大学，但大学的生活和学习让她感觉压力巨大。她在校住宿期间，因不会洗衣服，只能周末把脏衣服背回家；不会打扫卫生和整理生活用品，所以她总是因宿舍床铺脏、乱、差而受到批评；和同学相处也不尽如人意；甚至令她引以为傲的学习成绩也不像之前那么优异了。渐渐地，她变得情绪低落、失眠、食欲不振，上课也不能集中注意力，每天都无精打采。她去医院检查了身体，发现自己的身体没有疾病。然而，徐晓始终无法调整好自己的状态，对大学生活也失去了兴趣，入学还不到半年，她就办理了退学手续。

现代生活中，心理健康至关重要。大学生担负着祖国的未来，肩负着实现中华民族伟大复兴的历史重任，保持自我健康是大学生实现这一重任的基础。拥有健康的心理是大学生提高整体素质的重要前提。

第一节 健康与心理健康

名人名言

健康是人生的第一财富。

——拉尔夫·沃尔多·爱默生

一、健康

（一）健康的概念

健康是人类生存极为重要的内容，它对人类的发展、社会的变革、文化的更新、生活方式的改变等，起着决定性的作用。那么，一个人怎样才算健康呢？传统观念里，人们普遍认为身体健康是健康概念的全部，身体没病也就意味着健康。随着社会的发展和生活水平的提高，人们的健康观也在不断变化，人们对健康的理解已趋向于“整体健康观”，即健康是用心理尺度、医学尺度和社会尺度来衡量的。

1948年，世界卫生组织(WHO)成立时，在宪章中对健康下了这样的定义：“健康乃是一种生理、心理和社会适应都日臻完满的状态，而不仅仅是没有疾病和虚弱的状态。”这一定义特别突出了健康概念的多元化。

小贴士

健康受到人们越来越多的关注，人们对这一概念的理解也越来越深入，随之也出现了一些新的概念，其中最重要的就是生理健康与心理健康。在理解“健康”这一概念时尤其要注意这一点。

1989年，世界卫生组织进一步深化了健康的概念，认为健康包括躯体健康、心理健康、社会适应良好和道德健康。这一定义突出强调了人的生理与心理、自然性与社会性的不可分割性，当然，这也是世界公认的健康的标准定义。

2000年，世界卫生组织又提出促进健康的新准则，包括“合理膳食，戒烟，心理健康，克服紧张压力，体育锻炼”，将健康的概念进一步细化。

总之，健康是生理健康与心理健康的统一，二者相互联系、密不可分。人的生理疾病会影响人的心理健康，容易使人产生烦躁不安、情绪低落等心理不适的现象；而长期的心情抑郁也易使身体感到不适。因此，健全的心理有赖于健康的身体，健康的身体同样离不开健全的心理，二者是相互依赖、相互促进的。

（二）健康的标准

随着社会的进步和科学的发展，人们对健康概念的理解也越来越深刻。基于对健康的认识，世界卫生组织提出了健康的十条标准：

(1)精力充沛，能从容不迫地应对日常生活和工作的压力。

(2)处事乐观，态度积极，乐于承担责任，事无巨细不挑剔。

(3)善于休息，睡眠良好。

(4)应变能力强，能适应外界环境的各种变化。

(5)能够抵抗一般性感冒和传染病。

(6)体重适当，身材匀称，站立时身体各部分协调。

(7)眼睛明亮，反应敏锐，眼睑不发炎。

(8)牙齿清洁、无龋齿、无疼痛，牙龈颜色正常、无出血现象。

(9)头发有光泽，无头屑。

(10)肌肉和皮肤富有弹性，走路轻松有力。

世界卫生组织提出的健康的十条标准，体现了现代社会对健康较为全面的认识。在此基础上，本书总结出衡量健康的四个层面的标准：

(1)躯体情况。躯体情况包括身体发育是否良好，是否有生理疾病或缺陷等，这是健康概念的基础。

(2)心理发展状态。心理发展状态包括是否有心理疾病，是否有持续的、积极的心理状态等。

(3)社会适应程度。社会适应程度包括掌握多少生活知识和技能，是否有正确的生活目标，能否遵守社会生活规则、顺利融入社会群体、承担社会角色、适应社会生活等。

(4)道德文明水平。道德文明水平包括道德认知水平和道德行为状况等。

二、心理健康

心理健康的概念和标准

（一）心理健康的概念

《辞海(第 7 版)》中关于“心理健康”的解释是，心理健康亦称心理卫生，指个体良好的心理状态，且自我内部、自我与环境间保持和谐的良好状态。

第三届国际心理卫生大会对心理健康做出定义：所谓心理健康，是指在身体、智能以及情感上与他人的心理健康不相矛盾的范围内，将个人心境发展成最佳状态。

2001 年，世界卫生组织对心理健康做出定义：心理健康是一种健康或幸福的状态，在这种状态中，个体得以实现自我，能够应对正常的生活压力，有效地从事工作，并能够对社会做出贡献。

2016 年，国家卫生计生委、中宣部等 22 部门联合印发的《关于加强心理健康服务的指导意见》将心理健康定义为“人在成长和发展过程中，认知合理、情绪稳定、行为适当、人际和谐、适应变化的一种完好状态”。

心理健康可以从广义和狭义上进行理解。从广义上讲，心理健康是指一种高效而满意的、持续的心理状态；从狭义上讲，心理健康是指人的基本心理活动的过程内容完整、协调一致，即认识、情感、意志、行为、人格完整和协调，能适应社会、与社会保持同步。本书采用的是广义的心理健康概念。

(二)心理健康的标准

心理健康不能像生理健康那样给出精确和绝对的标准。因为随着时代的发展、科技的进步，人们的个体经历或经验使他们对心理健康有着不同的理解，对心理健康标准的判定也不尽相同。

关于心理健康的标准，世界卫生组织明确提出了四个方面：①身体、智力、情绪非常协调；②适应环境，在人际交往中能彼此谦让；③有幸福感；④在工作和职业中，能充分发挥自己的能力，过高效率的生活。

美国学者 A. W. 坎布斯认为心理健康、人格健全的人应该有四种特质：①有积极的自我观念；②能恰当地认同他人；③能面对和接受现实；④主观经验丰富，可供取用。

美国心理学家亚伯拉罕·马斯洛和贝拉·米特尔曼提出了心理健康的十条标准：①有充足的安全感；②能充分了解自己，并对自己的能力做出适度的评价；③生活的目标切合实际；④能与现实环境保持接触；⑤能保持人格的完整与和谐；⑥具有从经验中学习的能力；⑦能保持良好的人际关系；⑧能适度地表达与控制自己的情绪；⑨在不违背社会规范的前提下，能恰当地满足个人的基本需要；⑩在不违背集体要求的前提下，能有限度地发挥自己的个性。

我国学者王希永等认为，心理健康有下列标准：①智力正常，思维方式正确，能唯物辩证地看待社会、看待自己、看待一切事物；②具有高尚的情感体验，能控制自己的情绪；③能正确对待困难和挫折，不苛求环境，不推卸责任，有战胜困难的信心、勇气和毅力，有创新意识和开拓精神，顺利时不骄傲自满；④需要是合理的，动机是可行的，有理想、有追求、有社会责任感，精神生活充实；⑤具有自觉的社会公德，具有社会所赞许的道德品质，能恰当地处理好人际关系；⑥经常处于内心平衡的满足状态，出现心理不平衡时，自己可以及时地、成功地进行调整。

虽然不同的学者从不同的角度提出了心理健康的标准，但大家达成了一点共识，即心理健康是一种能够表现出良好个性和良好人际关系的心理特质结构，它是在正常发展的智能基础上形成的。另外，需要指出的是，对于心理健康的标准，我们只能把它视作人们努力追求的一个理想或目标，而不能将这些标准当作至理来苛责自己。当然，也不能忽视这些标准，从而忽略了自己真正存在的心理健康隐患。我们要将这些标准当作辅助性的工具，使自己的心理达到健康状态。

课堂讨论

心理健康状态容易达到吗？你认为自己是一个心理健康的人吗？

第二节　大学生的心理健康

名人名言

要散布阳光到别人心里，先得自己心里有阳光。

——罗曼·罗兰

一、大学生心理健康的标准

大学生是社会中较为特殊的一个群体，直到现在，国内外学者对大学生心理健康标准的界定依然没有一个最终的定论。但结合我国大学生群体的生理、心理特点及社会对其角色的特定要求等实际情况，通常采用以下七条标准来评判大学生的心理健康状况。

(一)对学习有较浓厚的兴趣

一般来说，学生的主要任务是学习，所以对学习的兴趣就显得尤为重要。心理健康的大学生应有正确的学习态度、强烈的求知欲、浓厚的学习兴趣以及较高的学习效率，能够自觉克服学习中遇到的各种困难，并从学习中体验到快乐与满足感。

(二)保持正确的自我意识，接纳自我

正确的自我意识是大学生心理健康的重要条件。正确的自我意识是指能正确了解自己、接纳自己，做到自尊、自强、自爱、自制，摆正自己的位置，勇敢地面对挫折和困难，正视现实，积极进取。大学生要根据自己的个性特点和能力状况设置合理的人生目标，做一个接纳自我、发展自我的人。

(三)协调与控制情绪，保持良好的心境

情绪，是集人们各种感觉、思想和行为于一体的一种综合的心理状态，是对外界刺激所产生的心理反应。每个人都有丰富的情绪体验，大学生也是如此。一个心理健康的大学生，在多数情况下都应保持稳定的情绪和良好的心境，应富有朝气和活力，对生活充满希望，对未来充满憧憬；善于调控自己的情绪，既能克制又能合理宣泄自己的情绪，情绪的表达既符合社会的要求又符合自身的需要；在困难和挫折面前，能保持积极、乐观的心态；等等。

(四)保持完整统一的人格品质

人格品质完整统一是指个体所想、所说、所做都是协调统一的，人格结构的各要素，如气质、能力、性格、理想、信念等方面能平衡发展，保持完整统一，具有积极的人生态度与价值观。

(五)保持和谐的人际关系，乐于交往

和谐的人际关系是心理健康十分重要的条件。大学生要乐于与人交往，交往的态度应端正、不卑不亢，应懂得关心和帮助他人，在交往中保持完整独立的人格；能客观公正地评价他人，评判事件；善于取人之长，补己之短。

(六)保持良好的环境适应能力

心理健康的大学生对周围的事物和环境应有正确的认识和评价，能够正确地认识现实，善于融入不同的环境，能积极地适应环境，并能在生活中感受到乐趣，当发现自己的需要、愿望和社会环境相矛盾时，能迅速进行自我调节，力求与社会环境协调一致。

(七)心理行为符合年龄特征

人类的生命发展分为不同的年龄阶段，不同的年龄阶段有相对应的心理行为表现。大学生的思维

敏捷、精力充沛，在行为上表现为勤学好问、积极探索、勇于挑战。如果整天萎靡不振、喜怒无常，其心理行为则不符合大学生的年龄特征，一定要警惕是否出现了心理问题。

二、大学生心理健康现状及常见的心理问题

(一)大学生心理健康现状

大学生常见心理问题及应对策略

在我国社会发展的历史进程中，随着我国教育的不断发展，越来越多的适龄青年有机会进入大学，接受高等教育，同时大学生也渐渐走出了“天之骄子”和“栋梁之材”的光环，回归到现实生活。

中国青年报社联合“丁香医生”共同发布的《2020 中国大学生健康调查报告》(以下简称《报告》)显示，当前我国大学生总体健康状况良好，并已逐步形成健康意识，特别是对健康生活方式关注度较高，但有一些生活方式需要改进。《报告》样本覆盖全国 40 余所高校的 12 117 名大学生，采用分层抽样和小组访谈相结合的方法，调研了大学生当下的健康态度和生活方式，对大学生的身心健康状况进行全面分析。《报告》显示，在对待健康的态度上，大学生不仅重视身体健康，而且也没有忽视心理健康，相比于身体健康评分(7.1 分)，他们给自己的心理健康评分(7.6 分)更高，且近三分之一的大学生认为自己心理健康状态非常好，评分高于 9 分。虽然心理健康评分比身体健康评分高，但情绪问题依旧成为排名第三的大学生健康困扰，这说明大学生的心理健康状况依旧需要被重点关注。《报告》显示，大学生心理困扰来自学业压力、人际关系、性格、就业/生涯规划、恋爱、家庭关系等方面。其中，学业成绩是最主要的压力来源，人际关系和性格带来的压力紧随其后。面对来自各方的压力，91%的大学生表示会主动采取行动，尝试通过各种方式解压。因此，学会缓解负面情绪也是大学生需要学习的“重要一课”。

总之，大学生心理健康问题应引起全社会的关注，大学生心理素质的提升迫在眉睫。

知识延伸

大学生人格问卷

大学生人格问卷(University Personality Inventory，UPI)是为了早期发现、早期治疗有心理问题的学生而编制的大学生精神健康调查表。

大学生人格问卷主要以大学新生为对象，为调查大学生入学时的精神卫生状况而使用，以了解大学生的各种心理问题。

(二)大学生常见的心理问题

1. 不适应环境导致的心理问题

不适应环境的情况在大学新生中较为普遍。尤其是初次离家过集体生活的大学生，他们都需要经历一个从不适应到逐步适应的过程。但在这一过程中，部分大学生由于习惯于家长无微不至的照顾以及过度的保护，难以快速适应生活的变化，极容易产生抑郁情绪。

2. 学习压力导致的心理问题

与中学学习相比，大学学习在学习目标、学习方法和学习内容等方面均有明显的不同，更多地要求大学生自主学习、自我管理，自觉探索更多未知的知识。一些大学生忽视了学习方法的调整，刻板

地沿用中学阶段的学习方法来应对大学学习，以致难以适应，感到不知所措，甚至失去学习的兴趣和动力。还有一些大学生，进入大学后，学习目标不明确、学习动机缺乏、学习态度不端正，或者所学专业与自己的学习兴趣不一致等，导致他们出现学习受挫、困惑迷茫甚至挂科等一系列问题。长此以往，这些大学生可能会情绪紧张、焦虑，严重的甚至会自卑和厌学。此外，大学生除课堂学习外，还会参与各种社会实践活动，一些大学生因无法很好地平衡学业和社会实践活动之间的关系而倍感压力。

3. 情感受挫导致的心理问题

在大学生活中，大学生既有对友情、爱情的追寻和渴望，也有情感的迷惑和失落，若处理不好这些情感，大学生可能会受抑郁、焦虑等情绪困扰。目前，大学生恋爱现象已相当普遍，与之相伴的失恋现象也越来越多，部分大学生把失恋看成是极端严重的生活事件，这会使他们的情绪、自我评价、人际交往、学习和生活规律等受到不同程度的打击和干扰，由此可能产生诸多心理问题。

精选案例

王丽，某高职院校大一新生。刚进入大学时，王丽对周围的一切都充满新鲜感。在一次班级的活动中，王丽对同班的一位男同学一见钟情，此后，她就一直暗恋这位男生，几乎到了魂牵梦萦的地步，但由于害羞，她不敢对这位男生表白。暗恋的痛苦一直缠绕着她，上课的时候她总是不自觉地朝那位男生的方向望去，常无法集中注意力学习。期末考试就要到了，王丽仍然什么都没有学到。一方面她很想摆脱暗恋的苦楚，集中精力好好复习；另一方面她又控制不住自己的情感。为此，王丽陷入极端的痛苦之中，变得忧郁而沉闷。

分析：

大学生仍处于青春发育期，对爱情有着无限的憧憬和渴望。这种情感如若得不到正确的疏解，久而久之便会演化为心理问题。因此，大学生应正确对待这份懵懂的情感，慎重处理，若有需要可以找同学、老师倾诉或寻求其他的解决办法，不要一直沉溺于此。同时，也要注意自己的学生身份，仍要把学习放在第一位，不要荒废了学业。

4. 封闭与交往的冲突导致的心理问题

大学生的感情丰富而敏感，他们渴望与人交往，获得友谊、尊重和理解。然而，不同的地域、不同的生活习惯、不同的兴趣爱好等造成的差异使得一些大学生对人际交往产生了戒备心理，甚至形成封闭心理。这种渴望交往与心理封闭的矛盾，在大学生的心里产生冲突，即一方面渴望与同学真诚、平等地交往，但另一方面在与人交往的过程中又有诸多的怀疑和戒备。这种矛盾表现为他们对人际交往的期望值越高，在人际交往过程中的猜忌、戒备心理就越重，自我封闭的状态也就日益严重。反过来，自我封闭越严重，内心的孤独感也就越强，因而更期望与人交往，更加渴望真情和理解。自我封闭与渴望交往的冲突，也是当前一些大学生产生失落和自卑心理的重要原因之一。

小贴士

新时代对人才的要求越来越高，大学生不仅要有良好的身体、一定的文化知识和技能，还要有良好的心理素质、健全的人格。因此，大学生要妥善地处理自身的心理问题。当然，大学生心理健康教育的目标也是帮助大学生追求一种更积极的人生境界，使大学生得到更全面的发展。

5. 就业压力导致的心理问题

随着社会的发展，就业环境和就业形势变化多端，很多大学生对未来和前途充满了困惑。如何在就业压力大的情况下实现自我发展，成为当代大学生必须面对的问题，就业问题也成为导致大学生出现心理问题的重要因素。

精选案例

案例一

小王是一个品学兼优的学生，平时成绩在班级名列前茅，并在班级里担任班长。她也很自信，感觉考上了自己理想的大学，将来就业绝对没问题。前段时间，她听说就业情况不理想，就在网上看了许多相关信息，感到非常沮丧，也很有压力。最近一个月以来，她情绪低落，感到前途渺茫，觉得自己如果没能有一份理想的工作，会很对不起父母。因此，她开始烦躁不安，总觉得紧张，晚上也总是难以入睡，平时上课注意力不能集中，虽然努力控制，但还是没什么效果。一周前，她开始头疼，去医院做了脑部CT，结果一切正常。有同学建议她去做心理咨询，她一口回绝了。她觉得去做心理咨询的人都是心理有疾病的，自己身体很健康，心理也没问题，不需要做心理咨询。

案例二

某高校大三学生小张坐在教室里看书时，总担心有人坐在自己身后干扰自己，有强烈的不安全感，以致只能坐在角落或者靠墙而坐，否则无法安心看书。他对同寝室一位同学玩手机的行为非常反感，有时简直难以忍受，尤其是睡午觉时总担心会有手机的声音干扰自己，因而经常休息不好。但他又不好意思跟这位同学当面发生冲突，因为他觉得为这样的小事发脾气，可能是自己小题大做。他很长时间都不能摆脱这种心理困境，感到很苦恼，严重影响了自己的日常生活和学习。在即将毕业时，他的心中一片茫然，担心找不到理想的工作，有时候也懒得去想这个问题，怕徒增烦恼。他学习成绩一般，当看到其他同学都在准备考研究生时，他也想考，但是又怕不能集中精力学习。他很自卑，极度缺乏自信，生活态度比较消极，认为所有的一切都糟透了。小张家庭的经济状况一般，他认为自己有责任挑起家庭的重担，但又觉得力不从心。

分析：

心理健康对大学生的学习、生活具有重要的意义。近年来，随着就业压力的增加，很多大学生对未来和前途充满困惑。小王就因为就业压力而导致心理上出现了一些问题。而小张则过于敏感，又不会调整自己的心态，致使心中一片茫然。当代大学生应该积极面对自身出现的各种心理问题，及时采取适当的方式，如心理咨询等，解决自身的心理问题，更好地进行学习和生活。

三、加强大学生心理健康教育的意义

美国文学家爱默生曾经说过："健康是智慧的条件，是愉快的标志。"如果大学生想做一个有自知之明的，健康快乐的，拥有亲情、友情和爱情的人，如果大学生想在成才的道路上不断前行，那就必须具备健康的心理。心理健康的特殊性决定了心理健康教育的重要性，加强大学生心理健康教育有其内在的重要意义。

(一)心理健康教育可以促进生理健康

人的心理健康和生理健康是相互依存、密不可分的。生理健康是心理健康的基础，心理健康反过来又能促进生理健康。例如，当人们身患疾病时，会情绪低落、焦躁易怒；而当人们面临诸如考试的压力等心理问题时，也会头痛失眠、食不下咽。因此，加强对大学生的心理健康教育可以促进大学生心理健康和生理健康的和谐。

(二)心理健康教育可以预防心理问题的产生

在高校开展大学生心理健康教育，可以预防大学生产生心理问题，可以使大学生暴露出来的某些心理问题被及时地扼杀在萌芽状态，这对大学生的健康成长无疑具有积极作用。

(三)心理健康教育可以培养大学生形成优良品德

心理健康教育是高校全面发展教育的重要组成部分，对于大学生的成长具有重要作用，是大学生思想品德教育的基础，没有健康的心理就不能形成良好的品德，提高思想品德教育的实效性也要以心理健康教育为基础和保障。心理健康教育的兴起和不断发展，拓宽了思想品德教育所主要采用的理论灌输、说服、榜样示范、行为引导等的教育方法，有利于更好地指导大学生的思想品德教育工作。

(四)心理健康教育是促进大学生智力发展、提高心理素质的基础

研究发现，若大学生在朝气蓬勃、心情愉快的状态下学习，那么这种情绪状态就会调动其智力活动的积极性，易于在大脑皮层形成优势兴奋中心，也易于形成新的暂时神经联系，同时使旧有的暂时神经联系复活，进而促进智力的发展。反之，若是大学生在烦恼、焦躁、担心、忧虑、惧怕等情绪状态下学习，则会压抑其智力活动的积极性和主动性，使其感知、记忆、思维、想象等认知机能受到压抑和阻碍。所以，只有保持健康的心理，才能更好地促进大学生智力的发展，提高大学生心理素质。

(五)心理健康教育对于建设社会主义精神文明有重要的意义

心理健康教育不仅对个体有重要意义，而且对群体也有不可忽视的作用。加强大学生心理健康教育有助于大学生克服消极心理状态，缓解人际冲突，改善交往环境；有助于塑造大学生良好的形象，提高大学生的道德水平；还有助于提高大学生的积极性和创造力，从而提高大学生的综合素质，促进大学生的全面发展。可见，心理健康教育是社会主义精神文明建设的重要组成部分。

思政元素

学史力行，打造大学生心理健康教育大格局

——成都中医药大学召开心理健康教育工作专题研讨会

2021年4月22日下午，成都中医药大学召开学生心理健康教育专题研讨会。学校党委有关领导在会上对学校心理健康教育工作提出要求，一是提高认识、高度重视，建立大学生心理健康教育大格局。大学生心理健康教育是育人的重要因素之一，要进一步完善“大学工”下“学校—学院—班级—寝室”四级心理健康教育模式，人人参与，人人有责，引导大学生“知、情、意、行”。二是充分调研、创新路径，开展丰富多彩的大学生心理健康教育活动。充分调动大

学生积极性与自主性，借助新媒体等方式让大学生通过多元化渠道了解心理健康知识，引导大学生“自我参与、自我调节、自我成长”。三是继续推进制度建设，围绕重点人群的教育干预工作，实施建档立库、分级帮扶、持续关注。四是加强培训、树立榜样，建立一支专兼职相结合、专业化的心理健康教育工作队伍，提高心理健康教育工作的科学性。心理健康教育要与思政教育互通，发挥各自优势，形成合力，共同培养阳光心态的成都中医药学子，共同培养社会主义事业合格建设者和可靠接班人。

（资料来源：成都中医药大学网站，2021 年 4 月 23 日，有改动）

四、加强大学生心理健康教育的方法

加强大学生心理健康教育是高等教育的内在要求。目前，社会、学校和家庭都认识到了大学生心理健康教育的重要性。各高校根据自身情况从自身特点出发对大学生进行心理健康教育。加强大学生心理健康教育的方法有多种，从目前各高校的做法来看，主要包括以下几种。

(一)积极优化校园环境，创造良好的校园环境

我们知道，环境对人的心理影响至关重要，因此，营造文明健康的校园环境氛围是培养大学生健康心理的重要内容之一。高校应通过心理健康案例分析、心理知识科普宣传等方式，普及心理健康知识，传播心理健康的理念，使大学生关注自身心理健康，积极预防心理问题的产生。社会各界也应利用各种传播媒介来促进大学生重视心理健康，积极普及心理健康等方面的知识。

思政元素

山东科技大学：传统文化进校园　助力大学生心理健康成长

2020 年 11 月 22 日，山东科技大学举办了中华优秀传统文化进校园活动，数百名大学生现场体验了陶艺、扎染、刺绣、剪纸等工艺。大学生在体验中华优秀传统文化的过程中，感受文化魅力，疏导心理压力。

传统文化进校园活动是山东科技大学多年来坚持的一项活动，旨在通过“心育”和“美育”的有机结合，加强大学生心理健康教育，促进大学生健康成长。

（资料来源：《中国青年报》客户端，2020 年 11 月 23 日，有改动）

(二)开设心理健康教育课，定期举办相关讲座

大学生心理健康教育的最终目标是培养大学生良好的心理素质，而心理素质的培养离不开对心理健康知识的了解，高校应开设心理健康教育课，让大学生系统地学习心理健康知识。另外，高校定期举办心理健康教育相关讲座也是十分必要的，这对于普及心理健康知识，提高大学生对心理健康的认识有着重要意义。

思政元素

河南职业技术学院“5·25”大学生心理健康教育宣传月活动完美落幕

为在大学生心理健康教育工作中更好地践行社会主义核心价值观，培育大学生自尊自信、理性平和、积极向上的健康心态，河南职业技术学院举办了“5·25”大学生心理健康教育现场宣传活动。校党委领导、工会负责人在学工部相关负责人的陪同下参观了宣教活动现场。

校党委领导一行先后来到中国共产党简史学习区、现场心理咨询区、曼陀罗绘画区、花道静心区、沙盘游戏体验区、趣味心理游戏区、心理展板展示区参观指导。在现场心理咨询区，校党委领导与师生面对面亲切交谈，详细了解师生成长成才的心理诉求，密切关注师生所思、所忧、所盼，引导大学生树立理性平和、积极向上的阳光心态，以健康的心理和坚强的意志迎接未来的机遇和挑战，做一名勇立时代潮头、勇担时代重任的新时代青年。

校党委领导指出，学校高度重视大学生心理健康教育工作，将其作为思想政治教育的重要内容。大学生心理健康教育是全面贯彻党的教育方针、推进素质教育、促进大学生健康成长的重要途径。学工部心理中心要提高站位，不断创新工作模式，打造大学生喜闻乐见的活动品牌，提高心理健康教育工作的吸引力和实效性，加强辅导员心理专业技能培训，培养一支高素质的心理健康教育专兼职队伍，用专业和爱心陪伴大学生成长成才。

（资料来源：澎湃新闻，2021 年 6 月 20 日，有改动）

(三)设立心理教育和咨询机构，积极开展心理咨询服务

高校可以通过开展心理咨询服务，防治大学生心理疾病，提高大学生心理素质。高校的心理咨询工作可以以预防为主，采取灵活多样的形式，如个体咨询，电话、网络咨询，小组咨询，挫折考验训练等形式，帮助大学生解除心理困惑。高校的心理咨询工作室还可以建立相应的大学生心理档案，跟踪了解大学生的心理健康状况。

(四)将心理健康教育与德智体美劳的教育紧密结合起来，以取得相互促进、功能互补的效果

大学生的心理健康教育与德智体美劳诸方面的教育有着密切的关系。随着我国改革开放的逐步深化，未来社会对人才素质的要求也将更加全面，尤其是对心理素质的要求会越来越高。为此，高校可以从心理学的角度入手，运用心理学的手段，消除大学生的心理障碍，使大学生克服不健康的心理，从而发挥高校教育最佳的整体效应，实现大学生的全面发展和提高。

(五)鼓励大学生建立心理健康教育社团

大学生心理健康教育社团是大学生健康成长、普及心理健康知识、维护自己及其他同学心理健康的一种重要的组织形式。在社团活动中，大学生的积极性、主动性、创造性比任何形式的心理健康教育发挥得都要好。大学生在社团活动中互动，有利于他们彼此之间相互认同、相互启发、相互暗示、相互感染、共同成长。因此，心理健康教育社团活动是大学生自我进行心理健康教育的一种十分有效的形式。

课堂讨论

你在生活和学习上有心理方面的困惑吗？如果有，请你和同学讨论一下解决的办法。

教学检测

一、思考题

1. 心理健康的概念是什么？
2. 心理健康的标准有哪些？
3. 加强大学生心理健康教育的意义是什么？
4. 加强大学生心理健康教育的方法有哪些？

二、活动设计题

本次活动拟安排在校园内进行。活动的目的在于通过活动培养团队合作意识，使同学之间相互了解，发现同学的智慧。活动以小组为单位，5～7人为一组；所需时间根据参加的人数和所列搜寻项目的数量来决定；每组都会有一份“寻猎”的项目列表。

其具体步骤如下。

(1)自行设计“寻猎”列表。

(2)将班级成员进行分组，5～7人一组。

(3)告知每个参与者将一起去参加一个搜寻活动，获胜的小组将得到奖励。

(4)将“寻猎”列表交给各小组，告诉他们要利用自己的智慧尽可能多地找到表中所列项目。

(5)设置时间限制，如1小时。

(6)时间到，各队回到出发点集合，看哪一个队的得分最高。

思政园地

画好“五位一体”施工图，为大学生心理健康保驾护航

为了更好地“育人”“育心”，2018年7月，中央教育部党组印发《高等学校学生心理健康教育指导纲要》；2020年6月，中共湖南省委办公厅、湖南省人民政府办公厅发布《关于加强新时代学生心理健康教育的意见》。

2021年2月，中共湖南省委教育工委、湖南省教育厅又联合印发了《加强新时代高校学生心理健康教育工作的实施办法》(以下简称《办法》)，强调高校要坚持育心与育德相统一，优化教育教学、实践活动、辅导咨询、预防干预、平台保障“五位一体”心理健康教育工作格局，不断提高心理健康教育专业化水平。

落实“五早”预警机制，完善“五个一”干预机制，健全“五级”工作系统

《办法》明确指出要把心理健康教育课程纳入学校整体人才培养方案和教学计划，作为普及心理健康知识、传授心理调适技能的主渠道。面向新生开设心理健康教育公共必修课，原则上应设置2个学分、32～36个学时，以面授课程为主，用好省级示范教材；面向其他年级学生(含研究生)开设选修课程，编写选修课教材；开发建设精品网络课程、微课。积极推动心理健康教育教学改革，注重学生的

互动、体验和分享；探索建立跨学校、跨学段集体备课制度，定期组织开展教研活动和教学比赛。适时成立全省大学生心理健康教育专家指导委员会(以下简称“省心指委”)。

《办法》要求高校应及时、准确掌握学生心理危机预警信息，做到“早发现、早报告、早评估、早预防、早控制”，对有严重心理危机的学生要严格落实“一名危机学生、一名领导、一个班子、一套方案、一抓到底”的“五个一”干预机制，及时建档立库，动态管理。同时，要健全省心指委、学校、院(系)、班级、宿舍心理危机预警防控“五级”工作系统，完善教育预防、信息预警、干预管理、转介、预后跟踪的心理危机干预制度。

此外，高校不仅要依托“5·25”大学生心理健康日等时间节点，开展大学生身心健康专题教育活动；还可以创新课外教育活动形式，开展心理健康主题班会、心理素质拓展、心理沙龙、校园心理情景剧展演等活动。

搭建“五个平台”，全方位助力心理育人

为了帮助更多的高校大学生拥有健康心理，《办法》要求建立湖南省高校心理援助平台，有条件的高校可开通24小时心理援助热线。探索建立网络心理健康教育新媒体平台。完善校、二级院(系)两级心理健康教育工作平台，建好用好心理咨询室和成长辅导室，构建两级联动机制，提升育人效果。建立家校联动平台，持续向家长宣传心理健康知识，传授心理调适技能；辅导员或班主任、导师每学期与家长直接沟通1次以上，及时掌握学生家庭状况和心理发展状况。

当然，只建立和完善省级心理援助平台，校、二级院(系)工作平台，家校联动平台等还远远不够，想要全方位助力心理育人工作，还离不开心理健康教育教师的引导，《办法》指出要全面推进教师发展平台和科学研究平台的建设。

《办法》还指出，要发挥省高校大学生心理健康教育研究会、高校思政工作队伍培训研修中心和创新发展中心的作用，强化心理健康教育教师培训，探索辅导员心理健康教育工作上岗培训、认证培训和继续教育工作机制。培育建设一批“心理名师”工作室；推动建立中小学心理健康教育教师培训基地。同时，设立专项课题，支持心理健康教育理论和实践研究；高校要以国家级、省级、校级项目和课题为纽带，整合研究力量，注重心理健康教育研究成果的转化应用，推动工作科学化、规范化发展。

做好“五个落实”，建强“育心”队伍，推进心理健康教育机构专业化

心理健康教育工作是高校“三全育人”、党建述职评议考核、思政测评、文明校园和平安校园创建等工作的重要内容，如何才能为大学生心理健康教育保驾护航?《办法》明确要求落实好组织领导、机构设置、队伍建设、制度机制以及条件保障。

《办法》指出，高校应成立心理健康教育工作领导小组，要把心理健康教育工作列入学校发展规划、人才培养体系、思想政治工作体系、督导评估指标体系，建立校内各部门统筹协调推进机制。高校要落实全体教职员工心理健康教育职责。教师在教学过程中要关注学生思维、情感、态度等心理因素的发展，要充分挖掘课程教材蕴含的心理要素，不断渗透心理健康教育。

同时，高校要按照师生比1∶4 000且每校至少配备2名的比例，配齐配强在编在岗专职教师；新聘专职教师应具备与心理健康教育相关的学科背景；要设立心理健康课程教研室，建设一支以心理健康教育专职教师为骨干、辅导员和兼职心理咨询师等为补充、班级(宿舍)心理委员和朋辈志愿者为桥梁纽带的工作队伍。并且要确保专职教师每年参加专业(含伦理)培训和学术会议不低于40学时，参加心理咨询案例督导不低于12学时；定期对辅导员、导师、班主任、宿管员以及其他从事思政工作的教职员工开展心理健康教育知识工作培训……

湖南省委教育工委指出，湖南省持续推动包括心理健康教育教师、辅导员、思政课教师在内的“育心”队伍建设，推动协同育人更好地发挥合力，并且越来越多的高校加快了人员配备速度。中南大学、湘潭大学按照师生比 1∶4 000 配足了心理健康教育专职教师。长沙商贸旅游职业技术学院近两年编制内引进了 20 名专职辅导员和 4 名思政课教师。长沙民政职业技术学院辅导员的配备比例已达到 1∶160。湖南网络工程职业学院 2020 年仅新增 32 名教师，其中 10 名为辅导员。

截至 2020 年 12 月，2020 年湖南省高校共增加专职辅导员 527 人、思政课教师 977 人，目前有辅导员 7 500 余人、思政课教师 3 500 余人、心理健康教育教师 470 人，共计 1.1 万余人。依据湖南省委教育工委对队伍配备情况开展的强力督导分析，“育心”队伍的数量还将持续增长。

此外，《办法》明确规定要充分发挥省心指委作用，建立健全省高校心理健康教育工作评价督导指标体系，组织编写高校学生心理危机预防与干预指导手册，完善会诊和督察制度。按照生均不低于 15 元的标准将心理健康教育工作经费纳入学校年度预算，专项单列，专款专用。按照不低于 100 平方米/6 000名师生的标准建设布局合理、功能齐全、设施完善的心理咨询室；二级院(系)成长辅导室应具备开展个体辅导和团体辅导的功能。要建设校内外心理素质拓展基地，培育高校心理健康教育优秀工作案例。支持高校通过购买社会服务等形式，为学生提供公益性心理健康服务。

（资料来源：《三湘都市报》官网，2021 年 2 月 25 日，有改动）

讨论：

1.《办法》提出了什么样的教育工作格局？这种教育工作格局对大学生心理健康教育有什么意义？

2. 湖南省高效“育心”队伍建设对大学生心理健康教育有何意义？

第二章 大学生自我意识

育人目标

◎ 正确认识自我，悦纳自己，理性对待自己的不稳定情绪，学会与他人正常交往。
◎ 陶冶情操，建立自信，拥有快乐的人生。
◎ 以饱满的精神积极地调整自己的状态，从容面对挑战，收获让自己满意的成果。

学习目标

◎ 了解自我意识的概念与结构，理解自我意识的发展规律及特征。
◎ 了解大学生自我意识发展的特点及影响因素，了解大学生自我意识在发展过程中存在的问题及矛盾。
◎ 理解培养健康自我意识的心理意义，掌握健康自我意识的评价标准和培养大学生健康自我意识的途径。

情境导入

古希腊特尔斐城阿波罗神庙前的一块石碑上刻着这样一句铭文：认识你自己。这句铭文表现了人类与生俱来的内在要求。这也是古希腊哲学家苏格拉底穷其一生探索的生命命题。

宁静的夜晚，仰望深邃的星空，我们经常会扪心自问："我是谁?""在社会中我究竟处于一个什么位置?""我有什么目标?""我如何才能成为理想中的那类人?"等。我们可以将这些自我拷问看作自我意识。自我意识是个体意识发展的高级阶段，是一个人心理成熟和心理健康的重要标志。

大学生自我意识的良好发展，是大学生心理健康的基础。大学生只有客观准确地认识自我和了解自我，并对自己持一种接受和开放的态度，才有可能发掘自己的潜能，保持心理健康，幸福快乐地生活。

第一节 自我意识概述

名人名言

一个人的真正伟大之处，就在于他能够认识到自己的渺小。

——约翰·保罗

一、自我意识的概念与结构

（一）自我意识的概念

自我意识是意识的一种形式，是意识的核心部分，是个体在社会实践中对自己存在的觉察，即自己认识自己的一切。自我意识包括三个层次的认识：自我的生理状况（如身高、体重、体形等），自我的心理特征（如能力、性格、气质、兴趣等）和自我的人际关系（如人己关系、群己关系等）。简而言之，自我意识是指个体对自己及自己与周围环境关系的认识，包括对自己存在的认识，以及对自己身体、心理、社会特征等方面的认识。这种认识是一个多层次、多维度的心理系统，是通过观察、分析外部活动及情境，通过社会比较等途径获得的。

小贴士

自我意识不是单一的心理品质，而是认识、情感、意志的融合体，是一个完整的心理结构。心理学家约翰·梅耶将自我意识简单地定义为“同时觉察到自己的情绪以及对这种情绪的想法”。

（二）自我意识的结构

根据自我意识多层次、多维度的特点，我们可以从以下两个方面对自我意识的结构进行解析。

1. 内容

从内容上看，概括地说，自我意识包括以下三个内容：生理自我、心理自我和社会自我。

（1）生理自我。生理自我是最原始的形态，是个体对自己身体（身高、体重、容貌、性别等）的认识及温饱饥饿、亢奋疲乏等感受，如大学生对自己外貌的评价，是高还是矮，是胖还是瘦。

（2）心理自我。心理自我是个体对自己的心理活动的认识，即对自己心理品质的认识和评价，主要是对自己心理特征的认识，包括对性格、智力、态度、爱好等的自我认识和自我体验。它的发展同个体的生理、情绪、思维的发展相联系。

(3)社会自我。社会自我是个体对自己在社会关系、人际关系中的角色的认识，即对自己在集体中的地位及自己与他人相互关系的评价和体验，如是否受人尊重和信任、在集体生活中所处的位置等。它的一个突出表现是自我控制，也就是自制力和坚持性。

2. 形式

从形式上看，自我意识表现为认知的、情感的和意志的三种形式(知、情、意)，分别称为自我认知、自我体验和自我控制。

(1)自我认知。自我认知是主观自我对客观自我的评价，属于自我意识的认知成分，也就是一个人对自己的认识，回答的是“我是一个什么样的人”的问题。它包括自我感觉、自我观察、自我分析、自我评价等。其中，自我评价是自我认知中最主要的方面，集中反映着个体自我认知乃至整个自我意识的发展水平。

思政元素

老子：知人者智，自知者明

老子在《道德经》里说：“知人者智，自知者明。”意思是能了解他人的人是有智慧的人，能了解自己的人是聪明的人。一个人只有充分认清自己，才能选定方向、确立目标、实现理想。一个对自己都不了解的人，是无法对自己今后人生和未来的发展做出科学的判断的。一个人若能客观、理性地分析自己，自觉、清醒地反省自己，充分发挥自己的长处，积极地改正自己的缺点，那么必然能够在未来的人生道路上获得成功。因此，只有真正了解自己，避己所短、扬己所长，才能不断提升自己，准确定位自己的人生坐标。

(2)自我体验。自我体验是主观自我对客观自我产生的情绪体验，属于自我意识的情感成分，它是伴随着自我认知而产生的内在感受，反映为对自己的满意状况，主要涉及“对自我是否满意”“是否悦纳自己”等问题。自我体验也是一种自我感受，包括自尊感、自卑感、自豪感、自信感、内疚感等，其中自尊感是自我体验中最主要的方面。

(3)自我控制。自我控制是对自己行为、思想和言语的调控，属于自我意识的意志成分，指一个人不受外界因素的干扰，能自觉调节自己的情感冲动和行为。它主要涉及“我如何控制和指导自己的行为”等问题，包括自主、自立、自我监督、自我控制和自我教育等，通过自我调节可使自己的行为适应周围的环境。

自我认知是自我体验和自我控制的基础，自我体验能强化自我控制，自我控制的结果又会丰富自我认知，三者是相互联系、密不可分的。总之，自我意识不是个别的心理机能，而是一个多维度、多层次的心理系统。自我意识是个性结构中的自我调节系统，是一个人对自己的认知、体验和控制，体现着一个人的成熟度，决定着一个人个性心理的发展水平，是隐藏在个体内心深处的心理结构。

综上所述，自我意识结构表如下(见表 2-1)。

表 2-1 自我意识结构表

分类	自我认知	自我体验	自我控制
生理自我	对自己身体、衣着、风度、所有物等的认识	英俊、漂亮、有吸引力、自我悦纳等	追求外表美、物质欲望的满足，维护家庭的利益
心理自我	对自己的智力、性格、气质、兴趣等特点的认识	有能力、聪明、优雅、敏感、感情丰富、豁达等	追求信仰，注意行为符合社会规范，要求智慧与能力的发展
社会自我	对自己的地位、角色、义务、责任等的认识	自尊、自信、自爱、自豪、自卑、自怜、自恋等	追求名誉、地位，与他人竞争，争取他人的认可

知识延伸

乔哈里视窗

美国心理学家乔瑟夫和哈里在20世纪50年代提出了关于自我认知的理论，称为“乔哈里视窗”。

他们认为人对自己的认识是一个不断探索的过程，因为每个人的自我都有四个部分：

(1)公开的自我，也就是透明真实的自我，这部分自己很了解，别人也很了解；

(2)盲目的自我，别人看得很清楚，自己却不了解；

(3)秘密的自我，是自己了解但别人不了解的部分；

(4)未知的自我，是别人和自己都不了解的潜在部分，通过一些契机可以激发出来。

通过与他人分享秘密的自我，通过他人的反馈减少盲目的自我，人对自己的了解就会更多、更客观。

二、自我意识的发展规律及特征

(一)自我意识的发展规律

在人类个体的发展过程中，自我意识开始形成于童年时期，初步形成并定型于青少年时期，成熟于成年时期。自我意识从形成到成熟，要经历自我意识的分化、自我意识的矛盾和自我意识的统一三个阶段，这三个阶段也是自我意识的发展规律。同时，这三个阶段相互依存、不可分割，没有经历过自我意识的分化，没有体验过自我意识的矛盾，就不可能在深层次上实现自我意识的统一。

1. 自我意识的分化

当你发现你像观察其他人那样在观察自己时，你的自我意识就出现了分化，你的主体“我”正在观察你的客体“我”。原来完整的“我”被分化成两个“我”，即“主观我”和“客观我”。伴随着“主观我”和“客观我”的分化，“理想我”和“现实我”也开始分化。自我意识的分化使个体更频繁地进行自我观察、自我分析、自我评价和自我监督。个体主动地关注自己的内心世界和行为，产生了新的认识和体验，同时，由此产生的种种情感也要求有属于自己的一片天空。自我意识的分化是自我意识开始走向成熟的标志。

2. 自我意识的矛盾

随着自我意识的分化，个体也不得不承受与惊喜一并而来的焦虑、不安、自我怀疑、挫败感和失落感，这些消极的情感体验是由自我意识分化的矛盾产生的，具体表现为“主体我”和“客体我”的矛盾、“理想我”和“现实我”的矛盾、独立与依附的矛盾、渴望交流与自我闭锁的矛盾等。随着自我冲突的加剧，自我意识不能统一、自我形象不能确立、自我概念不能形成，表现出明显的内心冲突，甚至内心感到十分痛苦，产生了强烈的不安感。

3. 自我意识的统一

寻求平衡状态是生物的本能。当个体饱受由自我意识分化、自我意识矛盾所带来的痛苦时，个体会尝试着以各种方式来摆脱这种痛苦，这实际上就是自我意识在谋求统一，包括“主体我”与“客体我”的统一、“理想我”与“现实我”的统一、“生理我”“社会我”与“心理我”的统一及自我与客观环境的统一。从另一个角度来说，也是自我认知、自我体验和自我控制的统一。

总之，自我意识由分化、矛盾到统一的过程是相对的，由于个体成长环境和生活经历的不同，其自我意识分化时间的早晚、自我意识矛盾的性质和持续时间及自我意识统一的具体特点都有所不同。此外，自我意识的发展是伴随人的一生的，只不过它是青年人面临的主要人生命题。

(二)自我意识的特征

自我意识涉及知、情、意等各个方面，其内涵丰富，具有形象性、独特性、能动性、同一性、矛盾性等特征。

1. 自我意识的形象性

自我意识是由自己在周围的人对自己的期待与评价过程中产生的主观体验而发展起来的，自己通过觉察对方的态度与言语中所包含的内容，来丰富自我意识的内容并产生分化，从人们对自己情感与评价的意识发展为自我态度。美国社会学家查尔斯·霍顿·库利指出：“人与人之间相互可以作为镜子，都能照出他面前的人的形象。”就像我们可以在镜子中看到自己的面孔、体态和服装一样，他人之所以可以引起我们的兴趣，是因为他人与我们自己有关……我们在自己的脑海中设想自己的外貌、风度、性格等在他人的心中有着怎样的反映，这些反映会在一定程度上影响我们自身。

2. 自我意识的独特性

每个人的自我意识都是个性的一个重要组成部分，都有着与众不同的风格和特色。个体自我意识的独特性主要体现在它的形成、发展、完善和成熟，要经过他律和自律两个阶段。自我意识形成的初始阶段，个体处于自我意识的他律阶段，对自己还不能进行准确、客观的认识和评价。随着年龄的增长，个体在与父母、老师、同学等的交往中，逐渐将他人的判断内化为自己的判断，形成了对自己相对稳定的认识和评价，这样自我意识就发展到了自律阶段。在自律阶段，个体会主动去接近自己喜欢、重视的人；回避自己不喜欢、对方也不喜欢自己的人，这样就表现出了“主动性”和“独立性”的特征。

3. 自我意识的能动性

自我意识的能动性是指个体不仅能根据客观评价和自我实践形成自我的意识，而且能根据自我意识来控制和调整自身的心理活动和行为，即个体能自觉、主动地认识、调节和控制自己。个体的能动性使个体不仅能自觉和积极地认识自我，而且能够自觉地进行自我监督、自我批评、自我鼓励、自我教育等。例如，在同一社会环境中，有的人能客观地评价自己；而有的人则无法正确地认识自己。

4. 自我意识的同一性

个体自我意识的形成与发展受社会、文化等因素的影响，而这些影响又是通过个体的具体生理、心理实现的，是在个体单独活动与社会交往的互动中完成的，自我意识是在长期的社会化过程中形成的对自己本身的一种稳定的认识。但从青年期后，个体对自我的基本认识和基本态度会保持一致，表现为“主体我”和“客体我”同一的心理面貌。这种自我同一性是良好的自我意识的标志。

5. 自我意识的矛盾性

个体自我意识的产生、发展、完善和成熟是一个连续不断发展变化的过程。在这个过程中充满了“主体我”和“客体我”的矛盾、“理想我”和“现实我”的矛盾等。其中，“主体我”用来表示“我是什么”“我做了什么”，是自我意识中积极主动的一面，代表的是社会的要求和理想状态；“客体我”用来表示“怎样看待我”“给我什么”，是自我中被动的一面，代表的是现实生活中的真实状态，二者之间存在着一定的矛盾。个体想要摆脱矛盾带来的不安和焦虑，就必须重新调整，使二者统一起来。自我意识的矛盾可以看作个体发展的动力。

第二节 大学生自我意识的发展

名人名言

认识自己，方能认识人生。

——苏格拉底

一、大学生自我意识发展的特点及影响因素

（一）大学生自我意识发展的特点

大学阶段是大学生的自我意识迅速发展的阶段，也是自我意识确立的关键时期。在这个时期，大学生的自我意识趋于稳定、全面、丰富和深刻。在这一时期，大学生的自我认知、自我体验、自我控制三个方面趋于协调发展，自我意识的核心，即世界观和人生观已基本确立。总的来说，大学生自我意识会随着年龄的增长而不断发展，并表现出以下几个方面的特点。

1. 大学生自我认知方面的主要特点

（1）自我认知的广度和深度大大提高。高校这一特殊的学习、生活环境，为大学生打开了一个全新的世界。这个新世界使其视野更开阔，关心的社会问题也更多，同时社会对其期望也比较高。这个阶段，大学生的自我认知不仅涉及自己的气质、风度和性格等一般性问题，而且还涉及自己的社会地位、社会责任、社会价值等问题。通过对这些问题的分析和思考，大学生的自我意识可以达到新的广度和深度。

（2）自我认知更具自觉性和主动性。俗话说：“步入大学就等于步入了半个社会。”高校是大学生走

向社会的预热阶段，在这期间，大学生面前摆着许多深刻的课题，如“我要做个什么样的人”“我能为社会做些什么贡献”等。他们对这些问题十分感兴趣，并急切地思考着这些问题，且会为了弄清这些问题而付诸行动。相对于少年时期，大学生的自我认知更具主动性和自觉性。

(3)自我评价能力增强。受高校生活的历练，大学生的知识量增加了，社会经验也丰富了，大多数人能够通过自我观察、自我总结等手段全面客观地看待和评价自己，自我评价逐渐成熟，自我评价的能力也逐步增强。

2. 大学生自我体验方面的主要特点

(1)丰富性。大学生活的丰富多彩和大学生自我认知水平的提高，使大学生的自我体验更加丰富。大学生自我体验的情感基调是积极的、健康的。大学生要注意提高自我意志的指向能力，提高自我认知水平，使自我体验的丰富性健康发展。

(2)不稳定性。由于大学生对自我的认知还在不断发展中，个性还不够成熟和稳定，也缺乏驾驭情感的意志力量，所以其情感体验表现出明显的不稳定性。大学生可能因一时的成功而产生积极的、愉快的情感体验；也可能因一时的挫折、失败而低估自我或丧失自信心。到了高年级，当大学生的自我认知水平提高和自我控制比较稳定后，这种情感方面的自我体验才趋于稳定。

(3)深刻性。大学生在描绘自我形象时，一般使用分析性的描述，这种分析一般能深入剖析个人的内心世界、情绪体验、思想动机、意志特征与理想愿望，展示自我形象的深刻性。自我体验不仅与大学生的个性特点相联系，而且与大学生的生活信念和人格倾向相联系。当自我的生活信念和人格倾向为别人所悦纳，或客观事物符合自己的生活信念和人格倾向时，大学生就会产生愉快的情感体验，否则就会产生消极、不愉快的体验。因此，大学生的自我体验是深刻的。

3. 大学生自我控制方面的主要特点

(1)自我控制能力明显提高。进入大学后，随着知识的积累及生活阅历的增加，大学生自我认识和自我评价水平提高，大学生能够根据别人的评价和自己的行动结果进行反省，及时调整自己的行为和目标。这也说明大学生行为的自觉性和自我控制能力明显提高，而盲目性和冲动性则逐渐减弱。大学生自我控制能力的明显提高，还表现在大学生的行为和目标能以社会期望和社会要求为转移。面对社会的期望和要求，大学生能及时地调整自己的目标，在掌握专业知识的同时，注重各种能力的培养，以便更好地适应社会。

(2)自我设计的愿望提升。据调查，大学生普遍抱有设计自我、完善自我的强烈愿望。他们通过自我设计不断增长自己的知识、培养自己的能力，形成良好的性格与品德。大学生的成就动机是最强的，他们不愿做一个碌碌无为的人，想干出一番事业，对社会、对祖国有所贡献，以实现自己人生的价值。但是大学生的自我设计常会与社会要求相矛盾。总体而言，我国大学生的自我设计、自我完善的基本倾向是奋发向上的、积极的。

(3)独立意识和自信心增强。大学生在生理发育上已完全具备了成人的特点，在心理和社会方面发展得也较为成熟。因此，大学生的成人感、独立意识强烈，他们希望不受他人的监督和管教。大学生各方面的优越条件使他们具有产生自信心的生理基础、心理基础及社会基础。大学生的独立意识和自信心十分宝贵，它们是培养大学生蓬勃向上、积极进取等优良品质的心理基础，因此要进行适当的保护和引导。一般来说，随着大学生自我评价能力的提高和知识经验的积累，大学生的独立意识和自信心会逐步表现得客观和稳定。

知识延伸

自我控制的实现途径

(1)加强思想修养。人的自制力在一定程度上取决于他们的思想素质。一般来说，具有崇高理想抱负的人不会为区区小事而感情冲动，产生不良行为。因此，要提高自制力最根本的方法是树立正确的世界观、人生观和价值观，保持乐观向上的健康情绪。

(2)提高文化素养。一般来说，一个人的文化素养同其承受能力和自控能力成正比。文化素养比较高的人往往能够比较全面正确地认识事物，认识自我和他人的关系，自觉地进行自我控制、自我完善。

(3)稳定情绪。用合理发泄、转移注意力、迁移环境等方法，把将要引发冲动的情绪宣泄和释放出来，保持情绪稳定，避免冲动。

(4)强化自我意识。遇事要沉着冷静，自己开动脑筋，排除外界干扰或暗示，学会自主决断。要摆脱依赖心理，克服自卑心理，培养自信心和独立性。

(5)加强实践锻炼。一方面，要加强学习、积累知识、开阔视野，用知识来武装和充实自己，提高自己的分析问题和解决问题的能力，并通过学习别人的经验来拓展自己决断事情的能力；另一方面，要积极投身于生活实践中，刻苦锻炼，不断丰富社会经验，提高自己的适应能力。

(6)强化意志力量。要培养自己性格中意志独立性的良好品质，对自己奋斗的目标要有高度的自觉。只要是经过自己的实践认准的事情，就应义无反顾地走下去，想方设法达到预期目标。不必任何事情都追求十全十美，不必苛求自己，不必过多地注意别人的看法。

(7)调整好需要结构。当几个需要不能同时兼顾时，要舍弃一些不可能满足的需要，如孟子所云：“鱼，我所欲也；熊掌，亦我所欲也。二者不可得兼，舍鱼而取熊掌者也。”

(8)强化积极思维。《礼记·中庸》有云：“凡事预则立，不预则废。”平时注意多思考问题，增强预见性，关键时刻才能及时、果断、准确地做出选择。

(二)大学生自我意识发展的影响因素

影响大学生自我意识发展的因素是多方面的，我们可以将这些因素分为主观因素和客观因素两大方面。

1. 主观因素

影响大学生自我意识发展的主观因素主要有理想、价值观、思维模式、心理与人格等。

(1)理想的影响。理想是指人们对未来所抱有的期望。人人都有理想，大学生作为一个特殊的群体，外界的期望及自身因素，都会使他们对未来抱有更多的期望。理想影响着一个人的思想和行为。确立什么样的理想，对人的一生有重要的作用。大学生处于生理和心理还未完全成熟的时期，自我意识也处于发展之中。因此，理想的树立对他们来说是成长过程中一个重要的环节。在大学生自我意识形成和发展的过程中，理想的影响首先表现为理想的感召力。理想是人的自觉的精神行为追求，树立了理想，人就有了精神支柱，有了动力。大学生如果自觉地把个人理想和社会理想结合起来，就能正确认识自我，正确认识各种社会现象。反之，若夸大个人理想，把个人理想和社会理想对立起来，则既不能正确认识自己，也不能正确认识社会。理想的影响其次表现为理想的现实基础。理想总是有一定的现实根据的，有许多大学生的自我发展不顺利，理想无法实现，就是因为没有根据现实确立理想，导致“理想我”与“现实我”差距太大，无法统一。

(2)价值观的影响。价值的本质就是主体的功能和作用对客体(社会)需要的满足。人的价值是指个人的作用对客体(社会)需要的满足。在不同价值观的影响下，人会产生不同的自我意识。大学生自我意识的一个特点是“理想我”与“现实我”的矛盾。个人利己主义的价值观念具体反映到大学生的自我意识里，就是抽象地谈论“人”和“人的价值”，认为社会只是为自我发展提供条件，这样脱离社会的“理想我”构想与“现实我”的矛盾不可避免。高校鼓励大学生在集体主义的价值观指导下树立“理想我”，但是这种“理想我”不是指一切以自我为出发点，而是应考虑社会现实与自我的关系、社会现实背景对自我发展的约束等，这样才能正确认识自我的地位、作用，正确地看待自我价值，从而形成符合国家和社会利益的自我意识，以便充分发挥自己的才华。

(3)思维模式的影响。运用辩证的思维模式能全面地认识自我、评价自我，能进行辩证的思考，能有机地整合和统一自我意识的矛盾；运用偏颇的思维模式则不能全面认识自我、评价自我，不能进行辩证的思考，很难整合和统一自我意识的冲突，从而使自己陷入焦虑和痛苦的情绪中。在思维模式中，不同的归因方式也会影响个人的自我意识。将个人的失败归因于运气、机遇等不可控制的外在因素的人，趋于自我保护和防御，缺乏正视现实和挫折的勇气，不利于自我认识和反省；将个人的失败归因于自身能力、水平等自身内在因素的人，又容易丧失自信心、自尊心。只有辩证地归因，才能不断奋起，逐渐走向成功。

(4)心理与人格的影响。大学生正处在从青春末期到成年期的过渡时期，心理上也处于从尚未完全成熟到成熟的发展阶段。尚未成熟的心理水平使一些难以克服的心理和人格弱点成为影响他们自我意识发展的一个重要因素。大学生有限的认识水平、不够强的心理承受能力、性格上的不成熟等，都会影响他们自我意识的发展。

2. 客观因素

影响大学生自我意识发展的客观因素主要有社会环境、文化氛围、个人人际环境等。

(1)社会环境的影响。当代大学生正处在一个社会日益变化的时代，这种活跃开放的社会环境为大学生施展才华提供了更为广阔的天地，但也给他们带来了一定的心理矛盾与心理压力。社会环境的竞争性既给大学生带来了鼓舞，也将不确定性和不安全感带给了大学生。这既可刺激大学生追求完善自我、超越自我，也可能会导致其心理失衡和自我失落。同时，社会风气的影响也会加剧大学生自我意识的矛盾。大学生的心理、思想还不成熟，对社会风气还不能做出完全正确的分析和判断，因此社会风气对大学生的自我认识、自我评价，对大学生关于理想、前途的认识，都会产生较强的影响。当社会风气形成一种意识后，其影响具有长期性。

(2)文化氛围的影响。当前，我国正处于社会转型时期，在这样一种特定的社会环境下，文化氛围的影响主要包括三个方面。一是社会主导文化的影响。我国的主导文化是社会主义核心价值体系，它影响和制约着整个社会生活。受这一社会主导文化的影响，当代大学生奋发向上、报效祖国、推动社会进步的自我意识成为主流。二是社会亚文化的影响。社会亚文化是指在某一社会中处于次要、从属地位的文化。一般来说，亚文化与主文化的可融性较少，有可能以反或逆主文化的形式出现，大学生难免会受到它的影响。在这种情况下，一部分大学生渐渐难以给自己找到准确的定位，对自我的正确认知与评价也就难以实现。三是西方文化思潮的影响。随着我国对外开放程度的日益加深，西方文化也逐渐渗透到我们生活和文化的各个层面。因此，大学生的自我意识也会受到一定的影响。面对这种影响，一部分大学生能够正确分析对待，另一部分大学生则可能会丧失自己的原则。

(3)个人人际环境的影响。个人人际环境主要包括个人成长过程中的重要人物及人际交流场所，如父母、家庭、教师、朋友、学校、团体等。进入大学，对大学生自我意识的发展影响最大的个人人际环境是学校和教师。首先，学校是特殊的社会环境和个人人际环境，如果说前面提到的一些因素是自发地、非系统地影响着大学生的自我意识，那么学校则是有计划、有系统地把各个因素统一起来影响大学生自我意识的形成和发展。高校的教育内容往往最为集中地体现着这个社会对未来接班人的要求。高校的教育内容和课程的设置是为了使大学生形成社会所希望的精神、理想和价值观。其次，教师在大学生自我意识的形成和发展过程中有着重要影响。教师的言行、品德、信仰、精神境界等，有意无意地影响着大学生，并受到大学生的效仿。所以，教师角色不同于学校环境外的其他角色，教师对大学生的影响是独特的。

小贴士

对于大学生而言，自我认知、自我评价、自我控制的能力，将直接影响他们的社会适应能力和身心健康。如果大学生能够正确认识自己、评价自己，善于利用每一个机会完善自己，那么他们的一生将会充实而愉快。

二、大学生自我意识在发展过程中存在的问题及矛盾

(一)大学生自我意识在发展过程中存在的问题

自我意识作为隐藏于个体内心深处的心理结构，是个体意识发展的高级阶段，是人格的自我调控系统。大学阶段是个体自我意识急剧增长、迅速发展和趋于完善的重要时期，但由于大学生生活阅历的局限，在发展自我意识的过程中难免有许多矛盾，这些矛盾会影响大学生的心理健康、学业发展及人际关系等。

1. 过度的自我接纳和自我拒绝

自我接纳又叫自我悦纳，是指建立在对生理自我、社会自我，特别是心理自我正确认知的基础上，对自我的长处给予的恰当评价。自我拒绝是指自己不喜欢自己，不能容忍自己的缺点和不足，对这些缺点和不足常常抱怨和感到自责。过度的自我接纳是大学生自我接受的极端表现，表现为常常夸大自己的优点和长处，甚至把自己的缺点当成优点，却将别人看得一无是处。过度的自我拒绝在许多大学生身上都不同程度地存在着。例如，当“现实我”受挫时，大学生可能就会过度的自我拒绝，将自己看得一无是处，觉得自己处处不如别人。如果这种拒绝超过了一定的程度，则会带来严重的后果，当把自己的所有注意力都集中到自己的各种缺点上时，这无疑会摧毁自己对生活的积极性。

虽然过度的自我接纳和过度的自我拒绝是两个绝对相反的命题，但两者的共同点是都会对大学生的心理健康带来极为不利的影响。过度的自我接纳往往会使大学生夸大“现实我”，形成不切实际的“理想我”，不易被他人接受和认可，从而导致人际关系紧张；过度的自我拒绝会使大学生厌恶自己，丧失自信心，从而失去应有的进取心，甚至压抑自我的积极性，还可能引发严重的情感障碍。

课堂讨论

你曾经有过过度的自我接纳的表现吗？

2. 过强的自尊心和自卑感

自尊心是自我意识的重要组成部分，是指一个人悦纳并尊重自己，对自己持肯定态度，是一种积极的自我体验。它是一种尊重自己的人格，尊重自己的荣誉，不向别人卑躬屈膝，不容许别人歧视、侮辱自己，维护自我尊严的自我情感体验。自卑感是指对自己不满、对自己持否定态度，是一种消极的自我体验，表现为对自己缺乏信心、对自己的能力评价过低、缺乏独立意识和主见等。

著名心理学家阿尔弗雷德·阿德勒认为，人人都有自卑感，无论他是成功或是失败、伟大或是平凡。适度的自尊心和自卑感是促使个体进行心理活动的动力，能够催人奋起。过强的自尊心和自卑感是自我体验的两个极端，对于心理健康的发展有百害而无一利。过强的自尊心会引起虚伪、做作的行为，有这种心态的大学生特别在意别人的评价，容易爱慕虚荣，自尊心即使受到轻微的伤害也无法忍受。如果过强的自尊心屡屡受挫，他们便会觉得羞愧无比、无地自容，使过强的自尊心走向另一个极端，即过强的自卑感，这种情感状态容易使大学生产生严重的自责、自怨等挫折反应。大学生产生自卑心理后，往往会怀疑自己的能力，怯于与人交往，甚至还会封闭自己。自卑感强烈的人看不到生活的光明与希望，也不敢憧憬未来。

精选案例

“这两个多月来我常常感到压抑、焦虑、烦躁，学习跟不上，感觉同班同学都很冷淡、不好相处，自己整天也不知道在干什么……”大学新生小张近日走进某心理医院创伤与压力门诊时略显紧张，在接诊医生蒋主任的热情接待下渐渐袒露自己的心声。

据小张介绍，他家在小县城，他的成绩很好，考上了大学。刚来学校的时候，他还很期待美好的大学生活，结果发现班里好多同学的家庭条件不错，自己却什么都没有，自卑心油然而生。而大学的学习生活更与高中相差太多，老师讲完课就走，不会督促学生学习，这突如其来的“自由感”让他一下子失去了学习的目标与动力，渐渐地就跟不上课程了，有些科目考试甚至不及格。这让小张更加沮丧、烦躁，更不愿意和同学们来往，他从不参加学校的活动，甚至逐渐产生退学回家的念头。

分析：

小张这是明显的适应不良，值得注意的是，适应不良若不及时处理，可能会发展为适应障碍。新生适应不良行为指的是新生的一系列不当行为，如学习倦怠、人际交往不畅等。这种行为不适可能是某一方面的表现，也可能是多个方面的综合表现，主要体现在学习不适、人际交往不适、校园环境不适等方面。这些不适可能会使新生自卑、无归属感、对学校不满意和对人生感到迷茫等。

3. 自我中心观和从众倾向

自我中心观是指个体在处理与他人或社会的关系时只从自我立场出发，而不能从他人或社会的角度去思考问题或处理问题。这种自我中心观是影响个体客观认知他人与正确把握社会规范的一个心理问题。自我中心观的对立面是从众倾向。所谓从众，是指在群体的影响和压力下，个体放弃自己的意见而采取与大多数人相一致的行为，即通常所说的“随大流”。

在人类的婴幼儿时期，由于认知发展不全面，会产生以自我为中心来观察周围事物和处理相关事情的现象，这是儿童心理发展的必经阶段。对于大学生来说，认知已发展得较为全面，再出现以自我为中心的现象就属于自我意识的缺陷。以自我为中心的人过度关注自己的感受，只会从自我的角度进行思考，只注意自己的心理需要，往往不能设身处地地为他人着想，爱把个人意志强加给他人，使其按照自己的意愿行事，追名逐利，且自我感觉良好。因而，以自我为中心的人不易赢得他人的好感与信任，容易造成人际关系的不和谐。

有些大学生还有一种心理倾向，那就是从众。他们有这样的心理定势——多数人的意见肯定是正确的。大学生不当的从众行为对自己的成长和发展是有危害的，会导致大学生的分析能力、判断能力得不到应有的提高，从而导致其成长较慢。当然，正确的从众行为则会产生积极的影响，如“宿舍效应”和“班级效应”。这两种效应是在良好群体中的积极行为。当一个宿舍或一个班级形成一种良好风尚的时候，对宿舍或班级内的成员的影响是积极的，成员在不自觉中会受到这种积极风尚的熏陶，这种积极的从众倾向能够形成对宿舍、班级成员的鞭策力，使成员向着更好的方向发展。反之，不当的从众行为往往会导致班风、校风不正。

4. 过分独立和逆反心理

随着社会的不断发展，多数大学生表现出自立、自强、独立思考、明辨是非、勇于决断等积极的心理品质，这是大学生独立意识发展和成熟的体现。独立意识可以看作大学生自我意识发展的重要内容和自我完善的标志之一。但少数大学生过分独立，要求独立的心理意识太过强烈，在人际交往过程中把自己置于别人的对立面，不辨是非地处处与学校、家长、同学作对，并以此为荣。这部分大学生混淆了独立和孤立两个概念的区别，将积极的独立等同于消极的孤立。

我国心理学家朱智贤在《心理学大词典》中对“逆反心理”做出了如下定义：逆反心理是客观要求与主体需要不相符时所表现出的一种强烈的抵触情绪。逆反的实质是表现个性、突出自我、寻求自我的肯定。一些大学生为了抵抗在他们看来压抑自己的外在力量，表现出较强的逆反心理，这是正常的。但有些过分逆反的大学生采取非理智的反应方式，不加分析地对一切事物采取排斥和抵制的态度，最终只会阻碍其学习新的知识或获取正确的经验，更阻碍其健康成长。

(二)大学生自我意识在发展过程中存在的矛盾

进入大学以后，大学生个体的自我意识发展进入“主观化时期”。这一时期，大学生的自我意识迅速发展，其自我认知、自我体验、自我控制逐步协调一致。大学生逐步意识到自己的内心世界，并关注自己的内在体验，用自己的眼光和观点去认识外部世界，开始有明确的价值探索和人生追求。但是由于大学生的心理还没有完全发展成熟，其自我意识在发展过程中存在许多矛盾，主要表现在以下几个方面。

1.“主体我”和“客体我”的矛盾

自我有“主体我”和“客体我”之分。“主体我”是一个人对社会情境做出的反应，是自我中积极的一面；“客体我”是“主体我”在他人和自己眼中的反映。“主体我”与“客体我”应该是统一的，这种统一是个人对客体的认识与个人愿望的统一，是自我同一性的发展与形成的反映，更是良好自我意识的标志。但是由于个人所处的社会环境存在差异，所以“主体我”与“客体我”并不总是统一的。大学生的“主体我”与“客体我”的矛盾就表现得较为突出。大学生作为同龄人中接受高等教育的人，能够感知积极进取的“主体我”，但是他们缺乏社会经验，缺乏对社会的切身感受。社会对大学生的评价是社会对大学生“客体我”的认识。当社会对大学生的评价较低且大学生也认识到自身的状况时，矛盾就产生了，大学生回归本位，身上光环的消失导致他们常会产生巨大的失落感，既承认自己又否定自己，从而出现了“主体我”与“客体我”的矛盾。

2. “理想我”和“现实我”的矛盾

“理想我”是个人追求的目标，是个人想要塑造的完美形象，它对个人实现理想中的自我起着引导作用；“现实我”是对现实中自我的各种特征的认识，是个人从自己的立场出发得出的认识，二者之间存在一定的差异。大学生怀揣着无数的美好梦想进入高校校园，每个人都渴望有一片属于自己的美丽天空。有理想就有动力，因此，大学生的成就动机特别强烈，他们有抱负、有追求、有理想，为自己设定了一个美丽的“理想我”，也对大学生活进行了理想化的设定。然而现实往往是残酷的，现实常与大学生心中的理想形成巨大的反差，大学生的“现实我”在能力、知识、经验等方面与“理想我”尚有较大差距。在对“理想我”的期望和追求中，“现实我”带来的更多是失望。在这种情况下，大学生常陷入趋避两难的矛盾中，即是采取积极的行动使“现实我”向“理想我”靠近，还是就此消极沉迷，承认自己“才疏学浅”而放弃“理想我”。在“理想我”与“现实我”的矛盾中，大学生失去自己生活的方向，这时，积极的自我调适就显得极为重要。

精选案例

佳佳考上了某名牌大学，在接到录取通知书的那一刻，她的父母喜极而泣。佳佳是个争气的孩子，从小到大，在学习上她从来不让父母操心。在得知被名牌大学录取后，佳佳对未来充满了向往，她认为在大学里自己依然还会非常出色。带着这个美好的愿望，佳佳走进了大学校门，慢慢地，她发现一切并不像她想象的那般美好，大学里人才济济，她认为在这里自己就像一只丑小鸭，没人注意到自己，也没有展示自己的舞台。佳佳陷入了迷茫与矛盾中。

分析：

大学生在进入大学后，经常会遇到像佳佳这样的情况，在“现实我”和“理想我”之间迷失了方向。其实，大学生首先应该明确一个观念，能够进入大学的人都很优秀，自己也很优秀。其次，在这种观念的鼓励下，大学生应该积极地参与激烈的竞争，而不是在原地自怨自艾。

3. 自尊与自卑的矛盾

当前很多大学生是在社会的认同、长辈的赞誉、同龄人的羡慕中长大的，这使他们产生了强烈的优越感和自豪感，从而建立了强烈的自尊心。但是自尊和自卑总是紧密联系在一起的，自尊心强烈的人往往也是极度自卑的人。当自尊心强烈的大学生遭遇失败与挫折时，有时甚至是小小的失利，就会怀疑自己的能力，进而自我否定、自我怀疑、自暴自弃，陷入强烈的自卑感之中。这种从自尊到自卑的反差给大学生带来的焦虑、抑郁等悲观情绪，都与大学生自我定位不准确有关。

4. 独立与依附的矛盾

上大学后，大学生的独立意识迅速发展，大学生希望自己能在经济、生活、学习、思想等方面独立，希望摆脱他人的管束，以独立的姿态面对生活、学习遇到的问题。但由于长期的校园生活，大学生与社会往往有些脱节，大学生的社会阅历相对匮乏。同时，大学生又希望得到他人的帮助，无论是在心理上还是在现实生活中都需要依赖他人，无法做到真正意义上的人格独立。因此，在大学生身上，一方面有着强烈的独立意识，另一方面却又需要依赖他人，这就使大学生的自我意识出现了独立与依附的矛盾。

5. 渴望交流与自我闭锁的矛盾

大学生迫切需要友谊，渴望理解，寻求归属和爱，有强烈的交往需要，希望能向知心朋友倾吐对人生的看法，盼望能有人分担痛苦、分享欢乐。大学生渴望自我价值的实现，渴望与人探讨人生的真谛，也希望自己能成为群体中受欢迎的人。但同时大学生又存在着自我闭锁的倾向，许多大学生往往不愿主动敞开自己的心扉，而是把自己的心深藏起来，在公开场合很少发表个人的真实意见。有些大学生与他人交往时存有较强的戒备心理，与所有人都有意保持距离。还有一些大学生因为考虑问题不周，交往心切，在不了解对方实际情况的时候就坦诚相交，结果受到伤害，受到伤害后心灵就闭锁起来。正是这种渴望交流与自我闭锁的矛盾，使不少大学生感到十分孤独。

精选案例

赵玲是一位乖巧的女大学生，她很聪明、但性格内向，常因没有知心朋友而感到苦恼。她觉得自己很孤独，与周围的人格格不入，觉得自己简直就是另类。这样的感觉是在大一下学期出现的，进入大二后这种感觉愈发强烈。据赵玲讲，小时候父母对她的管教特别严格，不太鼓励她跟其他同学交往，她经常一个人待在家里。高中时她遇到了一位很严格的班主任，在这位班主任眼中，学习就是一切，同学之间的过多交往只会耽误学习。在这种思想的灌输下，赵玲在高中阶段也很少跟同学交往，并且在与人交往时容易产生紧张感，这种紧张感现在更加强烈了。赵玲还说，上课时，如果老师看她，她就会感到不舒服，课也听不进去；参加集体活动，哪怕不是主角，这种参与感也让她感到紧张。另外，赵玲和同一宿舍的同学交往也常感到很困难……

分析：

赵玲的情况属于典型的社交恐惧症，她在自己的身边围上了一堵墙，不愿与别人交流，将自己闭锁起来。赵玲的社交带有主观性和极端化及情绪化色彩。这是由于她的生活阅历、知识水平、社会经验等相对不足。对此，赵玲应形成对自我的客观评价，在紧张感来临时适当运用自我暗示法，树立正确的人际交往观念，最终克服社交恐惧。

6. 激情与理智的矛盾

随着身心的发展，大学生的认知水平不断提高，理性思维日渐成熟，考虑问题更加全面与客观，对人生、未来都有所思考。同时，大学生易于冲动，自我控制能力较差，听到赞扬时容易忘乎所以，受到责难时常立刻“怒发冲冠”，往往理智让位于情感，这导致他们容易做出一些错事、蠢事。在做出错事、蠢事后，他们又会后悔不已，甚至一蹶不振，使自己陷入惆怅的情绪中。情绪情感不稳定与理性思维成熟产生明显的矛盾，一方面不断克制，另一方面不断冲突。在激情与理智的矛盾中，激情往往占上风，只有意志力强的大学生才能用理智控制激情。

第三节 大学生健康自我意识的培养

名人名言

茫茫尘世，芸芸众生，每个人都有一个属于自己的角色，只有当他演好自己的角色时，他才会觉得心安。

——罗伯特·洛威尔

一、培养健康自我意识的心理意义

一个人的心理发展历程一般要经历从幼稚到成熟的过程。健康的自我意识是心理成熟的标志，对心理健康具有重要作用。

(一)促进社会适应，和谐人际关系

大量的心理学实践证明，许多人社会适应不良及人际关系不协调是由于自我意识不健全。如果一个人对生理自我、心理自我和社会自我的认知、体验不正确，尤其是在自我评价上与客观的现实差距太大时，就可能导致社会适应不良和人际关系不协调。健康的自我意识能通过正确的自我评价产生合理的“理想我”，并且通过正确认识自己与他人、个体与群体双方不同的地位和需要，采取不同的策略，主动调节人际关系，从而保持良好的社会适应性和人际关系。

(二)促进自我实现，创造最佳心理质量

健康的自我意识能通过合理的自我认知、良好的自我体验、自觉的自我调节和控制，促进自我实现，最大程度地挖掘自身心理潜力。按照心理学家马斯洛的观点，自我实现是心理健康和心理质量达到的最高标准。

(三)有助于自我教育和自我完善

当“现实我”和“理想我”不能统一，或“理想我”在实现过程中遇到挫折时，有健康自我意识的人能够自省，能够自觉地寻找其原因：一方面通过自我控制调节，纠正心理偏差，努力缩小“理想我”与“现实我”的差距；另一方面重新调整认识，形成新的“理想我”，使自己的心理行为个体化与社会化协调、平衡发展。

(四)维护心理健康

自我意识是人类意识最本质的特征，也是人和动物在心理上的分界线。个体的自我意识是其人格的核心。自我意识将人的爱好、欲望、习惯、利益等结合，形成统一的体系，在日常生活中构成个体的内心世界，对人格的发展起着重要的作用。因此，我们可以用自我意识的发展程度来衡量一个人的心理成熟程度。心理健康的标准，可以从自己对自己的认识、自己对自己的态度、自己对自己的控制

这三个方面来加以衡量，这就构成了心理健康的三大标准。健康的自我意识能维护心理健康。

二、健康自我意识的评价标准

自我意识对人的心理健康起着非常重要的作用，它制约着人格的形成和发展，在人格的优化过程中发挥着巨大的作用。个体的心理发展一般都要经历由稚嫩到成熟的过程。健康的自我意识是心理健康的重要标准，在个体发展过程中发挥着重要作用。健康的自我意识有如下标准：

(1)有自知之明，既知道自己的优势，也知道自己的劣势，能正确评价自我并引导自我健康发展，即能自我肯定、自我整合。

(2)自我认知、自我体验和自我控制协调统一。

(3)自我独立，同时又与外界保持联系。

(4)“理想我”与“现实我”统一，有目标意识和内省意识，积极进取。

(5)不仅自己的心理发展健康，而且能促进周围的人共同进步。

课堂讨论

美国心理学家伯特伦·福勒曾经做过这样一个实验：他给一些人做完明尼苏达多相人格测验后，拿出一份真实的结果和一份贴合多数人人格特征的结果给这些人做选择，这些人竟然认为后一份结果才是更确切地表达自己人格特征的真实结果。伯特伦·福勒把这种现象定义为巴纳姆效应。巴纳姆效应指的就是这样一种心理倾向，即人们很容易受到来自外界信息的暗示，从而出现自我知觉的偏差，他们都认为一种笼统的、一般性的人格描述十分准确地揭示了自己的人格特点。

生活中是否也存在巴纳姆效应？如何才能避免巴纳姆效应？

三、培养大学生健康自我意识的途径

对大学生来说，拥有健康的自我意识是很重要的，大学生健康自我意识的培养是大学生完善自我个性、实现自我价值的重要途径。

(一)正确认识自我

中国人常说“人贵有自知之明”，古希腊人也将“认识自己”当作人生的最高智慧。全面而正确地认识自我是培养健康自我意识的基础。自我认知由多个方面组成，既有自己的认识与评价，也有他人的评价。如果大学生对自己的价值观及自己的行为有一个正确的认识和评价，那么就能够取长补短、完善自我，提高自己参与社会的积极性，处理好个人与他人、个人与社会的关系。

1. 在与他人的比较中认识自我

唐太宗李世民曾说过：“以铜为镜，可以正衣冠；以史为镜，可以知兴替；以人为镜，可以明得失。”每个人在认识自我的过程中，都免不了要与他人进行比较，与他人进行比较是每个人客观、全面地认识自我的重要方式。在与他人比较时，最重要的是要选定恰当的参照物，并用发展的眼光看待自己和他人，在比较中认清自己的优势和不足，从而取人之长、补己之短，缩小“主观我”与“客观我”的差距。

2. 在自省中认识自我

曾子曰：“吾日三省吾身。”自己对自己的观察与反思也是认识自我的一个重要途径。大学生要学会自省，严于剖析自我，经常反省自己的行为和动机，以便有目的地进行自我调整，从而使自我意识更加客观和稳定，避免自我认识的偏差，使自我更加完善。通过自省的方法来认识自我，可以促使大学生心理的发展趋于成熟。

3. 在社会交往中认识自我

在社会交往中，大学生可以了解到他人对自己的看法，这样有助于发现自己忽略的问题；在社会交往中，大学生可以通过分析他人对自己的态度、期望和评价等信息，重新认识自己，形成较为客观的自我概念，以此来丰富和完善自我。值得注意的是，大学生在社会交往中对待他人的评价应有一个正确的态度。

4. 在社会实践活动中认识自我

社会实践是人的自我意识产生和发展的重要条件，大学生可以通过参与不同形式的社会实践活动来认识自我，挖掘自己的潜能。同时，这些活动的成果也能衡量大学生的自我价值。心理学上有一种“自我意象”的说法，是指在某个方面没有取得好成绩，不是欠缺这方面的能力，而是认为自己在这方面不行。因此，大学生可以通过实践活动来确认自我的能力，发现自我的价值。

(二)积极悦纳自我

积极悦纳自我

能否悦纳自我是衡量一个人的心理状态是否积极和健康的一项重要指标。悦纳自我是指一个人相信自己存在的价值，认同自己的能力，并在行为上表现出一种与环境和他人积极互动的心理定式。通俗地说，就是能够愉悦地接纳自己，包括接受自己的某些缺点，并能不断地进行自我激励，使自己的人生过得充实而有意义。一个人必须在建立正确的自我认知的基础上，才能积极地悦纳自我。每个人都有自己的优点和不足，因此，大学生不应一味地追求“理想我”，否定“现实我”，也不能过度地自我接纳，夸大自己的优点。

大学生积极悦纳自我需增强自信，走出自卑，大学生既可通过积极的自我暗示来培养自信，也要明白人的价值是通过人的学识、能力、品行等体现出来的。大学生要合理确定自己的位置，每个人对自己都有一定的期望，期望的不合理会导致愿望的落空，而合理的期望水平是建立在恰当的自我评价的基础上的。大学生只有恰当地评价自己，才能确定合理的期望水平。只有自己的能力等被群体认可，才能在群体中获得一定的地位，才能体验到真正的自尊。

每个人身上都有闪光点，要接受、喜欢自己，保持独特的自我。要保持乐观、开朗的心理，全面地看待自己、接纳自己。只有积极悦纳自我的人才能够寻找到属于自己的闪光点，并将其绘制成一幅美丽的风景画。

小贴士

如何悦纳自我？我们可以从以下几个方面入手：

(1)对自己实施积极的心理暗示；

(2)全面、客观地评价自己；

(3)改变自己的观念和思维方式；

(4)以正确的心态对待挫折和失败。

精选案例

黄美廉，一位从小就患脑麻痹的女生。得了这种病，肢体会失去平衡，手足会时常乱动，嘴里也会经常念叨着模糊不清的词语，模样怪异。黄美廉从小就活在肢体不便及众多异样的眼光中。医生根据她的情况，判定她活不过6岁。在常人看来，她已失去了语言表达能力与正常的生活条件，更别谈什么前途与幸福了。但她却坚强地活了下来，而且靠顽强的意志力考上了美国著名的加利福尼亚州立大学，并获得了艺术学博士学位。她靠手中的画笔，以色彩告诉人们“寰宇之力与美”，并且灿烂地“活出生命的色彩”。

在一次讲演会上，一个学生贸然地这样提问：“黄博士，您从小就长成这个样子，请问您怎么看您自己？您有过怨恨吗？”在场的人都暗暗责怪这个学生的不敬，现场的气氛也因为这个无礼的问题而紧张起来。但黄美廉却没有半点不高兴，她十分坦然地在黑板上写下了这么几个字：我怎么看自己？然后又在黑板上继续写道：一、我好可爱；二、我的腿很长很美；三、我的爸爸妈妈很爱我；四、我会画画，我会写稿；五、我有一只可爱的猫……最后，她以一句话总结：“我只看我所有的，不看我所没有的！”掌声在整个会场响起，在她的脸上，我们看到了一种永远也击不败的傲然。

分析：

在常人看来，黄美廉是不幸的，似乎生理上的病痛意味着她不会有任何幸福。但是，在黄美廉自己看来，她又是幸福的，她有爱她的父母，她会画画、写稿……“我只看我所有的，不看我所没有的！”这句话似乎是对全世界的宣言。她能够积极地认识自我并悦纳自我，并不因生理上的病痛而自暴自弃，相反地，她与命运奋起抗争，最终活出了自己的精彩。

(三)有效控制自我

从心理健康的角度来讲，自我控制是人主动、定向地改变自己的心理品质、特征及行为的心理过程，是自我心理结构中最重要的调节机制，也是心理成熟的最高标准。一般刚入校的大学生自我控制能力较弱，比较容易冲动、意气用事。但随着年龄的增长、学识的增加、经验的累积等，大学生的自我控制能力逐渐增强，他们能够及时根据别人的评价和自己行动的结果进行反省，并及时调整自己的行为和目标。大学生应注意从以下几个方面有效地控制自我。

1. 有明确的行动目标

明确的行动目标能够诱发人的动机，并促使人们走向预定的方向。对于大学生而言，由于其心智尚未完全成熟，有时缺乏足够的自制力和意志力，因此大学生就要有明确的行动目标，并制订合理的行动计划和程序，这样就可以避免自己行为的盲目性，从而有效地控制自我。

2. 善于自我检查、自我监督

在有了明确的行动目标，并制订了合理的行动计划之后，行动就应按照预定的计划有条不紊地进行。在行动过程中，大学生要不断进行自我检查，及时调整行动。大学生还应该认真领会社会道德准则的实质，并将其内化为个人的品德，确立个人内在的行为准则，以此来监督自己的行为。

3. 提高自我控制的能力

从某种程度上说，大学生正处在人生旅途的起点，在这一旅途中会遇到来自内部和外部的各种诱惑。大学生要想实现自己的人生目标就必须抵制住诱惑，主导自己的行动，因此需要具有顽强的意志力。而人的意志力往往与自我控制能力密切相关，所以大学生就需要强大的自我控制能力来理性地约束自己的行为，把握自己的情感，克服消极的情绪。

(四)不断提升、完善自我

不断提升自我的一个十分有效的方法就是提高自我效能感。自我效能感是指个体在一定情境下对自我完成某项工作的期望。当人们期望自己成功时，必然会尽自己最大的努力来完成具有挑战性的任务，也会为之坚持，从而增加成功的概率。由此可见，自我效能感与成就动机成正相关。大学生的自我效能感较高，这是从大学生对学业的期望值较高中体现出来的，自我效能感高能增强大学生的成就动机，从而激励其付出努力来取得学业上的成功。克服自我障碍也是提升自我的一个有效的方法。一个希望提升自我的人必须学会用积极的心态来对待问题，公正客观地看待事物，主动克服自我障碍，进行积极的自我尝试。

不断完善自我则是指个体在认识自我、悦纳自我的基础上，自觉规划行为目标，主动调节自身行为，使个性全面发展。大学生要积极探索人生、理解人生，树立正确的世界观、人生观和价值观，在个人与社会的联系中认识并实现人生的价值和意义，并通过实现这一目标不断完善自我。

提升和完善自我是一个长期的过程，大学生必须坚持不懈、持之以恒，这样才能最终实现自己的人生目标。

精选案例

小辉从小学习成绩优异，小学开始就在市里的重点学校学习，然而由于高考发挥失常，小辉虽然考上了大学，但却不是他理想的大学。他不敢和其他同学联系，害怕听到同学去名牌大学读书的消息，担心自己的失败成为同学的笑料。

当九月明媚的阳光照在开心的大学新生的脸上时，小辉却丝毫高兴不起来。虽然进入大学学习，但小辉心中的结并没有解开。他认为自己的高考成绩超出其他同学 80 多分，完全有能力胜任大学的学习，所以学习没有了动力，生活没有了目标，他如大海上漂浮的小舟，完全失去了原来的方向，在茫然与徘徊中迎来了期末考试，结果成绩很糟糕。但他并没有认真反思自己，而是将这一切归咎于没有考上理想的大学，归咎于命运的不公平。第二学期，百无聊赖的他又在网上找到了久违的“自信心”，开始彻夜上网聊天、打游戏，在游戏中体验虚拟世界的成功。可想而知，第二学期他的五门功课同时“亮起了红灯”，学校向小辉发出了留级的通知。小辉追悔不已。

分析：

大学阶段是自我意识迅速发展的阶段，也是自我意识确立的关键时期。在这个时期，自我意识趋于稳定、全面、丰富和深刻。但同时由于大学生生活阅历的有限，在发展自我意识的过程中难免有许多矛盾，这些矛盾会影响大学生的心理健康、学业发展及人际关系等。案例中的小辉正是由于不能正确处理“现实我”与“理想我”之间的矛盾，消极地对待挫折，所以才一蹶不振，荒废了学业。因此，大学生应该培养健康的自我意识，正确认识到挫折在生活中是不可避免的，接受并积极面对挫折，思考和分析挫折产生的原因，找出改进的方向，及时从挫折中走出，并以更积极的心态迎接新生活。

教学检测

一、思考题

1. 自我意识的概念是什么？

2. 培养大学生健康自我意识的途径有哪些？

3. 描绘“我的自画像”，要求运用简洁、得体的语言或文字勾画出自我形象，包括从生理到心理、从外表到内在、从性格到兴趣爱好等各个方面的形象。

二、活动设计题

1. 20 个“我是谁”

本次活动的目的是强化自我认识，促进自我接纳。具体操作步骤如下：

(1)写出 20 句“我是一个……的人”，要求尽量选择一些能反映个人风格的语句，避免出现类似“我是一个男生”这样的句子。

(2)将陈述的 20 项内容做下列归类。

A. 身体状况(你的体貌特征，如年龄、身高、体形、是否健康等)。

编号：

B. 情绪状况(你常持有的情绪情感，如乐观开朗、振奋人心、烦恼沮丧等)。

编号：

C. 才智状况(你的智力、能力情况，如聪明、灵活、迟钝、能干等)。

编号：

D. 社会关系状况(与他人的关系，对他人常持有的态度、原则，如乐于助人的、爱交朋友的、坦诚的、孤独的等)。

编号：

E. 其他。

编号：

分类是为了突出你对自己各方面的关注和了解程度，某一类项目多，说明你对自己这方面的关注和了解多；某一类项目少或没有，说明你对自己这方面的关注和了解少或根本就没关注、不了解。

(3)评估你对自己的陈述是积极的还是消极的。在你列出的每句话的后面加上正号(+)或负号(−)。正号表示“这句话表达了你对自己持满意、肯定的态度”，负号的意义则相反，表示“这句话表达了你对自己持不满意、否定的态度”。看看你的正号与负号的数量各是多少。

如果正号的数量大于负号，则说明你的自我接纳状况良好。相反，如果负号将近一半甚至超过一半，则说明你不能很好地接纳自己，你的自尊程度较低，这时你需要进行反省，寻找问题的根源，如你是否过低地评价自己，什么原因使你这样，有没有改善的可能等。

(4)分组交流。将团体成员分成 4～6 人的小组，在组内进行交流。交流对自己的认识，以及对活动的感受。

(5)团体内分享。每组派一名代表在团体内进行小组情况交流或个人体会的发言，供大家分享。

2. 3 个“我”

本活动的目的是协助个体进行自我反省，促进协调整合自我。具体步骤如下：

(1)请先预备 3 张纸，首先在第一张纸上描述“理想中的我”，时间约为 10 分钟。写好后搁置一旁。接着依此类推，在第二张和第三张纸上分别具体描述“别人眼中的我”和“真正的我”，时间分别约为 10 分钟。

(2)完成后，将 3 张纸同时放在桌上，对 3 张纸上的 3 个“我”做检核，主要看 3 个“我”是否协调一致。若不协调一致，则差异在哪里，并尝试找出原因；然后留意另外一个重点，“理想中的我”和“真正的我”是否协调一致。通过对比你可以发现二者之间的差异，甚至矛盾之处。同时，你会发觉自己对人生所产生的一些深层感受和渴求。

(3)为了达到更积极的效果，你应当努力探索，使 3 个“我”更加协调一致，并制订促进 3 个“我”协调统一的计划。有了具体的计划，你才能落实并做出改进。一个心理健康的人，其 3 个“我”是协调和谐的。当一个人和他人眼中的“我”没有太大的差距，个人理想也没有脱离现实时，他就是一个自我形象明确而健康的人。但当 3 个“我”不协调时，我们就应该问自己：“别人为何不了解我？”“我为什么不能表里如一？”不过，我们不必苛求自己的 3 个“我”百分之百协调一致，因为那是不切实际的期望，只会产生负面的影响。

(4)进行上述思考后，请填写以下汇总表。

3 个“我”汇总表

3 个“我”	开始时	调整后
理想中的我		
别人眼中的我		
真正的我		

(5)团体分享。请最有感受的成员在团体内交流自己的体会。

思政园地

北京国际大学生音乐季　用音乐展示文化自信

2021 年 10 月 10 日，北京国际大学生音乐季(以下简称“大音季”)在中国人民大学正式开幕。据共青团北京市委员会二级巡视员介绍，北京国际大学生音乐季是由市委宣传部和团市委等多家单位共同主办的针对在校大学生的原创音乐活动，主要面向大学生歌手和大学生音乐制作人，活动形式包括音乐会、音乐论坛、音乐人见面会等。活动在中国人民大学正式启动后，将会在中央美术学院、北京邮电大学、清华大学等 20 多所学校陆续开展。

“一方面，高校有很好的音乐基础，通过音乐这种形式可以活跃校园文化生活；另一方面，通过这次活动可以进一步激发大学生用原创音乐歌颂时代，记录时代的伟大的变革。同时也期望能够创作出一批符合大学生审美，获得大学生喜爱的音乐。”二级巡视员说。

“希望同学们通过生动感人的音符片段，展现出新时代中国青年的青春风貌，用年轻创意的表达传承中华文化、弘扬中国精神。”北京市委宣传部相关领导在发言中提到，本次活动鼓励原创、激发创造力，用音乐记录伟大时代的“青春风貌”、彰显崇德向善的“青春态度”、亮出勇于奋斗的“青春底色”。

用音乐展示文化自信

据悉，“大音季”是北京国际音乐产业大会的重点子品牌活动。作为北京惠民文化消费季的重要组成部分，“大音季”全方位、多角度展现校园音乐的生机与活力，助力北京音乐城市建设。

北京国际音乐产业大会是北京市 2020 年创办的品牌活动，致力于加快音乐城市建设，提升首都文化软实力。2021 年在第一届的基础上进行了全面升级，已于 2021 年 4 月正式启动。

“北京市高度重视音乐产业的繁荣发展，将建设音乐城市列入全国文化中心建设重要目标。”北京市委宣传部相关领导在发言中表示，在“十四五”开局之年首创北京国际大学生音乐季子品牌，旨在激活大学生音乐原创活力，搭建大学生音乐人才展示舞台，成就大学生音乐梦想，推广弘扬社会主义核心价值观的优秀音乐作品，丰富高校校园文化生活。

据现场介绍，Muture和《青年音乐故事》是“大音季”创新性延伸出的两大核心活动，旨在多角度、全方位地展现当代青年音乐人的风采，为青年提供更多展示的舞台。Muture一词源自music future，寓意“音乐的未来”，首场演出在中国人民大学(以下简称“人大”)，在人大以文化人、以文育人的良好文化氛围下，借此激励广大学子为实现中华民族伟大复兴的中国梦贡献青春力量。活动通过“燃·青春”“启·现在”“梦·未来”三个华彩篇章，集中体现了当代青年对音乐的热爱与执着，用优质音乐向世界展示文化自信。

据时任中央美术学院团委书记的徐新立透露，下一场“大音季”演出将于10月17日在中央美术学院开演。参加演出的除了中央美术学院的原创乐队、网红演出团体，还会有一些优秀毕业生。演出现场将会是一个开放式的音乐季。同时徐新立表示，希望大家听一听青年歌手特别是艺术青年的创作心声。

此外，时任北京邮电大学团委副书记的李瑾梁也透露，“大音季”于10月24日“程序员节”这一天在北京邮电大学举办，能够表达出理工科学生的独特的浪漫情怀。

用音乐推进高校美育事业发展

据了解，此次活动还巧妙将美育教学与学生文艺素养紧密结合，以美育人、以美化人、以美培元，打造了美育实践与美育环境相融合的大美育格局。

“美育在今天这个时代是大有可为的一项事业。”时任共青团中国人民大学委员会书记的杨子强谈到，大学生正处于认识世界的最关键阶段，如果他能以美的眼光认识这个世界，他的世界观、价值观，将会是一种完全不一样的境界。

杨子强强调，美育需要重视三个方面：一是需要重视中国传统文化中的美感教育；二是需要将时代精神注入美育中；三是需要将人民群众中的美传递开来。

“当今高校的美育既要向过去看、向未来看，也要向人民看、向身边看。”杨子强说道。

“美育其实是高校一直在做的事情，但同时它也是一个非常崭新的课题。”时任清华大学学生艺术团工作组副组长、校团委教师的陈志昊也谈到，从过去的三好学生，到现在的“五育并举”实际上反映了我们对人才培养规律的认识不断加深。

陈志昊提到，美育是大美育的概念，不等于美术教育、艺术教育，而是一种心灵教育、审美教育、情操教育，同时也是丰富学生想象力和激发创新创造能力的一种教育。

“北京国际大学生音乐季其实也是我们开展美育工作的一个非常好的形式和载体，它能够吸引来自不同高校的很多同学，还有社会各界人士，都去关注音乐、关注美育。”陈志昊说道。

(资料来源：《环球TIME》客户端，2021年10月12日，有改动)

讨论：

1. 结合材料和所学知识，谈谈如何培养大学生的文化自信？
2. 联系实际谈谈当前大学生自我意识在发展过程中存在哪些问题？如何解决？

第三章 大学生情绪管理

育人目标

◎ 及时了解自己的情绪状况，能够采用积极有效的方法管理自己的情绪。

◎ 培养自尊自信、理性平和、阳光向上的积极心态。

学习目标

◎ 理解情绪的概念，了解情绪的分类、产生机制及功能。

◎ 掌握大学生情绪的特点，了解情绪对大学生的影响，了解大学生常见的情绪问题和其成因。

◎ 掌握大学生有效管理情绪的方法，培养健康的情绪体验。

情境导入

一位父亲在公司受到了老板的批评，回到家里就把沙发上跳来跳去的孩子臭骂了一顿。孩子心里窝火，狠狠去踹身边打滚的猫。猫逃到街上正好一辆卡车开过来，司机赶紧避让，却把路边的孩子撞伤了。

这种对弱于自己或者等级低于自己的对象发泄不满情绪，而产生的连锁反应，就是心理学上著名的"踢猫效应"，描绘的是一种典型的坏情绪的传染。在生活中，当不好的事情使自己情绪变坏时，要在潜意识中控制自己的情绪，不要把自己的坏情绪传递给他人，因为我们永远也不知道，它会带来什么样的后果。

苏轼说："人有悲欢离合，月有阴晴圆缺。"人的悲欢离合就体现着人的情绪状态。在现实生活中，可以说情绪与人是形影不离的，情绪是人心理状态的"晴雨表"，反映了每个人内在的心理状态。如果一个人的某种情绪的外在表现是短暂的，那么这属于正常情况；但如果一个人的某种情绪长期占上风，那么这个人必定是出现了某种心理问题。大学时期是青年人心理逐渐趋于成熟的重要时期，也是其情绪相对不稳定、丰富多变的时期。如果大学生能管理好自己的情绪，那么将有助于其心理健康发展；否则，大学生的心理将会受到消极情绪的影响，甚至产生心理疾病。

第一节 情绪概述

名人名言

心灵成熟的人都有丰富的爱心，爱得越多，快乐也越多。

——斯科特·派克

一、情绪与情感

（一）情绪的概念

在现实生活中，每个人都会有喜怒哀乐，都会遇到挫折、逆境，这就涉及情绪的问题。情绪是根据人对其所接受到的刺激事件的理解而自然生成的，并且是可以从行为表现观察到的。从某种意义上讲，情绪是人们生命的一部分，无论人们是否感受到它，它都随时伴随着人们。它可能促使人们成功，也可能让人们深陷危机。只要人们稍加注意，就会感觉到情绪的力量。

对于情绪的概念，至今没有一个统一的说法。《牛津英语词典》将情绪解释为心灵、感觉或感情的激动或骚动，泛指任何激动或兴奋的心理状态。《现代汉语词典（第 7 版）》对情绪的解释：①人从事某种活动时产生的兴奋心理状态，如生产情绪、急躁情绪、情绪高涨；②指不愉快的情感，如闹情绪，他有点儿情绪。部分心理学家则认为情绪是有机体的一种激动状态，各种情绪都与相应的情境相关联，如快乐与环境控制的快乐情境相关联，羞耻与自己所招致的不愉快情境相关联，厌恶与他人所引起的不愉快情境相关联。在人类大脑的进化过程中，大脑的情绪中枢早于理智中枢形成，因此人们的情绪反应也会快于理智反应。可以说，人类的情绪更能反映其本能的需要。本书认为，情绪是指人们在心理活动过程中对客观事物的态度和体验。

对情绪的理解，有三点需要注意：一是情绪有其生理基础。在不同的情绪状态下，人的心律、血压、呼吸乃至内分泌等，都会产生相应的变化。例如，人在焦虑状态下，会感到呼吸急促、心跳加快；而在愤怒状态下，则会面红耳赤。二是情绪是一种内心感受和体验。人的不同情绪状态必然会反映在人的知觉上，从而形成人的不同的内心感受和体验。例如，当面临危险时，人会产生毛骨悚然的恐惧感；当自己的某些需要得到充分的满足时，人会感到幸福愉快；当失去亲人时，人会感到悲伤。三是情绪有其外在表现形式。情绪不仅仅表现为生理上的反应和内心的感受，还会直接反映到人的表情、语态和行为动作中。情绪的表现形式分为面部表情、声音表情、动作表情。

小贴士

当一个人情绪不好的时候，很容易影响到周围人的心情，也就是会产生一系列的连锁反应，这就是所谓的“情绪污染”。由此，我们可以想象情绪的力量。

(二)情绪和情感的关系

感情曾是情绪和情感的统称，但这一概念过于笼统，它不能够清晰地表达人们对客观事物的体验这一心理现象的全部特征。为了区别感情产生的过程和在这一过程中产生的体验，人们采用了情绪和情感两个概念，它们分别强调了同一心理现象的两个不同方面。

情绪主要指感情产生的过程，即个体需要与情境相互作用的过程，也就是脑神经机制活动的过程，它是人类内心活动最直接的表现，如高兴时的手舞足蹈、愤怒时的暴跳如雷。情感常用于那些具有稳定的、深刻的社会意义的感情，如对祖国的热爱、对朋友的真挚。情感是同人的社会性需要相联系的主观体验，是人类特有的心理现象之一。

情绪和情感彼此依存，情感是在情绪的基础上形成的，又通过情绪反应得以表达，离开情绪的情感是不存在的；情绪的变化也反映了情感的深度，且在情绪变化过程中也包含了情感。情绪和情感也有区别，情绪更多地与人的物质或生理需要相联系，情感则更多地与人的精神或社会需要相联系；情绪的产生早于情感的产生；情绪具有暂时性和外显性，情感则具有持久性和内隐性。

二、情绪的分类

因为人类的情绪变幻莫测，所以情绪的分类也令许多研究者感到棘手，情绪到底有多少种，至今无人能说清楚。从不同的角度出发，对情绪有不同的分类。

(一)七情说

俗话说“人有七情六欲”，其中的“七情”就是对人类情绪的分类，“七情”的说法也有其历史渊源。《中庸》中将情绪分为“喜、怒、哀、乐”四类；《黄帝内经·素问》中将情绪分为“喜、怒、悲、忧、恐”五类；《吕氏春秋》中将情绪分为“喜、怒、忧、恐、哀”五类；《左传》中将情绪分为“好、恶、喜、怒、哀、乐”六类；《礼记·礼运》中将情绪分为“喜、怒、哀、惧、爱、恶、欲”七类，并且提出“七者，弗学而能”的观点，由此提出七情说，这一情绪的分类也被大多数人接受。

(二)心境、激情、应激

根据情绪的强度、产生的速度及持续的时间，即根据情绪的状态可以将情绪划分为心境、激情、应激三种。

1. 心境

心境是一种比较微弱但能持久地影响人整个精神活动的情绪状态，具有弥散性的特点。某种心境一旦产生，就会影响到人们的生活和工作，使人们的言行、思想等均带上某种情绪的色彩。例如，当一个人心情舒畅时，他做什么都会乐观积极；而当一个人郁郁寡欢时，则他对许多事都会感到没有兴趣。“忧者见之而忧，喜者见之而喜”就是心境的表现。

2. 激情

激情是一种强烈的、短暂的、有爆发性的情绪状态，如狂喜、愤怒、绝望等都属于这种情绪状态。在激情状态下，人的理解力、自制力等都有可能降低。激情有积极和消极之分。积极的激情能增强人的敢为性和魄力，激励人们克服艰险、勇往直前；而消极的激情则会导致理智的暂时丧失、情绪和行为的失控。

3. 应激

应激是一种在出乎意料的紧迫情况下所引起的高度紧张的情绪状态，人们在遇到突如其来的紧急事故时就会进入应激状态，如地震、火灾等。在应激状态下，人的心律、血压、呼吸和肌肉紧张度等会发生显著的变化，从而增强身体的应变能力。在应激状态下，人们往往能做出平时难以做到的事，使自己尽快地转危为安。但是有时人在应激状态下，也会导致知觉狭窄、行动刻板、注意力被局限。过于强烈的应激情绪，会导致人暂时性休克甚至死亡，也会导致心理产生创伤。一个人长期或频繁地处于应激状态可能会导致身心产生疾病。

(三)基本情绪和社会情绪

根据情绪的发展，情绪可分为基本情绪和社会情绪两种。

1. 基本情绪

基本情绪又称原始情绪，是指与人的生理需要相联系的情绪。人的基本情绪在幼年时期就已经形成了，更带有先天遗传的因素。现代心理学将快乐、愤怒、恐惧、悲哀看作人的基本情绪。这四种情绪在体验上是单纯的，在此基础上可以派生出众多的复杂情绪，如悔恨、羞耻这些情绪就包含着不快乐、痛苦、怨恨等因素，是一些复杂的情绪体验。

2. 社会情绪

社会情绪是与社会需要相联系的情绪，表现为一种较为复杂而又稳定的态度体验。例如，人的善恶感、责任感、荣誉感、美感、幸福感等，都是社会情绪。社会情绪是在基本情绪的基础上随着人的成长而逐步发展起来的，同时又通过基本情绪表现出来。

(四)三维理论

美国心理学家罗伯特·普拉奇克从生物学的角度，提出了情绪的三维理论，即情绪具有两极性、相似性和强弱性特点。例如，从不同程度上，喜悦的情绪可分为舒畅、愉悦、快乐、欢喜、狂喜等；愤怒的情绪可分为不满、气恼、愤懑、恼怒、大怒、狂怒等；悲哀的情绪可分为忧虑、忧愁、忧郁、哀伤、悲伤、悲痛、痛不欲生等；恐惧的情绪可分为担心、不安、害怕、恐慌、惊恐等。

三、情绪的产生机制及功能

(一)情绪的产生机制

1. 情绪与情境

情境是人的情绪产生的一个激发点，也就是说人的情绪的产生一定有其相应的情境。例如，当人取得某方面的成功时会随之产生愉快的心情；反之，学习的压力、生活中的挫折等会使人感到烦躁和抑郁。此外，人自身生理的和心理的反应也同样会引起情绪的变化。例如，人在青春期阶段，由于身体上的急剧变化所引起的内分泌失调会造成情绪上的躁动。

2. 情绪与需要

客体本身并不直接决定一个人的情绪，而是有其主观上的中介。情绪是主客观之间的某种关系的反应，个体的需要便是其中的一个重要中介。客体与需要既决定产生的情绪的种类，又决定产生的情绪的水平。例如，当得到他人称赞时会产生一种荣誉感和喜悦感，因为这满足了自己维护自尊和取得成就的需要；当受到他人的冷落时会产生一种失落感和孤独感，因为自己被接纳的需要没有得到满足。

3. 情绪与认知

认知是情绪产生的关键因素。一个人的认知会受到知识经验、思想方法和信念、价值观等的影响。受到挫折时，缺乏辩证观念的人通常只能看到失败的一面，从而产生悲观情绪；而具有辩证观念的人，则会从“失败是成功之母”的角度认识挫折，从而避免消极情绪。因此，从某种意义上说，认知可以决定人的情绪。

4. 情绪与行为

行为是人的情绪的重要表现形式，而情绪对行为也有一定的调节作用。当人在做能满足自己需要的一些行为时，会体验到一种欣慰和充满热情的情绪感受，它会使自己的行为得到强化；而当人的某一行为阻碍或破坏了自己的某一种需要时，就会产生厌烦、排斥的情绪感受，它会使自己的行为减少或停止。可见，情绪与行为的关系并非单一的决定与被决定的关系，而是相互影响的关系。

知识延伸

不同情绪状态中的机体变化

不同情绪状态中的机体变化可以体现在以下几个方面：

(1)内脏器官活动的变化。当人发怒或突然震惊时，会出现呼吸急促、心跳加速、血压升高、血糖增加、血液含氧量增加等变化，突然震惊时甚至会出现暂时的呼吸中断。

(2)面部表情和姿态的变化。哭泣时，眼部肌肉收缩；悲哀时，眼尾、嘴角下垂；愤怒时，眼、嘴张大，毛发竖起；盛怒时，胸部挺起，横眉张目，紧握拳头；感到困窘或羞愧时，面红耳赤；突然震惊时，脸色苍白等。

(3)腺体和内分泌腺的变化。焦虑、忧郁时，胃肠蠕动和消化液的分泌受到抑制；盛怒时，食欲锐减；在激烈、紧张的情绪状态中，肾上腺素分泌过多会引起血压、血糖等一系列的变化。

(4)言语在声调上的变化。如同一个词“什么”，用不同声调可表现出疑惑、生气、惊奇、好奇、愤怒、鄙视等情绪。

(二)情绪的功能

1. 自我保护的功能

每一种情绪都有其功能，即使像生气、痛苦等负面情绪也有重要作用。情绪是个体生存和发展的一种重要方式，从某种程度上说，情绪能起到自我保护的作用。例如，当人处于危险的境地时，恐惧的情绪反应能促使人在行为上更快地脱离险境；当人在学习或工作中承担的负荷超出了自身的承受能力时，疲惫的情绪状态会使人不得不放弃一些工作，从而获得休息；在面对侵害时，愤怒的情绪会促使人奋起反抗，进行自我保护。

2. 信息传递的功能

人与人之间的交往是通过信息传递实现的，情绪在人际交往中起着十分重要的调节作用，具有信息传递的功能。例如，朋友之间的一个动作、一个表情，就能使对方心领神会；考场中，监考教师威严的目光，能使那些想投机取巧的人望而却步。情绪还可以相互影响和传播：当一个人兴高采烈时，他的这种情绪会感染到周围的人；而当一个人沮丧、愤怒时，他的这种情绪也会在周围传播开来，并且还会转移到他人身上。可见，在人与人的交往过程中，一个眼神、一个动作都能传达出特有的情绪，可谓“此时无声胜有声”。

3. 组织调节的功能

情绪是一个自发的心理过程，对其他心理活动具有组织调节的功能，具体表现为积极情绪的协调作用和消极情绪的破坏作用。当人们处于积极、乐观的情绪状态时，往往容易注意到事物美好的一面，行为比较开放，愿意接纳外界的事物；当人们处于消极的情绪状态时，则容易放弃自己的愿望，甚至产生攻击行为。因此，懂得调控自身的情绪尤为重要。

4. 激发心理动机的功能

情绪是动机的源泉之一，是动机系统的一个重要成分，它能够提高人的活动效率。研究表明，适度的兴奋可以使人身心处于活动的最佳状态，从而推动人们有效地完成学习或工作；适度的焦虑和紧张能够促使人们积极地思考和解决问题；但是消极或过度的情绪则会对人产生负面影响。同时，情绪也可以成为人们行动的内驱力，促使人们全力以赴地克服困难，朝着预定的目标努力。情绪也可以成为意志的动力，如对祖国的热爱能激励人们为社会无私奉献。

第二节 大学生情绪概述

名人名言

对消极的情绪有一个明确的了解，就可以消除它。

——弗农·霍华德

一、大学生情绪的特点

由于大学生的心理尚未完全成熟，所以易受到外界的干扰，从而引起情绪的变化。同时，大学生又是社会中的一个特殊群体，其情绪带有鲜明的特征，情绪内容更趋于深刻和丰富，情绪的表达更趋于隐蔽，情绪的变化也更趋于稳定。总的来说，大学生情绪的特点主要表现在以下几个方面。

1. 丰富性和复杂性

从生理发展阶段来看，大学生正处于“爱做梦”的年龄，也正处于情绪最丰富的时期，无论是在日常生活中，还是从事社会活动时，情绪都表现得极为饱满，并随着自我意识的不断发展和兴趣的拓展而表现得更加丰富、敏感、细腻和深刻。同时，大学生的情绪还具有复杂性的特点。例如，大学生既渴望独立自主，又希望依赖他人；既期望得到他人的理解，又不愿意接受他人的安慰；等等。

精选案例

小刚是一名特困大学生，上大学的钱是父母好不容易借来的。进入大学后，由于同学间的家庭背景不同，小刚感受到了巨大的经济落差和心理落差，有那么一段时间，小刚整天情绪烦躁、心里闷闷不乐。但好在小刚是一个有志气的人，很快就控制了这种情绪，想想在家辛劳的父母，他觉得应该尽自己的努力来报答他们。平时除了努力学习外，他也会做兼职来赚取生活费，还成立了一个社团帮助那些家庭贫困的大学生。小刚的这些行为得到了老师和同学的肯定。

分析：

大学生的情绪问题普遍存在，面对这些问题，消极逃避是错误的，积极面对才是正确的。小刚积极面对自己的情绪问题，将不良的情绪引到了正确的方向，通过自我约束、自我调节，很好地控制了情绪，并通过自己的努力，最终得到老师和同学的肯定。

2. 阶段性和层次性

众所周知，不同年级的大学生有着不同的生理、心理特点，不同年级的培养目标、学习任务、教育方式和课程设置也存在区别，因此，大学生的情绪也呈现阶段性和层次性的特点。大学新生的自豪感和自卑感交织、新鲜感和恋旧感交织，面临的主要问题是适应问题；大学二、三年级的大学生独立性、自尊心和自信心得到明显发展，情绪相对稳定；即将毕业的大学生社会责任感明显增强，紧迫感和忧虑感油然而生。另外，同一年级的大学生由于成绩、能力、心理素质等的差异，也会表现出不同的情绪特点。

3. 波动性与两极性

大学时期是人生面临多种选择的时期。社会、家庭、学校等都会对大学生的情绪产生重大影响。大学生虽然认识水平有了一定的提高，对自己的情绪也有了一定的控制能力，情绪亦趋于稳定，但同成年人相比，大学生相对敏感，情绪带有明显的波动性，一句善意的话语、一支动听的歌曲、一首情理交融的诗歌、一个感人的故事都可以使大学生的情绪骤然变化。同时，大学生正处于情绪表现的“动荡”时期，自我认知、生涯发展及心理发展还未完全成熟，情绪起伏较大，带有明显的两极化特征，表现为在胜利时得意忘形、失意时垂头丧气。曾有人对大学生的情绪进行过调查，发现其中70%的大学生的情绪是经常两极波动的，也就是像波动曲线一样，忽高忽低，忽愉快忽愁闷。

4. 外显性和内隐性

大学生对外界的刺激反应迅速，喜、怒、哀、乐常形于色，比起成年人较为外露和直接。一般而言，大学生的很多情绪是一眼就能被看出的，如考了第一名或赢得一场球赛，大学生马上就会喜形于色。但由于自制力的逐渐增强，以及思维的独立性和自尊心的发展，大学生情绪的外在表现和内心体验并不总是一致的，在某些场合和特定问题上，有些大学生会隐藏或抑制自己的真实情感，有时会表现出内隐、含蓄的特点。例如，面对学习、交友、恋爱和择业等具体问题，大学生往往深藏不露，具有很强的内隐性。另外，随着社会化的逐渐完成与心理逐渐成熟，大学生能够根据特有条件、规范或目标来表达自己的情绪。

5. 冲动性与爆发性

美国心理学家斯坦利·霍尔认为青年期是从“蒙昧时代”向“文明时代”演化过渡的时期，其特点是动摇的、起伏的，他把这一时期称为“狂风暴雨”时期。由于知识水平和认知能力的提高，大学生对自己的情绪能够有所控制，但他们的兴趣广泛，对外界事物较为敏感，加之年轻气盛和具有的从众心理，因而在许多情况下，其情绪易被激发，带有很强的冲动性。很多大学生往往对符合自己观点、信念和理想的事件或行为迅速产生热烈的情绪；对于不符合自己观点、信念和理想的事件或行为，则迅速产生否定的情绪。个别大学生有时甚至会盲目地狂热，而一旦遇到挫折或失败又会灰心丧气。他们的情绪来得快，平息得也快。大学生情绪的冲动性常常与爆发性相联系。有的大学生自制力较弱，一旦外部出现某种强烈的刺激，他们的情绪便会突然爆发，以致在语言、神态及动作等方面失去理智的控制，忘却了其他任何事物的存在，极易产生破坏性的行为和后果。

小贴士

大学生的心理活动是复杂的，表现在情绪上就是上述特点的交织。科学地把握大学生的情绪特点，能够帮助大学生正确认识自己的心理行为特点，有助于更好地实现情绪的调节与控制。在分析大学生的情绪时，应该把大学生某一阶段特有的情绪特点与一些非常态情绪表现区分开来，以达到正确管理情绪的目的。

二、情绪对大学生的影响

（一）情绪对大学生健康的影响

现代生理学、心理学和医学的研究成果表明，情绪对人的身心健康具有直接影响。若能保持愉快的心境，为人开朗乐观、积极向上，则人体免疫功能就会活跃旺盛，可以减少患病的概率，有益健康。积极的情绪不仅能使大学生对生活充满希望，对自己满怀自信，而且能够使他们的求知欲增强、思维敏捷、富于创造力、爱好广泛，进而有助于大学生建立良好的人际关系，促进自身全面发展。

相反，消极的情绪对人的身心健康危害极大，在压抑、紧张、焦虑、恐惧等消极情绪的长期作用下，人的免疫能力会下降，容易患各种疾病，内脏功能也会受到损害。许多研究表明，消极情绪是健康的敌人。突然而强烈的紧张情绪会抑制大脑皮层的高级心智活动，使人的意识范围变窄、判断力减弱，失去理智和自制力。有调查发现，大学生中常见的消化性溃疡、紧张性头痛和偏头痛、心律失常、月经失调、神经性皮炎等疾病，都与消极情绪有关。

（二）情绪对大学生学习的影响

情绪不仅与大学生的身心健康有关，而且与大学生的潜能开发、工作效率有关。良好的情绪往往能使大学生乐于行动，积极学习和工作，有助于开阔思路、集中注意力。

心理学家在用实验方法研究情绪与学习成绩的关系时，通常将焦虑程度与学习成绩分别作为自变量和因变量，然后采用自我评定法和生理反应法来研究它们之间的函数关系。研究结果表明，焦虑程度与学习成绩的关系呈倒“U”字型，适度的焦虑能使大学生取得较好的学习成绩，但焦虑程度过高或过低，大学生均难以取得优异的学习成绩。

（三）情绪对大学生人际关系的影响

乐观、热情、自尊、自信等是人际交往中相互吸引的重要条件，具有这些良好情绪特征的人，在与他人相处时，能使彼此心灵距离缩短、情感融洽。而自卑、情绪压抑、爱发怒的人，往往不能与他人正常相处。由于情绪具有极大的感染性，所以拥有积极、稳定、适度的情绪反应，正面情绪大于负面情绪的人，在人群中更受欢迎，更容易获得别人的赞赏，更容易建立良好的人际关系。

因此，大学生在人际交往中，要注重提高自身修养，学会适度控制与调适自己的情绪，做情绪的主人，这样才能拥有良好的人际关系。

(四)情绪对大学生行为目标的影响

1979年，心理学家戴维·埃普斯顿在《人类情绪的生态学研究》这篇文章中，介绍了他对大学生的自我观念、情绪与行为变化之间关系的研究成果。结果表明，当体验到的是积极的情绪，如感到高兴、亲切、安全、平静时，大学生的行为目标也往往是积极的、生动的，对新经验的接受和开放、对周围人的尊重和理解、对价值和长远目标的献身精神等，都有明显增强；当体验到的是痛苦、愤怒、紧张或受威胁等消极情绪时，一部分大学生的社会兴趣下降，反社会行为增加，对新经验持审慎甚至闭锁的态度，另一部分大学生的行为并没有向消极方面转化，而是吸取教训，准备重新开始。埃普斯顿的实验结果表明，情绪体验与行为变化总是一致的。因此，大学生在学习和生活中要尽可能多地用积极的情绪去带动积极的行为。

课堂讨论

回忆一下你有没有情绪失控的时候。

三、大学生常见的情绪问题

对大学生而言，心理压力大、学习负担重、竞争激烈等均能使其情绪处于紧张状态。研究资料表明，导致大学生身心不健康的最主要的因素之一就是情绪问题。一般来说，适度的负面情绪，如考试时的紧张、失意时的悲伤等都是正常的，但是如果大学生不能够正确地处理生活和学习中的各种问题，那么就极易产生情绪方面的问题，从而危害身心健康。大学生主要的情绪问题表现为以下几种。

(一)焦虑

焦虑是十分常见的现象，是自尊心受到潜在威胁时产生担忧的反应倾向，是个体主观上预料将会有某种不良后果而产生的不安感，是紧张、害怕、担忧混合的情绪体验。人们在面临威胁或预料到某种不良后果时，都有可能产生这种情绪。焦虑不仅存在于大多数人的生活中，而且也是造成其他心理障碍的因素，如抑郁症与恐惧。焦虑作为一种情绪感受，可以通过身体特征体现出来，如肌肉紧张、出汗、嘴唇干裂和眩晕等。由于焦虑与恐惧、担心、惊慌等相关，也有人将担心看作焦虑的认知成分。

焦虑是大学生常见的情绪状态，当他们在学习、工作、生活等各方面遭遇挫折或担心需要付出巨大努力的事情来临时，便会产生这种情绪。焦虑对大学生的影响是复杂的，既可以成为大学生成才的内驱力，起促进作用；也可以成为大学生成才的绊脚石，起阻碍作用。实验证明，适度焦虑能使大学生维持适度的紧张状态，集中注意力，提高学习效率。但过度焦虑则会给大学生带来不良的影响。例如，有的大学生在临考前夜失眠或考试时“晕场”，在竞赛中不能发挥正常水平等，多是过度焦虑所致。被过度焦虑困扰的大学生，常常会表现出内心极度紧张不安、惶恐害怕、心神不定、思维混乱、注意力难以集中，甚至出现记忆力下降，同时还容易产生头痛、失眠、食欲不振、胃肠不适等不良生理反应。焦虑的大学生在内心深处有一种无法解脱、不愿正视的心理问题，焦虑只是矛盾的外显，借此作为防御机制以避免更深层次的困扰。

大学生常见的焦虑有自我形象焦虑、学习焦虑与情感焦虑。自我形象焦虑是指因自己不够漂亮、没有吸引力、体形过胖或矮小等而产生的焦虑。这类焦虑主要与自我认知有关，需要通过调整自我认知，重新接纳自我，建立新的自我形象。学习焦虑是指与学习有关的焦虑，如考试焦虑等，对于这类焦虑大学生情绪反应最为强烈。情感焦虑多数是由于恋爱受挫而自我否定，认为自己不具备爱人与被爱的能力，因而过度担心引起焦虑。

要克服焦虑情绪，需先了解大学生焦虑背后深层次的潜在冲突，然后在此基础上给予支持性的专业心理辅导。

精选案例

黄同学是一名大学二年级的学生。生活中，他经常感到心慌、口干舌燥、呼吸急促，总是觉得四周有一种无形的压力压迫着自己，让自己烦躁不安，很不舒服。他上课时心神不宁，注意力无法集中；很敏感，多疑多虑，易被激怒，经常莫名其妙地想发火，有摔东西、打人的冲动；有睡眠障碍，入睡困难，易惊醒，经常感觉肌肉紧张并颤抖。

分析：

案例中的黄同学已经出现了焦虑症的症状，他的身心健康已受到了危害，他需要及时接受正确的引导或专业的心理辅导。

(二)抑郁

抑郁症状不单指各种感觉，还有情绪、认知与行为特征。抑郁最明显的症状是压抑的心情，表现为仿佛掉入了一个无底洞或黑洞，感到很窒息。其他症状包括容易发火，感到愤怒或有负罪感等。具有抑郁情绪的人常常伴随着焦虑，对所有事物失去兴趣，渴望一个人独处。抑郁也伴随着个体思维方式的转变，如注意力不集中、记忆力衰退或者很难做出决定。因此，具有抑郁情绪的人很难回忆美好的事物，会不适当地责备自己，认为他人更消极地看待自己，对未来感到悲观。与此同时，抑郁还伴随着身体症状，如常感乏力，起床变得困难，更严重时睡眠方式都将改变，睡得太多或者早晨醒得太早，并且不能再次入睡；也可能会出现饮食紊乱，吃得过多或过少，随之而来的是体重激增或剧减。抑郁是一种持续时间较长的低落、消沉的情绪体验，它常常与苦闷、不满、烦恼、困惑等情绪交织在一起。

一般来说，抑郁情绪多发生在性格内向，如孤僻、敏感多疑、依赖性强、不爱交际，或生活遭遇挫折、长期努力得不到回报的大学生身上。那些不喜欢所学专业，或存在人际关系处理不当、失恋等问题的大学生也会产生抑郁情绪。

大学生抑郁的主要表现：情绪低落、郁郁寡欢、思维迟缓、兴趣丧失、缺乏活力、反应迟钝、体验不到快乐等。长期的抑郁会使大学生身心受到严重损害，使大学生无法有效地学习、生活，所以应当尽快摆脱抑郁情绪，端正自己的态度。大学生在遭遇不幸时，应勇敢地抬起头，振作精神，坚强地接受挑战，重新肯定自己。另外，大学生应积极参加各种活动，建立良好、和谐的人际关系，抒发被压抑的情感，从而摆脱抑郁的困扰。

精选案例

以下是一位大学生的自述。

我想谈一谈自己心理上存在的一些问题。刚上大学时，我有些不习惯，不过我适应能力还算好，与班里的同学相处得也比较好，大家对我的印象还不错，可是我却总觉得自己压力很大，干什么事情都没有精神，情绪很不稳定。尤其是这几天，大家都在复习，准备期末考试，我看到大家都在读书，可自己却不想看书，觉得很难受，甚至有点埋怨他们在读书。我和高中同学说了我现在的情况，他们劝我说，大学和高中是不同的，没有必要被别人左右，不要管别人如何学习，你只要有自己的学习方法，尽最大的努力，不断提高自己就可以了。可是我发现我还是控制不了自己的情绪。

我经常一个人行动，一个人上课、自习、吃饭，我觉得一个人很自在，不受约束，当然我不是很孤僻，我也和大家交流，只是目前习惯了独处。

我发现自己还有一个问题，那就是当我情绪不好的时候，就会吃东西。常常是一个人在一个食堂吃完，又跑到另一个食堂去吃，然后再到超市买一大堆饼干或者别的东西回宿舍吃，我觉得自己近乎疯狂，不可理喻，我就想让胃撑满，有时近于疼痛，好像这样我会得到快感和满足。当我一直吃东西的时候，自己也知道这样不对，但是我就是无法控制自己，就想不停地吃下去，什么都不想。

我发现这种发泄带来了更多的问题。一个问题是金钱的问题，上个学期，我买的东西还不是很贵，次数也不是很多，还有些自制力，希望自己能改正过来。但是这个学期，我发现自己变本加厉，买的东西越来越贵，次数也越来越多，好像越贵才越刺激，才越满足。但我家里并不能承受这些消费，我觉得对不起父母，因而自责。但是越是这样，我就越想放纵自己。好像有两个我在做斗争，一个让我恢复理智，另一个让我奢侈、让我放纵，而我总是屈服于后者。

另一个问题是我长胖了，我知道这是一个女孩子很敏感的问题，我也不例外。其实我很注重自己的外表，希望自己身材匀称，但是我现在长了10斤。我常常在晚上吃东西，不睡觉，有时候还偷偷摸摸，直到吃完为止，或者直到胃实在受不了才去睡觉。第二天，当我清醒之后，我会照镜子，看着自己圆滚滚的肚皮，我会想我到底干了些什么，我怎么这样，我好像不是我了，不想接受自己的样子，可是下一次我又克制不住自己。我尝试过节食减肥，的确瘦了不少，但是我发现我对什么都馋了，而且刻意找东西吃，不是因为饿，而是为了一种满足感，而且经常没有节制，一吃起来就停不下来。我的胃已经出现了问题，一吃多了就吐，估计是胃炎。可我还是常常控制不住自己。

我把精力放在与学习无关紧要的事上，我的生活很不规律，饮食更不规律，我觉得生活、学习一团糟，对什么都没有信心，也许这就是我情绪不稳定、对什么都不感兴趣的原因。我觉得我对不起很多人，对不起所有对我有期望的人，父母、师长、同学，包括我自己，可是我还是很难控制我自己，我觉得我好像有两种人格在厮杀。我很害怕，但是不知该怎么办……

分析：

通过这位大学生的自述，我们可以发现，这是一个典型的以抑郁为主要特征的情绪问题，具体表现为情绪不稳定且难以自控、饮食紊乱、体重剧增、有消极的自我观念、兴趣减退等。并且这位大学生错误地用吃来缓解其心理压力与焦虑，尽管自己已经意识到问题所在，却仍然控制不住。因此，这位同学应积极寻求心理辅导，控制自己的情绪，从而恢复正常的学习与生活。

(三)愤怒

愤怒是由于客观事物与人的主观愿望相违背，或愿望无法实现时，人内心产生的一种激烈的情绪反应。心理学研究表明，当人愤怒时，可能会心跳加快、心律失常，甚至患上高血压等躯体性疾病，同时自制力还会减弱甚至丧失，思维受阻，行为冲动，甚至还会干出一些事后后悔不已的错事或造成不可挽回的损失。

知识延伸

易怒者的特点

易怒者往往具有以下特点：

(1)一发火就骂人、砸东西，甚至打人。

(2)情绪反应十分简单，缺乏幽默感，不会开玩笑，对于满意的事沉默不语，对不满意的事常会通过吵架、发脾气等方式解决。

(3)面对生活中的挫折，心理防御的方式只有一种，就是发泄。

(4)对很小的事也沉不住气。

(5)愤怒时，什么事都干得出来，当时不能自控，事后又特别后悔。

(6)听不进任何人的劝说，尤其是在情绪激动的时候。

愤怒是大学生常见的一种消极情绪。处于精力充沛、血气方刚的青年时期的大学生，往往容易产生好激动、易动怒的情绪，如有的大学生会因一句刺耳的话或一件不顺心的小事而暴跳如雷；有的大学生会因人际交往受挫而怒不可遏，从而恶语伤人；有的大学生会因别人的观点或意见与自己相左而恼羞成怒。如此种种遇事缺乏冷静的分析与思考，图一时之快、逞一时之勇的好激动、易动怒的不良情绪特点，在一些大学生身上时有体现。这种情绪对大学生产生了极其有害的影响，因而有人说“愤怒以愚蠢开始，以后悔结束”。

精选案例

这是某高职院校大一女生的自述："我来自一个并不富有但也比较宽裕的家庭，父母非常爱我，但我在童年时期曾遭受过重大伤害。自从这件事发生后，我就不再相信任何人，也不再相信很多人们确信不疑的东西，比如友谊、爱情等。我想通过努力学习离开原来的生活环境，开始新的生活，摆脱童年时期的阴影。来到大学后，看到同学们都快乐无忧地生活着，长久潜藏于心的愤怒在悄悄地滋长，我不知道该如何排解这种情绪，便经常翻同学的书柜和床位，将她们正在看的参考书藏起来，我并不是为了看书，而是想看到她们着急的样子，这样我内心的愤怒便找到了宣泄的出口。"

分析：

这位女同学在童年时期遭受过伤害，由于当时缺乏必要的心理支持，她产生了一些消极情绪。进入大学后，她想开始一段新的生活，但久藏于内心的愤怒复活了，而且愈演愈烈，最终导致她用错误的方式来化解愤怒。

（四）嫉妒

嫉妒是指因他人在某些方面胜过自己而引起的不快甚至痛苦的情绪体验。嫉妒是自尊心的一种异常表现，在大学生中普遍存在。其具体表现为当看到他人的学识、能力、品行甚至穿着打扮超过自己时内心产生的不平、痛苦、愤怒等感觉；当别人身陷不幸或处于困境时则幸灾乐祸，甚至落井下石；在人后恶语中伤、诽谤他人。嫉妒是一种情绪障碍，它扭曲了人的心灵，妨碍了人与人之间的正常交往。嫉妒是一种消极的情绪体验。德国哲学家黑格尔曾说："嫉妒是平庸的情调对于卓越才能的反感。"在日常生活中，嫉妒的存在是很普遍的。英国哲学家弗朗西斯·培根说："在人类的一切情欲中，嫉妒之情恐怕要算作最顽强、最持久的了。"嫉妒者不能容忍别人超过自己，害怕别人得到自己无法得到的名誉、地位等，在嫉妒者看来，自己办不到的事情，别人也不能办成；自己得不到的东西，别人也休想得到。

嫉妒是人本质上的瑕疵，一个人如果长期处于嫉妒的情绪状态中，就会产生压抑感，容易出现忧愁、消沉、怀疑、痛苦、自卑等消极情绪，会严重损害其身心健康。嫉妒心强会影响人的自我发展，大大降低学习、工作的效率。另外，嫉妒心强会使人无法与他人正常交往。嫉妒心强的人常想方设法阻止别人的发展，总想压倒别人。这会使其周围的人不愿与其交往。

嫉妒对人的心理健康不利。一是会破坏人际关系的和谐。当一个人嫉妒另一个人的时候，就不会对那个人友善、热情，两个人的关系必然会很冷淡。嫉妒的对象越多，关系冷淡的对象就越多，这就会极大地妨害人际交往。二是造成个人的内心痛苦。一个嫉妒心强的人，常常会陷入苦恼之中不能自拔。时间长了会产生自卑心理，甚至可能会采取不正当的手段去伤害别人，使自己陷入更恶劣的处境。法国文学家奥诺雷·德·巴尔扎克曾说："嫉妒者比任何不幸的人更为痛苦，因为别人的幸福和他自己的不幸，都将使他痛苦万分。"

大学生想要克服嫉妒情绪，首先要开阔视野，开阔心胸，懂得"天外有天，人外有人"及"强中自有强中手"等道理。其次要学会转移注意力，要积极进取，使生活充实起来，以求取得成功。英国哲学家培根说："每一个埋头沉入自己事业的人，是没有工夫去嫉妒别人的。"因此，积极参与各种有益身心健康的活动，使大学生活真正充实起来，嫉妒的毒素就不会滋生、蔓延。再次是欣赏并学习别人的长处，化嫉妒为动力。一个人嫉妒别人时，总是关注别人的优点，忽视自己的优点。一般而言，嫉妒心理较多地产生于周围熟悉的，年龄相仿、生活背景相似的人群中。因此，要采取正确的比较方法，使自己失衡的心理恢复到平衡的状态。最后是培养健康的自我意识，提高自我意识水平，正确地评价自己和他人。

精选案例

这是发生在两位大学生之间的故事：小 A 与小 B 是某艺术院校的学生，同在一个宿舍生活。入学不久，两个人就成了形影不离的好朋友。小 A 活泼开朗，小 B 性格内向、沉默寡言。小 B 逐渐觉得自己像一只丑小鸭，而小 A 却像一位美丽的公主，心里很不是滋味。小 B 认为小 A 处处都比自己强，把风头占尽，时常以冷眼对小 A。大学三年级时，小 A 参加了学校组织的服装设计大赛，并获得了一等奖，小 B 得知这一消息后妒火中烧，趁小 A 不在宿舍之际把小 A 的参赛作品撕成碎片。小 A 看到后，不知道怎样对待小 B，更想不通小 B 为什么会这样。

分析：

小 A 与小 B 从形影不离到反目成仇的变化令人十分惋惜。引起这种变化的根源在于两个字——嫉妒。嫉妒是一种损人损己的病态心理，严重影响人们的身心健康。一个人只有客观地认识自己的优势和劣势，准确地衡量自己的才能，为自己找到一个恰当的位置，才能避免嫉妒情绪的产生。此外，大学生还要努力完善自己的个性，提高自己的心理素质，以健康的心态面对生活。

(五)冷漠

冷漠是指人们对外界刺激缺乏相应的情感反应，对生活中的悲欢离合都无动于衷，具体表现为对所有事情都漠不关心、冷淡、退让等。例如，有的大学生对周围的人和事漠不关心，对集体和同学态度冷淡，对自己的前途命运、国家大事等漠然置之。于是，他们把自己游离于社会群体之外，独来独往，对各种刺激无动于衷。这种冷漠的情绪状态，多是压抑内心情绪的一种消极逃避反应。具有这种情绪的人从表面上看虽表现为平静、冷漠，但内心却往往有强烈的痛苦、孤寂和压抑感。如果大学生长时间处于这种情绪状态下，巨大的心理能量无法释放，在超过了一定限度后，就会以排山倒海的形式爆发出来，致使心理平衡遭到破坏，影响身心健康。

冷漠是一种消极情绪的内化而非外显的行为。冷漠会导致责任感的减弱、生活意义的缺失与自我价值的放弃。冷漠可以说是有百害而无一利的消极情绪体验。冷漠的形成多数与人生的重大事件有关，也与个体的生活经历有关。

克服冷漠情绪最根本的方法是改变认知，发现生活的意义，发现自我的价值，改变以往形成的对人生消极的看法；在行为上，大学生要积极投身各种有意义的活动中，融入集体，进行积极的自我暗示与自我提升；大学生要正确认识自我与他人、个体与社会，并不断矫正自己的非理性观念。

思政元素

大学生无偿献血热情高：174 人撸袖捐献热血

2021 年 10 月 17 日，北方新报公益联盟志愿服务队组织呼和浩特市部分高校的大学生参加无偿献血活动。当天，来自内蒙古大学、内蒙古农业大学等多所高校的 230 名学生来到内蒙古血液中心捐献爱心。其中，159 人成功捐献全血 49 700mL，15 人捐献血小板 28 个单位。

无偿献血是关系人民群众身体健康和生命安全的重大民生问题，是发扬人道主义精神、传递爱心、拯救生命的崇高社会公益事业，是社会文明进步的标志。

（资料来源：正北方网，2021 年 10 月 20 日，有改动）

四、大学生情绪问题的成因

大学生正处于生理、心理及思想变化的时期，心理状态及情绪波动比较大，且缺乏社会生活的磨炼，心理承受能力相对较差。大学生如果缺乏一定的适应能力，则极易产生焦虑、抑郁、愤怒、嫉妒等情绪问题。归纳起来，大学生情绪问题的成因可从主客观两个方面来分析。

（一）主观因素

1. 不能正确地认识自我

很多大学生都有过一段“辉煌的历史”。但是，大学是群英荟萃、人才济济的地方，某些方面的差距往往会使一部分大学生感到失落，变得不知所措而逐渐产生自卑感。因此，每个大学生都需要重新认识自我，摆正位置，寻找新的起点。如果大学生一味沉溺于过去，不愿正视现实，那么遇到困难和挫折时就很容易产生自负或自卑的情绪。

2. 依赖性与自主性的矛盾

在大学时代，大学生进入了较为自由和开放的环境，独立意识日益增强，渴望在各个方面取得成绩。但是，由于此时大学生的心理发展水平落后于生理发展水平，认知能力落后于实践能力，在经济上、行为上尚不能完全独立，所以面对复杂的环境，大学生常常不知所措。另外，多数大学生是独生子女，独立性比较差，有较强的依赖性，缺乏社会经验和独立生活能力，来到大学后生活中的一切事务都要亲自处理，这对于生活自理能力较差的大学生来说是比较困难的。这种依赖性和自主性的矛盾容易导致部分大学生不适应大学生活，使其处于消极情绪状态。

3. 期望值与现实状况的反差

处在青春期的大学生，一般比较自信，对自己的前途和未来怀有美好的向往，成就动机很强，自我期望很高，但现实状况往往不尽如人意。如果大学生经过一个阶段的努力仍然不能实现自己的愿望，那么他们就会感到理想破灭。一旦遇到困难和挫折，他们就很容易萎靡不振，情绪低落或者产生逆反情绪。

4. 恋爱和性引起的情绪波动

一方面，大学生的性机能日益成熟，对感情的欲望逐渐增强，渴望与异性交往，追求美好爱情。但由于大学生的心理尚未完全成熟，情绪有较大波动；且由于大学生的性格尚未定型，承受挫折的能力不够，对爱情的理解又过于浪漫而不切实际，所以一旦在情感上遭受挫折(如失恋、单相思)，便会难以接受，从而灰心丧气、一蹶不振，甚至会走向极端。

另一方面，一些大学生由于缺乏必要的性教育而谈性色变，存在性罪恶感。性心理常处于受压抑状态，本能的释放性与心理的压抑性的矛盾必然会导致性焦虑。个别大学生会因此精神蒙受痛苦，心灵备受煎熬，情绪波动明显，陷入惶恐不安、心神不宁、头昏脑涨、失眠多梦的状态。

5. 人际交往的受挫

一些大学生对人际交往抱有浓厚的理想主义色彩，对友谊的渴求十分强烈，对人际交往的期望过高，一旦期望难以达到，就容易对人际交往采取消极冷漠的态度。当这些大学生出现心理困扰，又无人倾诉排解时，就可能导致精神上的疾病。

另外，不少大学生或多或少地存在封闭心理，担心自己在社交场合不善言谈，担心自己缺少社交风度和气质，不被人接纳、重视。有些大学生很想正常地与人交往，却因生性内向、过于腼腆、存在思想顾虑等而游离于校园交际圈外。一旦在心理上与人群格格不入，就会不可避免地陷入紧张、焦虑的情绪中。

(二)客观因素

1. 社会环境的影响

社会环境对大学生的情绪具有重要的影响。目前，社会对人才要求的提高、岗位竞争日益激烈、毕业生人数增加等因素，都在无形中增加了大学生就业的心理压力。大学生面临的任务首先是全方位提升自己的综合素质，不断学习新的技能和知识，从而提高自己的竞争力。不少大学生由于对自己信心不足，时常出现过于焦虑和担心的情绪。

2. 学校环境的影响

就学校环境来看，随着我国高校教育体制改革的深化，只重视学习成绩或一纸文凭的时代已成为历史。高校为了适应社会的需要，相继提高自身办学水平，对大学生的学习、综合素质等方面也有较高的要求，并制定了完善的考核标准。大学生稍有松懈就会在竞争中失利，这也成为大学生产生消极情绪的诱因之一。

3. 家庭环境的影响

家庭是每个人成长的启蒙学校。家庭的经济状况，家长的教育态度、内容与方式，家庭成员之间的亲疏关系等对大学生的情绪有着重要的影响。当前，生活节奏的加快、社会环境的变化等对家庭的冲击较大，单亲家庭、重组家庭等增多，越来越影响着大学生的情绪。另外，家长对子女过高的期望或要求，过于急切的“望子成龙”“望女成凤”的心态，对加重其子女的心理负担、使之产生焦虑不安等情绪起推波助澜的作用。一些大学生因为害怕不能满足家长的要求或不能为家庭增添光彩而产生高度焦虑和极度苦闷的情绪反应。个别大学生因感受不到家庭的温暖或感受不到来自教师、同学对自己的关爱和体贴，也极易产生“冷眼看世界”的消极情绪体验和反应。

第三节　大学生情绪的有效管理

名人名言

一个人如果能够控制自己的激情、欲望和恐惧，那他就胜过国王。

——约翰·米尔顿

一、情绪管理的含义

情绪对一个人的心理成长和发展有着重要的影响。良好的情绪可以促进身心健康，情绪失调则会破坏身心健康。情绪的管理不是要压制或消除情绪，而是在觉察情绪后，调整情绪的表达方式。有心理学家认为情绪调节是个体管理和改变自己或他人情绪的过程，在这个过程中，通过一定的策略和机制，使情绪在生理活动、主观体验、表情行为等方面发生一定的变化。也就是说，情绪固然有正面的和负面的，但关键不在于情绪本身，而在于情绪的表达方式，以适当的方式在适当的情境表达适当的情绪，才是健康的情绪管理之道。对于在校大学生来说，管理情绪、调节情绪、驾驭情绪、做情绪的主人，不仅是维护身心健康的需要，也是自我发展和人格成熟的条件。

小贴士

古希腊哲学家亚里士多德曾说，谁都会发火，这很容易。但要用合适的方式，为适合的目的，在合适的时候，以合适的程度，对合适的人发火，就不那么容易了。这番话便道出了情绪的自我管理能力和艺术。大学生应在日常生活中不断摸索，找到管理自己情绪的“金钥匙”。

情绪管理就是善于掌握自我，善于调节情绪，能适当地排解生活中的矛盾和事件引起的情绪反应，能以乐观的态度、幽默的情趣及时地缓解紧张的心理状态。如果人们能够在日常学习、工作和生活中有效地进行情绪管理，培养驾驭自己情绪的能力，建立和维护良好的情绪状态，就能时刻体会到积极的情绪带来的生理和心理上的变化，不断提高自己的身心健康水平。

二、大学生有效管理情绪的方法

有效管理情绪

（一）认识自己的情绪

情绪管理的第一步就是要认识自己的情绪。情绪无处不在，它可以在面部表情或行为举止中表现出来。个人的情绪很容易受到个人身心变化或外界刺激的影响。我们要知道，真正决定我们情绪的不是客观事物本身，而是个人对事物的看法。个体要认识自己的情绪，就要了解自己的个性特质、情绪年龄，分析自身成长经历及早期经验，以及测试自己的情绪状态。

1. 了解自己的个性特征

人的情绪特点，往往与其个性密切相关。因此，大学生了解自己的个性，对于认识和把握自己的情绪特点具有重要的意义。例如，我们可以看到每个人的情绪表现都是不尽相同的，有的人脾气急，有的人则是慢性子。这些都与人的个性有直接的关系。

2. 了解自己的情绪年龄

人的情绪表现与其情绪年龄相关。情绪年龄是一个人情绪发展水平的一种衡量标志。心理学研究表明，不同年龄的人在其情绪的各方面具有不同的发展水平和特点。当一个人的情绪与其应有的情绪表现相符合，即此人具有相应的情绪年龄。人的情绪年龄水平主要取决于两点：一是情绪反应符合什么年龄段的认知逻辑水平；二是用什么方式表现和调节情绪。例如，一些独生子女，由于长期受父母的过度照顾，情绪的自我控制能力往往滞后于他们的实际年龄。

3. 分析自身成长经历及早期经验

人的情绪特点往往与他们的成长经历和早期经验有关。心理学研究表明，人在婴儿期乃至幼年期失去家庭的关爱和父母的照顾会造成情绪上的伤害，并在以后的成长中产生不良的影响。一般而言，有比较平和的生活环境和积极的生活经历的人要比经历过挫折、创伤的人在情绪上更趋于稳定和积极。

4. 测试自己的情绪状态

除上述情绪的自我认识外，心理测验也是了解自己的情绪状态的重要方式，以下主要介绍“心理气氛圈”测试。

苏联学者鲁陶什金制定了“心理气氛圈”图示分析方法，大学生可以通过该测试，了解自己目前的心境。“心理气氛圈”分为四个象限：第一象限为“情绪饱满区”；第二象限为“不满意区”；第三象限为“悲观区”；第四象限为“愉快区”(见图 3-1)。

可以根据图 3-2 所示的愉快—不愉快，积极—消极两个坐标线上的等级，确定自己一周以来每天的情绪状态，在图上标出情绪状态的位置，并将其相互连接画出相应的曲线；一周后，可根据两个坐标线上的曲线图，在“心理气氛圈”上画出一周以来的“心理气氛图”。

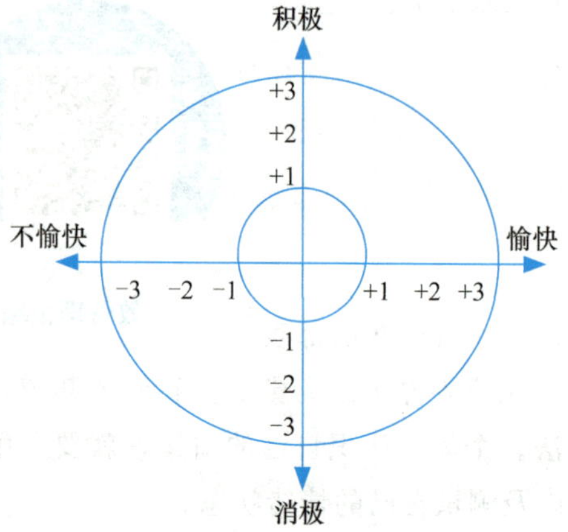

图 3-1　心理气氛圈

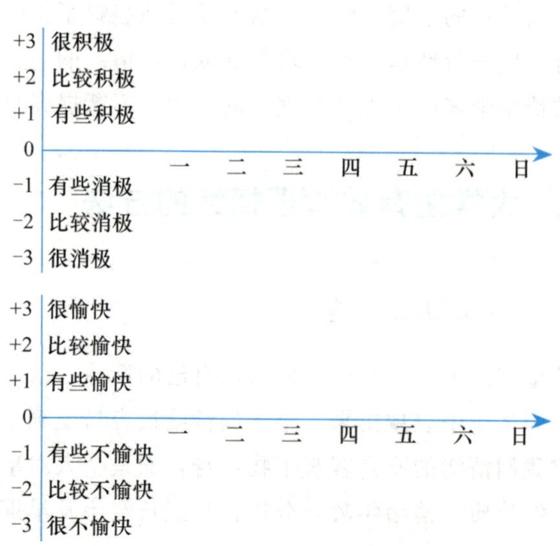

图 3-2　情绪状态坐标图

(二)排解自己的消极情绪

消极情绪不仅会影响大学生的身心健康，而且还会影响大学生的发展。因此，大学生要对自己的消极情绪及时进行排解。下面介绍几种排解消极情绪的方法。

1. 精神宣泄

精神分析理论认为，个体的消极情绪必须得到有效的宣泄才能保持心理的平衡。过分压抑情绪会导致困扰加重，如果消极情绪得不到发泄，那么随着挫折的增多，消极情绪就会不断积累，最终超过人们的心理承受能力而导致心理失衡。因此，精神宣泄是一种非常重要的自我心理调适的方法。个体可以采用适当的方式、在适当的场合宣泄自己的消极情绪。精神宣泄的途径有很多，如大哭一场、对他人倾诉、做体育运动、书写日记、到无人的地方呐喊等。在产生消极情绪时，大学生要增强自制力，采取正确的方式，选择正确的对象和场合进行宣泄。

知识延伸

宣泄情绪的途径

宣泄情绪的途径主要有以下几种：

(1)倾诉。在内心充满烦恼和忧虑时，大学生可以向知心朋友或信任的老师、家长倾诉心声，也可以用写信的方式倾吐心中的不快，写过后并不一定要寄出，把它撕毁或付之一炬都可以。此外，写日记也是一种简便易行的方式。

(2)哭泣。在极为委屈、悲伤的时候，不论男女都不必强忍眼泪，尽情地哭出来后会感到一种特别的轻松、平静。

(3)做剧烈运动。较大运动量的体育活动、激烈的快节奏的喊叫等，亦有助于释放紧张的情绪，消除烦闷和抑郁。

情绪的宣泄要做到适时、适度，注意时间、场合和方式，既不能影响他人的工作、学习和生活，也不能有损自己的身心健康，更不能触犯法律法规、危害社会。

2. 自我心理暗示

心理暗示是指人或环境以非自然的方式向个体发出信息，个体无意中接收这种信息，从而做出相应反应的一种心理现象。心理学家巴甫洛夫认为，暗示是人类最简单、最典型的条件反射。当产生消极情绪时，可进行自我暗示。自我暗示是指自己接受某种观念，对自己的心理施加某种影响，使情绪与意志发生作用。这种自我暗示又可以分为积极的自我暗示和消极的自我暗示。积极的自我暗示有利于个体保持乐观的情绪，增强自信心，从而调动人的内在因素，充分发挥主观能动性，有助于个体获得成功。有实验表明，当一个人静坐并默默地念出“我很高兴”时，他的心里会产生一种快乐的感觉。因此，当大学生产生消极情绪时，应当通过积极的自我暗示来缓解消极情绪，保持心理平衡。

3. 情绪转移

情绪转移就是有目的地把注意力从消极情绪反应的刺激情境转移到其他事物上去或从事其他活动的调节情绪的方法。这种方法可以防止不良刺激使消极情绪进一步发展、深化。当大学生受到无法避免的痛苦打击时，长期沉浸在痛苦之中既不能解决任何问题，还会影响自己的学习、工作、生活，损害健康，所以大学生应该尽快地把自己的注意力转移到那些有意义，能使自己感到自信、愉快和充实的事物或活动上去。

4. 改变观念

美国心理学家阿尔伯特·艾利斯的 ABC 理论认为，在人们情绪产生的过程中有三个重要的因素，即诱发情绪的事件，人们对诱发事件所持的相应的信念、态度和解释，由此引发的人们的情绪和行为的结果。诱发事件并不会直接导致情绪的产生，人们对这一诱发事件的解释和评价才会导致情绪的产生。也就是说，并非事件诱发了情绪，而是人们对事件的认识诱发了情绪。事情本身无好坏，但当人们将自己的偏好、评价加于其上的时候，才会产生各种无谓的困扰。当遇到消极情绪时，大学生不妨变通一下思想，改变一下观念，从而克服自身的情绪问题，以此来维护自己的心理健康，促进人格的全面发展。

知识延伸

心理学家艾利斯理性情绪疗法的非理性信念

美国心理学家艾利斯提出了理性情绪疗法，其核心是改变非理性的、不合理的信念，建立正确的信念。非理性信念的特点是绝对化、过分概括化。艾利斯认为，非理性信念主要包括以下十一条：

(1)在自己的生活环境中，每个人都应该得到对自己很重要的人的喜爱与赞许。

(2)每个人都应该能力十足，在某方面有成就，这样的人才是有价值的。

(3)有些人是坏的、卑劣的、恶性的，他们应该为自己的恶行受到严厉的责备与惩罚。

(4)假如发生的事情是自己不喜欢或不期待的，就认为它是糟糕、可怕的。

(5)人的不快乐是由外在环境造成的，人无法控制自己的忧伤和烦闷情绪。

(6)人常担心危险或可怕的事情的发生。

(7)逃避困难、挑战与责任要比面对它们容易。

(8)人应该依靠别人，而且需要一个比自己强的人做依靠。

(9)人的行为受到过去经历的影响，只要某一件事对人产生影响，这种影响可能会持续一辈子。

(10)人应当关心他人的问题，也为他人的问题而悲伤难过。

(11)对于任何一个问题，都应有正确、妥当及完善的解决方法，如果无法找到解决方法，那将是糟糕的事情。

5. 环境调节

环境对人的情绪同样有着重要的影响。素雅整洁的房间，光线明亮、颜色柔和的环境，会使人产生恬静、舒畅的情绪。相反，阴暗、狭窄、肮脏的环境，则会给人带来憋闷和不快的情绪。因此，改变环境，也能起到调节情绪的作用。当大学生产生消极情绪时，不妨到外面走走，看看大自然的美景，也许就能够开阔胸怀、愉悦身心。领略大自然的天然之美或者给自己创造一个愉快的生活环境，对于排解大学生的消极情绪有重要的作用。

6. 肌肉放松训练

肌肉放松训练又称肌肉松弛反应训练，是指一种通过肌体的主动放松来增强人的自我情绪控制能力的有效方法。它的基本原理是通过训练放松躯体所产生的反应，如减轻肌肉紧张感、降低呼吸频率和使心律放慢等，达到缓解消极情绪的目的。

其具体的操作步骤如下：

(1)在一个较为安静的环境中，舒适地坐(或仰卧)在沙发上或躺在床上。

(2)让自己初步体验肌肉的紧张。操作要领：伸直并绷紧双臂，握拳；用力，并保持数秒钟；之后放松双臂，松拳，休息数分钟。

(3)在上一个步骤的基础上进一步绷紧肌肉。操作要领：伸直并绷紧双臂，握拳；同时，伸直并绷紧双腿，双脚脚尖内勾，呈倒勾式；上述各部位的肌肉同时用力，并保持数秒钟；之后放松上述各部位的肌肉，休息数分钟。

(4)在上一个步骤的基础上达到全身肌肉的紧张。操作要领：伸直并绷紧双臂，握拳，伸直并绷紧双腿，双脚脚尖内勾，呈倒勾式；同时，紧皱面部肌肉，耸紧眉头，紧闭双眼，皱起鼻子，咬紧牙关，紧闭双唇，紧收下颚，耿直脖子，胸部、腹部肌肉绷紧，躯干用力挺起；全身各部分用力绷紧，并保持数秒钟；之后放松上述各部位的肌肉，休息数分钟。

(5)在全身肌肉紧张的前提下，配合呼吸，加强对紧张的体验。操作要领：深吸一口气(用腹式呼吸法)，憋住气；伸直并绷紧双臂，握拳，头向后伸直，伸直并绷紧双腿，双脚脚尖内勾，呈倒勾式，胸部、腹部肌肉绷紧；屏住呼吸，全身各部分用力绷紧并保持，直至身体和呼吸的极限；放松呼吸，并放松上述各部位的肌肉。

(6)紧接上一个步骤，用指导语暗示全身的肌肉、呼吸乃至身心的放松。操作要领：肌肉放松指导语——头部肌肉放松，面部肌肉放松，脖子放松，双肩放松，双臂放松，双手放松，手指放松，胸部放松，腹部放松，双腿放松，双脚放松，脚趾放松；呼吸放松指导语——呼吸放慢，变得越来越慢、越来越深、越来越沉；身心放松指导语——你会感到身体变得越来越沉、越来越重，全身很累、很疲倦，有一种昏昏欲睡的感觉，什么都不去想，感到心情很放松……

让自己体验放松感受。放松训练结束。

知识延伸

愉快心情九绝招

(1)多做跑步、转圈、疾走、游泳等运动。这些运动是化解消极情绪的有效措施之一。

(2)晒太阳。著名精神病专家缪勒指出，阳光可改善抑郁症患者的症状。

(3)吃香蕉。德国营养学家福尔克·帕德尔发现，香蕉含有一种能帮助人脑产生5-羟色胺的物质，它可以减少不良激素的分泌，使人安静、愉快。

(4)大声哭喊。找个僻静的地方，尽情地大声哭喊，这种哭喊可使压抑的情绪得到尽情宣泄。

(5)睡好觉。睡眠有助于克服消极情绪，稳心定神。一觉醒来，心情就好多了。

(6)听音乐。音乐可使大脑产生一种镇静安神的物质，但要注意选择“对路”的音乐。

(7)赏花草。花草的颜色和气味，有调节情绪的作用。

(8)观山水。青山绿水、莺歌燕舞，会使人沉浸于美好的情境中，心情也会快活起来。

(9)沐浴。沐浴时，能产生一种安神的活性分子。不快乐时，不妨试试沐浴，过后定会一身轻松。

(三)增强承受挫折的能力

“人生不如意事十之八九”，挫折是每个人都可能面对的，当遭遇挫折时，要有一定的承受能力。承受挫折的能力是指个体适应、抵抗和应对挫折的能力，是个体在遇到挫折时，摆脱和排除困境而使自己避免心理与行为失常的一种耐受能力。遇到挫折，大学生应该做到以下几点。

1. 正确分析挫折

遭遇挫折后，应当客观而冷静地分析、评估。一是分析挫折产生的原因。二是分析、评估挫折带来的后果，即它究竟将对自己产生多大的影响，会造成怎样的损失。分析、评估挫折带来的后果极为重要，因为有些挫折骤然看，似乎很严重，好像会引起重大的损失，而事实上却未必如此。如果大学生能客观分析、评估挫折带来的后果和影响，心理的负担将会大大减轻。

2. 调整认知，改变观念

心理学研究表明，引起强烈挫折感的与其说是挫折、冲突，不如说是受挫者对所受挫折的看法及所采取的态度。调整对挫折的消极认知、改变消极观念是增强承受挫折的能力的一种重要方法。

3. 树立正确的自我意识

适应性良好的人的一个重要特征就是能够充分地、正确地认识和评价自我。能正确认识、评价自我的人，不会因遭遇挫折而全盘否定自己。

4. 采取积极的心理防御机制

心理防御机制有很多：①合理化，如“酸葡萄效应”；②投射，如“以小人之心，度君子之腹”；③反向形成，即个体为了防止自认为不好的动机外露，采取与动机相反的行为，如一个女大学生对某男生有好感，但在和他见面时，反而采取冷淡的态度。此外，还有升华、转移、幽默、否认、幻想等心理防御机制。大学生面对挫折，应该采取积极的心理防御机制，以增强承受挫折的能力。

5. 培养良好的习惯

良好的习惯非常重要，虽然不良的个性是挫折产生的重要因素，但个性在短期内是很难改变的，因此大学生只能在日常生活中逐渐培养自己良好的习惯，通过这些日常的行为去逐渐改善个性。

6. 及时寻求他人的支持

遇到挫折时请求他人的帮助，这在有些人看来，似乎是很丢脸面的事。但实际上，大胆地请求他人的帮助，是意志坚强的表现。大学生可以寻求同学、朋友、亲人等的帮助和支持。正如人们常说的：“一个痛苦两人分担，痛苦就减轻了一半。”

(四)建立良好的人际关系

与人相处能力的高低对一个人事业的成败和生活质量的高低起决定作用。良好的人际关系能帮助个体更好地发展。美国人际关系学大师戴尔·卡耐基在《人性的弱点》一书中提出六条改善人际关系的途径：①真诚地表示对对方感兴趣；②保持微笑；③多提对方的名字；④做一个耐心的倾听者，并鼓励对方谈论他自己；⑤谈对方感兴趣的话题；⑥以真诚的方式让对方感到他很重要。对大学生来说，要积极主动地以热情、真诚、友好的态度与人交往，在交往中尊重他人，并能恰如其分地表现自己，建立起良好的人际关系。由此，大学生之间的积极情绪相互感染就可以消除个体的消极情绪。

教学检测

一、思考题

1. 什么是情绪？

2. 情绪对大学生有哪些影响？

3. 大学生有效管理情绪的方法有哪些？

二、活动设计题

1. 情绪表演

目的：体会各种不同的情绪，学会从他人的非语言表达中察觉他人的情绪，训练自己敏锐地观察他人情绪的能力。

操作：准备一些写有与情绪相关词语的卡片，如高兴、悲伤、震惊等。让参与活动的同学随机抽取卡片，并按照卡片表演对应的情绪。让其他成员根据表演者的动作及表情猜猜卡片所对应的情绪是什么。表演者说明他人的猜测是否正确。

思考：

(1)你在活动中有何感受？

(2)你觉得自己的情绪表达与大家给你的反馈一致吗？

2. 填写情绪事件

目的：测试自己的情绪状态。

操作：写出引起你产生生气、难过、焦虑、害怕、丢脸、无助等感觉的事件。

(1)我最生气的一件事：____________________

(2)我最难过的一件事：____________________

(3)我最焦虑的一件事：____________________

(4)我最害怕的一件事：____________________

(5)我最丢脸的一件事：____________________

(6)我最无助的一件事：____________________

思政园地

开通心理援助热线　发放心理防疫指南
——江苏合力共克疫情“心魔”

“你的不安、烦恼、暴躁，我都清晰地感受到了，别怕，别急，我们慢慢来。”……在南京，该市中小学生心理援助中心“陶老师”工作站迅速反应，以微信、微博、微课等方式引导心理防疫。其中，鼓楼分站的19名心理教师志愿者日夜在线，提供一对一热线咨询和心理服务；玄武分站教师志愿者根据来电类型，自制《暑期疫情心理热线常见问题答疑》；溧水分站根据隔离要求将热线做手机转接，21名“陶老师”组成专门力量为全市21名确诊师生提供一对一心理健康服务……

2021年8月，江苏疫情防控正处于关键时期，如何发挥心理健康教育优势，有效帮助广大师生和市民消除焦虑不安情绪，以积极、理性、平和的心态面对疫情，成为教育系统义不容辞的责任。

疫情发生后，江苏省大学生24小时心理热线共接听有效来电149通，及时化解危机事件6起；学生在“苏心”App社区提问53条，心理咨询师和志愿者在线助人文字交互信息33 124条……江苏省大学生心理危机预防与干预研究中心执行主任蔡智勇出示了这一组数据。

“这段时间求助热线明显增多，特别是即将升入大四的学生和研究生，疫情给他们的学业和就业带来更大压力。”蔡智勇说，他们在组织心理咨询师和志愿者积极应对的基础上，还加大了心理热线和“苏心”App推广力度，引导更多学生学会利用App上的资源解决自身心理困扰。

截至2021年8月，江苏省教育系统共开通5条心理援助热线，除了大学生24小时心理热线和“苏心”App，还有南京医科大学开通的疫情心理支持热线，服务对象主要为高校师生和社会大众；南京师范大学开通的心理援助热线，服务对象为社会大众；扬州大学开通的疫情心理援助专线电话，服务对象为驻扬州高校大学生、扬州市民；淮安市大学生心理教育研究会开通的心理支持热线，服务对象为驻淮安高校大学生及淮安市民。5条心理援助热线已累计接听求助者来电400余个，300余名高校教师参与热线接听服务工作。

在南京疫情最为严重的江宁区，15万个在校生家庭都收到了一份由江宁区教育局组织编写的《江宁区中小学心理防疫指南》，指南以问答形式收录了学生和家长普遍存在、密切关注的14个心理问题，从认知、情绪、行为等方面予以具体指导。

扬州大学积极发挥高校心理健康教育的优势，积极化解学生和家长们的焦虑。2021年8月7日晚，扬州大学心理健康教育中心教师刘芳和邹苏，借助“腾讯会议”App为暑期留校学生开展首期“抗疫有我，朋伴青春”减压团体心理沙龙，吸引了200多名学生在线参加。

除心理沙龙、心理咨询专线、“扬老师”QQ在线咨询外，扬州大学教育科学学院心理专业的学生还成立了70余人的“心友零距离”志愿服务团，为留校同学开展朋辈互助，缓解疫情期间的心理压力。“我们还将录制更多的微课和微视频，以更加丰富多元的内容，帮助学生增强心理韧性，保持身心健康。”该校心理健康教育中心副主任周敏说。

（资料来源：《中国教育报》，2021年8月16日，有改动）

讨论：

1. 心理援助热线对大学生情绪管理有什么帮助？

2. 扬州大学教育科学学院心理专业的学生成立的“心友零距离”志愿服务团传递了什么精神？你从中学到了什么？

第四章 大学生人格发展

育人目标

◎ 不断提升自身内在修养，在日常交往中尊重和理解他人，避免以自我为中心，形成和谐的人际关系。

◎ 培养健全的人格，形成正确的人生观和价值观，明晰自己的人生目标，端正人生态度，正确看待金钱、利益与个人价值的关系，为构建和谐社会和社会主义建设贡献自己的力量。

学习目标

◎ 了解人格的定义、特征、结构及人格形成与发展的影响因素。

◎ 了解大学生的人格缺陷及人格障碍的类型，学习大学生人格障碍自我矫正的方法。

◎ 掌握健康人格的标准及大学生塑造健康人格的方法。

情境导入

1977 年，美国俄亥俄州发生了一系列连续强暴案。案情虽然严重却并不复杂。很快，嫌犯比利·米利根被警方逮捕，但是他对自己犯下的罪行居然毫无记忆。事实上，在他体内有多种人格存在。

比利自 8 岁起，多次被继父殴打、威胁，有严重的精神疾病。早在 16 岁第一次自杀未遂后，比利就被其他人格保护起来，开始了七年的“沉睡”。继父的百般虐待让比利一方面迫切地渴望逃离这个世界，另一方面求生的本能又来安慰、保护自己，这两种力量纠结在一起，将比利“撕成碎片”。

随着比利逐渐长大，他身上开始分裂出一个又一个不同的人格，这些人格逐渐占据他的身体。它们轮流出现，不断制造混乱。

当今心理学所说的“人格”一词，源于拉丁文“persona”，是指由具有相当统合性与持久性的心理特征所构成的个人特质，亦即个人较为持久地表现出来的“社会自我”。俗话说：“人心不同，各如其面。”（此“人心”可作“人格”解）。出生不久的婴儿，尚无所谓的人格，个个都天真烂漫、活泼可爱，长大后却千差万别，有的成为英雄，有的沦为罪犯。人格是如何形成的？为什么有各种不同的人格？什么是合理的人格？人格是否可以自由塑造？

第一节 人格概述

名人名言

“特殊的人格”的本质不是人的胡子、血液、抽象的肉体的本性，而是人的社会特质。

——卡尔·马克思

人格的概念

一、人格的定义

人们常说，某个人人格卑劣，某个人人格高尚，这是从伦理道德上给人的评价。在某种情境下有人气愤地说：“这是对我人格的侮辱。”这里的“人格”属于法律范畴，说明有人侵犯了他的尊严和人权。对于人格的定义，不同的研究者有不同的看法，也表现出了不同的侧重点。美国心理学家雷蒙德·卡特尔认为：“人格是可以用来预测个人在一定情况下所做行为反应的特质。”英国心理学家汉斯·艾森克认为：“人格是决定个人适应环境的个人性格、气质、能力和生理特征。”美国临床心理学家阿尔伯特·艾利斯则认为：“人格是个人适应环境的独特的身心体系。”

《心理学大词典》对人格做出定义：“个性，也称人格，是指一个人的整个精神面貌，即具有一定的倾向性的心理特征的总和。”《现代汉语词典（第7版）》中对人格的定义为：“人的性格、气质、能力等特征的总和。”

综合以上资料，我们可以将人格较为确切地定义为以一定的社会经济条件下的伦理道德为主导，在遗传和实践基础上形成的人的生理、心理和行为特质的总和。它涵盖了三个层面的内容：人的道德品质；人的性格、气质、能力、需要、兴趣、动机、世界观等要素；人作为权利、义务的主体及其外在表现。心理学研究的人格主要是个性的层面，也就是第二个层面。

二、人格的特征

（一）独特性

人格的独特性是指人与人之间的心理和行为是各不相同的。个体的人格是在遗传、教育等先天或后天环境的交互作用下形成的。不同的遗传因素及教育环境等，使个体形成了各自独特的心理特点，如有的人开放自然，有的人顽固自守，有的人沉默寡言，有的人豪爽大方，有的人谨慎严肃等。环境会使某一人格品质在不同个体身上表现出不同的含义。例如，独立性这一人格特质，对于在缺乏父母爱护的家庭中长大的孩子来说，带有靠自己努力的含义；而对于在一个民主型家庭中长大的孩子来说，则是健全人格培养的重要部分。然而，人格的独特性并不排斥人与人之间人格上的共性。生活在同一社会群体中的人，会有一些相同的人格特征。

（二）稳定性

人格的稳定性是指那些经常表现出来的人格特点，是一贯的行为方式的总和。人们常说："江山易改，本性难移。"一个人的某种人格特质一旦稳定下来，要想改变是较为困难的，这种稳定性还表现在人格特征在不同时空下的一致性。例如，一个性格内向的大学生，他可能不仅在家里不爱说话，而且在班级活动及老师面前同样不善于表现自己；不仅上大学如此，可能工作以后，这个特质依旧不变。当然，人格的稳定性并不是一成不变的，随着社会生活条件的变化和一个人的发育成熟，作为反映人的生活历程的人格特点，也会发生或多或少的变化。

（三）整体性

人格的整体性是指包含在人格中的各种心理特征相互关联，人格有多种心理成分，但在一个人身上，这些心理成分和行为表现并不是孤立的，而是存在密切的联系。人是极其复杂的，人的行为表现出多元性、多层次的特点。各种人格结构的组合千变万化，使人格表现得异彩纷呈。在每个人的人格世界里，各种特征并非简单地堆积，而是如同宇宙一样，依据一定的内容、秩序与规则有机地组合起来。人格的有机结构具有内在一致性，受自我意识的调控。当一个人人格结构的各方面彼此和谐一致时，就会呈现出健康的人格特征，否则就会出现各种心理冲突，甚至导致人格分裂。

（四）功能性

人格的功能性是指人格在一定程度上会对个人的命运产生一定的影响。人格决定了一个人的生活方式，甚至有时会影响一个人的命运。人们常常使用人格特征来解释某人的言行及事件的原因。面对挫折与失败，有志者是总结经验与教训，在失败的废墟上重建人生的辉煌；而怯懦的人则可能一蹶不振，失去了奋斗的目标。当人格功能发挥正常时，人格特征表现为健康而有力；当人格功能失调时，人格特征则会表现出懦弱、无力、失控甚至变态。

（五）社会性

人格的社会性是指社会化把每一个独立的个体变成社会的一员，人格是社会人特有的特征。人格是在一定的社会环境中形成的，一个人的人格必然会反映他所生活的社会文化的特点。

知识延伸

"大五"人格理论

人格结构中的五个因素也被称为"大五"，强调该人格模型中每一个维度的广泛性。这五个因素是神经质、外倾性、开放性、宜人性和尽责性，见下表。

人格五因素及其相关特征

人格因素	高分者特征	低分者特征
神经质 评鉴情绪稳定程度，识别那些容易有心理烦恼、不现实的想法、过分的奢望式要求及不良反应的个体	烦恼、紧张、情绪化、不安全、不准确、忧郁	平静、放松、不情绪化、果敢、安全、自我陶醉
外倾性 评鉴人际间互动的数量和强度、活动水平、刺激需求程度和快乐的容量	好社交、活跃、健谈、合群、乐观、好玩乐、重感情	谨慎、冷静、无精打采、冷淡、厌于做事、退让、沉默寡言
开放性 评鉴对经验本身的寻求和欣赏程度	好奇、兴趣广泛、有创造力、富于想象、非传统的	习俗化、讲实际、兴趣少、无艺术性、非分析性
宜人性 评鉴某人思想、感情和行为方面在同情至敌对这一连续体上的人际取向的性质	心肠软、脾气好、乐于助人、宽宏大量、易轻信他人、直率	愤世嫉俗、粗鲁、多疑、不合作、报复心重、残忍、易怒、控制欲强
尽责性 评鉴个体在目标取向行为上的组织性、持久性和动力性，让可靠的、严谨的人与懒散的、邋遢的人对照	有条理、可靠、勤奋、自律、准时、细心、整洁、有抱负、有毅力	无目标、不可靠、懒惰、粗心、松懈、不检点、意志力薄弱、好享乐

三、人格的结构

人格的结构包括知情意系统、心理动力结构、自我意识结构等，具体包含气质、性格、需要、动机、目标、理想、价值观、认知风格和思维方式等维度。其中，气质和性格可作为深入了解人格的切入点。

（一）气质

气质是个体与生俱来的心理活动的动力特征，是情绪和活动发生的速度、强度、持久性、灵活性和指向性等动力方面特点的综合。在日常生活中我们会看到，有的人活泼好动，反应灵活；有的人安静稳重，反应缓慢；有的人总是显得十分急躁，情绪明显表露于外；有的人则总是不动声色，情绪体验细腻深刻。人与人在这些心理特征方面的差异正是个体气质不同的缘故。

关于气质类型的理论很多，如体液说、血型说、体型说、激素说和高级神经活动类型说等。现代心理学沿用了古希腊医师希波克拉底和古罗马医师克劳迪亚斯·盖伦的说法，将气质分为四种类型：胆汁质、多血质、黏液质、抑郁质。

在个体心理中，气质是最稳定的一种心理特征。气质本身无好坏之分，每一种气质都既有它积极的一面，也有它消极的一面。气质对于一个人来说是不可选择的，重要的是了解自己，自觉发扬气质中积极的方面，努力克服气质中消极的方面。

大学生在人际交往中，要注意学会观察、分析周围同学的气质特征，采取合适的交往方法。例如，对胆汁质的大学生，应多给予鼓励，充分发挥他们的积极性，但不要轻易激怒他们，而要锻炼他们的自制力，使他们沉着、冷静地对待事物，对他们的批评要严厉，这有助于他们重视自己的缺点，约束他们的任性行为；对多血质的大学生，要多给予他们活动机会和任务，使他们从中受到更多的教育，养成扎实、专一、坚持到底和克服困难的决心；对黏液质的大学生，要尊重他们的想法，给他们充分的考虑时间；对抑郁质的大学生，要更多地关心、体贴他们，尽量不在公开场合指责他们，要以平等、自然的态度，鼓励他们多参加集体活动，切记不可嘲笑和轻视他们的弱点，如取绰号、开过头的玩笑等。

气质类型并不决定一个人的智力发展水平，也不会决定一个人的成就。而且在社会实践中，不同领域的工作对人的要求是不同的，每个气质类型都有其适合的工作领域。与气质类型匹配的工作会使人对工作产生浓厚的兴趣，否则可能会增加心理负担。

(二)性格

性格是在一个人对现实的态度和习惯化的行为方式中所表现出来的较稳定的心理特征，是人的个性心理特征的重要方面，人的个性差异首先表现在性格上。一个人在人际交往中“游刃有余”“得心应手”，与他的性格有很大的关系。当代大学生只有全面了解自己与他人的性格，并在交往实践中不断优化自己的性格，才能更好地处理自己与他人的关系。

知识延伸

性格的类型

一般来说，大多数人的性格不是非此即彼，而是偏向于某一类型或者处于两种类型之间。事实上，任何人的性格都既有好的一方面，也有不好的一方面，所以每个人都应以积极的态度对待自己的性格，对自己的性格进行优化。

性格的类型是指一类人身上所共有的某些性格特征的独特组合，不同的性格理论对性格类型有不同的划分。

(1)瑞士心理学家卡尔·古斯塔夫·荣格，倾向于将人的性格分为外倾型和内倾型两种。他认为外倾型的人注重外在世界，对周围的一切事物都很感兴趣，容易适应环境的变化；内倾型的人重视主观世界，常沉浸在自我欣赏和陶醉中，较难适应环境的变化。

(2)英国心理学家亚历山大·培因和法国心理学家 T.李波特根据人体机能把人的性格分为理智型、情绪型、意志型三类。理智型常以理智衡量一切，能够深思熟虑地处理问题；情绪型容易受情绪控制，不能冷静思考；意志型目标明确，积极主动。

(3)德国心理学家斯普兰格依据人类社会文化生活的六种形态，将人格划分为六种类型：经济型、理论型、审美型、权力型、社会型、宗教型。经济型重实效，理论型重理性，审美型富于想象，权力型支配性强，社会型乐于奉献，宗教型重视信仰。

课堂讨论

你属于什么样的性格呢？

1. 良好的性格是身心健康的重要保证

随着社会的发展，生活节奏的不断加快，竞争的加剧，人们的压力越来越大。如果没有强健的体魄、坚强的意志、顽强的进取心及乐观向上的心态，那么将很难适应这种压力。良好的性格，有助于个体养成健康的生活方式和良好的生活习惯。乐观向上的生活态度，有助于个体应对环境的变化，是个体身心健康的重要保证。

2. 良好的性格是实现人生目标的重要保证

良好的性格能够保证个体沿着确立的目标前进。有科学研究表明，凡是取得伟大成就的人大多具备坚忍、自信、进取、不屈不挠的性格。

3. 良好的性格是影响人际交往的重要因素

人们常喜欢与有良好性格的人交往，因为这样的人能给人心理上的安全感。而存在性格缺陷的人则容易在人际交往中碰壁。

人的性格多半是后天形成的，是行为主体与社会环境相互作用的产物。因此，大学生应当积极塑造良好的性格，以适应社会的需要。当代大学生的良好性格包括心胸豁达，宽容待人；温和亲切，谦虚热情；为人正派，坦荡真诚；委婉含蓄，与人为善等。

精选案例

某高职院校的学生笑笑是个性格内向、腼腆的女孩。她从中学时代起与同学的交流就很少，对人际关系的需求并不强烈。上大学后，置身陌生环境的她发现自己的性格极其内向、不善言谈。其实她也不想这样，她只是不知道该跟同学们说些什么。结果，同学们都以为她很难相处。她一个人独来独往，看到别人都三五成群有说有笑，她感觉越来越孤单。笑笑很迫切地想要改变自己内向的性格，成为一个外向、活泼的人。

分析：

笑笑认为是内向的性格导致了她的交往失败。但是我们要明白，内向并不是缺点。内向的人也不需要否定自己。如果认为是内向给自己造成了困扰，那么可以根据需要调整自己的性格，在不给自己太大压力的前提下，可以向外向的方向发展，但不必彻底改变自己的性格。

四、人格形成与发展的影响因素

人格在形成与发展的过程中，受生物遗传、家庭环境、学校教育、社会文化、自我调控等因素的影响。

（一）生物遗传因素

心理学家对双胞胎的研究结果表明：遗传是人格不可缺少的影响因素，但遗传因素对人格的作用程度因人格特征的不同而不同。通常在智力、气质这些与生物因素相关性较大的特征上，遗传因素较为重要；而在价值观、信念、性格等与社会因素关系紧密的特征上，后天环境因素更重要。遗传因素是人格形成和发展的生物学基础，主要影响人格的发展方向及形成的难易程度。

(二)家庭环境因素

家庭对一个人人格的形成和发展具有重要和深远的影响。许多精神分析学家认为，从出生到五六岁，是一个人人格形成的最主要阶段，这时其人格类型已基本形成。在这个阶段，绝大多数孩子是在家庭中生活，被父母抚养成长。因此，父母的教养方式对于一个人人格的形成和后天的发展起着重要作用。父母按照自己的意愿和方式教育孩子，使他们逐渐形成了某些人格特征。由此可见，家庭对人格的培养起到了至关重要的作用。父母在养育孩子的过程中，表现出的人格，有意无意地影响和塑造着孩子的人格。

(三)学校教育因素

学校是一个有目的、有计划地向学生施加影响的教育场所。教师作为学校教育的关键对学生人格的发展具有一定的指导、定向作用，教师的人格特征、行为模式与思维方式对学生产生着巨大影响。每个教师都有自己独特的风格，这种风格为学生设定了一个气氛区，在不同的气氛区中，学生会有不同的行为表现。瑞士教育家裴斯泰洛齐在一项教育研究中发现，在性情冷酷、刻板、专横的教师所管理的班级中，学生的欺骗行为较多；在友好、民主的教师所管理的班级中，学生的欺骗行为较少。美国心理学家库尔特·勒温等也研究了不同管理风格的教师对学生人格的影响。他们发现在专制型、放任型和民主型的管理风格下，学生表现出不同的人格特点。教师的公平公正性对学生有着至关重要的影响，学生对此极为重视，教师的不公正、不公平表现会导致学生的学业成绩和道德品质的降低。班级是学校的基本组织结构，班级的氛围对学生人格的发展也具有重要的影响。

(四)社会文化因素

人一出生，便置身于社会文化之中并受社会文化的熏陶，文化对人格的影响伴随着人的一生。社会文化具有塑造人格的功能，这反映为不同文化的民族有其固有的民族性格，不同的地域有着不同的文化传统，不同的文化发展时期有着不同的文化认同。例如，美国心理学家玛格丽特·米德等人研究了新几内亚不同地域的三个民族的人格特征，结果表明：来自同一祖先的不同地域的民族各具特色，鲜明地体现了社会文化对个体的影响力。居住在山丘地带的民族，崇尚男女平等的生活原则，成员之间互相友爱、团结协作，没有恃强凌弱，没有争强好胜，表现出一派亲和的景象；居住在河川地带的民族，以狩猎为生，男女间有权力与地位之争，对孩子处罚严厉，这个民族的成员表现出攻击性强、冷酷无情、嫉妒心强、妄自尊大、争强好胜等人格特征；居住在湖泊地带的民族，男女角色差异明显，女性是这个社会的主体，她们每日辛勤操劳，掌握着经济大权，男性则处于从属地位，他们主要从事艺术、工艺与祭祀活动，并承担孩子的养育责任，这种社会分工使女性表现出刚毅、支配、自主的性格特征，男性则有明显的自卑感。此项研究鲜明地反映了社会文化因素对人的性格的影响。

思政元素

儒家思想对大学生人格的滋养

儒家思想是一个体大思精的系统，可帮助大学生在内心建构完整的人生观和价值观，进而解决大学生心理上的若干问题。例如，面对当今大学生较为缺乏的“抗挫能力”，儒家思想不仅是做一些针对性说教，更重要的是将这种品格熔铸到整个人生价值系统中。儒家思想把社会责任当成人生的内容与价值追求，让人认识到要想实现人生目标、提升社会地位、获得他人的尊重，就必须不遗余力地完成家人、社会赋予自己的道德责任。儒家思想还告诉我们：努力完成自己的道德责任、积累成功的条件是我们自己可以掌握的，但社会评价的提高、人生目标的实现，却需要多方面条件促成，所以儒家思想把人能够把握的自我修养、自我进取看作“义”，是分内之事；而把人不能把握的目标达成、社会承认等归之于“天”，或称之为“命”，让我们不要过分挂怀，患得患失。成功不得意忘形，失败也不戚戚于怀。在大学生内心长期培育这种完整融通的价值体系，就能培养他们“弘毅”的个性，他们在任重道远的人生旅途中就会坚韧不拔、坦荡磊落。同样，这种价值体系对大学生因就业压力而产生的迷惘痛苦、焦虑烦躁等情绪也能起到对症治疗的作用。它可以淡化大学生对未来的焦虑，使其平静踏实地投入“修身”——提高自己的品德、能力，潜心于修养自身、完善自我，进而在就业问题上能够达观。

（资料来源：《中国教育报》，2017 年 11 月 13 日，有改动）

（五）自我调控因素

上述各因素体现的是人格形成的外因，而外因是通过内因起作用的。人格的自我调控系统就是人格形成的内部因素。人格的自我调控系统是以自我意识为核心的。自我意识是人对自身及对自己同客观世界的关系的意识，具有自我认知、自我体验、自我控制三个子系统。自我调控系统的主要作用是对人格的各个成分进行调控，保证人格的完整、统一、和谐。

综上所述，各种因素对人格的形成与发展起到了不同的作用。

知识延伸

病态人格的特征

精神病学家指出，病态人格有以下七种特征：

(1)病态人格一般从青春期开始，男性更早一些。

(2)人格严重偏离正常状态，与他人格格不入，性格的某些方面非常突出或过分发展。

(3)有严重的情感障碍，情绪不稳定，易被激怒，对人情感淡薄，甚至冷酷无情。

(4)行为的目的和动机不明确，行为大多受情感、偶然的动机或本能的愿望所支配，故行为多缺乏目的性、计划性和完整性，自制力较差，容易做出冲动和不正常的行为。

(5)缺乏自我认知，不能吸取教训。

(6)病态人格一旦形成，就比较恒定，不易改变，但到 40 岁以后可逐渐缓和。

(7)矫正困难，预后较差。

第二节 大学生的人格缺陷及人格障碍

名人名言

虚荣心很难说是一种恶行，然而一切恶行都围绕虚荣心而生，都不过是满足虚荣心的手段。

——亨利·柏格森

一、大学生的人格缺陷

人格缺陷是介于健康人格与病态人格(即人格障碍)之间的一种人格状态，表现为人格发展的不良倾向，人格缺陷是绝大多数人或多或少都会存在的。大学生心理发育还没有完全成熟，人格出现一些偏差在所难免。有些大学生认为自己的人格是正常的，可走入社会后却发现矛盾重重。因此，让大学生充分了解自身个性，找出缺陷并进行调适，有助于他们今后更好地适应社会。大学生中常见的人格缺陷有拖拉、懒散、虚荣、猜疑、急躁等。

(一)拖拉

拖拉的主要特征是行动迟缓，不能抓紧时间完成事情，总想把事情推托到以后做。大多数关于效率的问题基本上都可以归咎于拖拉，但要改掉这种坏习惯是很困难的。大多数人曾经在生活中不止一次地告诉自己："我明天再做它，我还有时间，或者是明天以后的某个时间。"却没有意识到"明日复明日，明日何其多。我生待明日，万事成蹉跎"。

拖拉是不少大学生的通病。导致拖拉的原因有试图逃避困难、目标不明确、惰性等。拖拉既会耽误学习和工作，也会加重大学生的心理负担，引起焦虑。大学生要改变这种情况，首先要意识到拖拉的危害；其次要合理安排时间，应用科学的方法完成学业；最后要提高执行力，今日事今日毕。

(二)懒散

懒散是一种慵懒、闲散、疲沓、松垮的生存状态。懒散主要表现为活力不足，没有计划，随波逐流，无法将精力集中在学业或所做之事上，百无聊赖，情绪不佳，顾此失彼，做事磨蹭等。

懒散是大学生为之感到苦恼并难以克服的一种人格发展缺陷，是意志力薄弱的表现，懒散大大影响了大学生的积极进取之心。处于懒散状态的大学生常常为此感到愧疚、自责，但又觉得心有余而力不足，主要原因是想得多而做得少，缺乏毅力。要改变懒散的习惯：一是要对事物满怀热情，不要漠不关心；二是要对生活充满信心，懒散主要是对生活持无所谓的态度，常常觉得生活枯燥乏味，所以大学生应该有一个积极上进的态度；三是要有合理的计划，如果对自己每天要做的事情有一个合理的计划，那么懒散的习惯就会得到很大的改善；四是要制定一个远大的目标，有了远大的目标，学习才更有动力。

(三)虚荣

虚荣是指追求表面上的荣耀、虚假的荣名。虚荣心往往和自尊心、自卑感紧密联系在一起。虚荣心强的人一般情感脆弱、自卑敏感，害怕别人伤害自己的尊严，过分在意别人的评论，与人交往时总有一种防御心理，且常会过分抬高自己的形象。

改变过强的虚荣心：一是要对其危害性有清醒的认识，有勇气、有决心改变自己；二是要努力认识自己，了解自己的长处与短处，扬长避短；三是要树立自信心和适度的荣誉心，正确表现自己，不卑不亢；四是要正确对待自己的得失。

精选案例

“我弟弟原本今年7月就应该大学毕业的，可是因为成绩异常下滑被劝退，经过协商，学校同意他降级试读。”谢女士说，弟弟谢某在4年前考入某大学，去年6月因落下太多学分而被学校劝退，但谢某向家人隐瞒了此事。谢女士回忆道，最近她询问弟弟谢某的情况，却发现弟弟很抵触。在谢女士的印象中，弟弟一直是一个不让人操心的孩子，可查看弟弟的手机后她发现，弟弟多次收到校园贷款平台的催债短信。弟弟解释说，那是诈骗短信，不用管。然而，频繁的短信还是让谢女士生了疑，她根据短信提供的电话联系了贷款公司，确认弟弟真的借了钱。“钱到底用到哪里去了？弟弟说用于学习上了，现在家人只得替他还款。”谢女士还发现，弟弟不仅仅在一个贷款平台借贷，粗略算下来，所欠贷款高达十几万。在谢女士和家人的追问下，谢某终于承认，近期他频繁登录某直播平台，这些钱大部分都打赏给了某直播间的女主播。谢某不仅利用校园贷维持打赏，还在朋友圈里摆出“富二代”的姿态。

分析：

谢某好不容易考上大学，却不珍惜学习的机会，不寻求上进，反而把自己塑造成为一个家境优越、“富二代”的形象，并通过校园贷对网络女主播进行打赏、献殷勤，给父母及关心他的人带来了很大的麻烦和伤害。显然，这是极大的虚荣心在作祟，谢某的价值观、人格出现了问题。对此，大学生要引以为戒，要及时摆正自己的心态，不虚荣，自觉抵制社会不良风气。

（四）猜疑

所谓猜疑，一是猜，二是疑，疑是建立在猜的基础之上的，因而猜疑往往缺乏事实根据，有时也缺乏合理的逻辑思维。好猜疑的人往往对人、对事敏感多疑。例如，有些同学看到其他同学低声说话，就疑心对方是在说自己坏话；某同学没和自己打招呼，便认为对方对自己有意见。

猜疑是一种有害的人格缺陷，会导致人际关系紧张、会伤害他人感情等；自己则会陷入庸人自扰、苦闷的不良心境中。克服猜疑，一是要相信事实，二是要加强沟通。

精选案例

《三国演义》中曹操刺杀董卓失败后，与陈宫一起逃至吕伯奢家。曹吕两家是世交，吕伯奢见曹操到来，本想杀一头猪款待他，可是曹操因听到磨刀声，又听说要“缚而杀之”，便大起疑心，以为吕伯奢要杀自己，于是不问青红皂白，拔剑误杀无辜。

分析：

这是由猜疑心理导致的悲剧，猜疑是人性的弱点之一，是害人害己的祸根。一个人一旦掉进猜疑的陷阱，必定处处神经过敏，对他人和自己心存疑虑，损害正常的人际关系。

（五）急躁

急躁表现为一碰到不称心的事情就马上情绪激动；做事缺乏充分的准备，盲目行动，急功近利；缺乏耐心；说话办事速度快，容易冲动。大学生中有这种缺陷的人为数不少，他们在学习时、生活中遇到任何事常会急得不可开交，恨不得一下子将所有事情都解决掉。大学生要克服这种人格缺陷，一是要培养冷静思考的习惯；二是要改变匆忙的习惯，认真行事。

课堂讨论

观察一下你周围的人有没有存在某些人格缺陷问题。若有，他们属于哪种情况？

二、大学生的人格障碍

（一）大学生人格障碍的类型

人格障碍是指人格发展的内在不协调，是在没有认知障碍或智力障碍的情况下，个体出现的情绪反应、动机和行为活动的异常。值得重视的是，严重的人格障碍如果得不到及时有效的矫正，会成为精神病的诱因。虽然具有人格障碍的大学生占少数，但应高度重视，大学生常见的人格障碍可分为以下几种类型。

1. 偏执型人格障碍

偏执型人格障碍是一种以猜疑和偏执为主要特点的人格障碍。其特点为广泛猜疑，常将他人无意的、非恶意的甚至友好的行为误解为敌意或歧视；没有充分的依据就怀疑会被人利用或伤害，因此过分警惕与防卫他人；将周围事物解释为不符合实际情况的"阴谋"；易产生病态嫉妒的心理，好嫉恨他人，不能宽容他人；过分自负，若有挫折或失败则归咎于他人，总认为自己是正确的；脱离实际地争辩，固执地追求不合理的个人权利或利益；忽视或不相信与自己想法不符的客观证据。因此，一般具有偏执型人格障碍的人的想法是很难通过说理或事实来改变的。

精选案例

刘某，男，21岁。自述：我在高中三年级时学习成绩很好，也很喜欢与同学交谈。但我总觉得他们嫉妒我的才能，总用一种异样的目光看我。他们虽然常常否定对我的嫉妒，但我觉得他们说的不是真话，是在为自己辩解。有的人不主动亲近我，这说明了什么呢？还不是嫉妒我的才能。还有，那时我爱顶撞班主任，我经常觉得他的想法是错误的，但他们反而说是我的错。我一向我行我素，说话办事全凭个人意愿，因为我觉得自己具有比他们更强的能力和智慧。当然，有时我做的事结果不理想，但那并不是因为我的能力有问题，而是客观原因造成的。我认为我在同学的眼中属于人见人恨的那种人。他们也一定认为我思想简单、好欺负。后来我就懒得与他们交往了，我更乐于独处。但我对老师和同学的怀疑却丝毫没有减少。进入大学后，我依然如此，对任何人都不信任。不管他们做什么事，说什么话，我都心存怀疑。我为什么要信任他们呢？如果信任他们，说不定哪天他们就会利用我的信任加害于我……

分析：

从刘某的自述中，我们可以明显感觉到，他敏感多疑，对任何人都不信任，经常觉得自己被别人嫉妒，受到别人的攻击。这是典型的偏执型人格障碍。他应积极主动地与别人交往，并学会信任别人，控制自己的敌对情绪。

2. 分裂型人格障碍

分裂型人格障碍是一种以观念、外貌和行为奇特，以及人际关系有明显缺陷，且情感冷淡为主要特点的人格障碍。其特点为有特异的信念或与文化背景不相称的行为；有奇怪的、反常的或特殊的行为或打扮；言语怪异，并非文化程度或智能障碍所引起；有不寻常的知觉体验，如暂时性错觉、幻觉；对人冷淡，对亲戚、朋友也不例外；表情淡漠，缺乏深刻或生动的情感体验；多单独活动，被动社交，缺少知心朋友。

3. 反社会型人格障碍

反社会型人格障碍是一种以行为不符合社会规范为主要特点的人格障碍。其特点为对他人和社会有反抗言行，屡教难改，明知故犯，常以损人不利己的失败结局告终，不能吸取经验、教训，具有较多的恶劣记录，如经常逃学、被学校开除、因行为不轨不止一次停学、被公安机关拘留、反复说谎、习惯性吸烟喝酒、反复偷窃、多次参与破坏公共财物活动、反复挑起或参与斗殴、反复违反家规或校规等。

4. 冲动型人格障碍

冲动型人格障碍是一种以行为和情绪具有明显冲动性为主要特点的人格障碍，又称攻击型人格障碍。其特点为有不可预测和不考虑后果的行为倾向；行为难以自控，不能控制不适当的发怒，易与他人争吵和起冲突；情绪反复无常，不可预测，易发怒和做出暴力行为；做事无计划，缺乏预见性和坚持性；人际关系不稳定，几乎没有持久的朋友；可能有自残行为。

5. 表演型人格障碍

表演型人格障碍是一种以过分感情用事或夸张言行来吸引他人注意力的人格障碍。其特点为表情夸张，像演戏一样，情感体验肤浅；暗示性强，很容易受他人的影响；渴望得到表扬或同情，感情易波动；寻求刺激，过多地参加各种社交活动；十分在意自己是否引人注目，言行方面竭力表现自己以吸引他人；情感易变，完全按个人情感判断好坏；说话夸大其词，掺杂幻想情节。

6. 强迫型人格障碍

强迫型人格障碍是一种以要求严格和完美为主要特点的人格障碍。其特点为做任何事情都要追求完美无缺、按部就班；要求别人须严格地按照自己的方式做事，否则心里就很不痛快，对别人做事很不放心；犹豫不决，常推迟或避免做决定；没有安全感，常反复考虑计划是否得当，反复核对检查，唯恐疏漏和出差错；拘泥细节，甚至生活中的小细节也要程序化，不遵照一定的规矩做事就感到不安或要重做；完成一件事情之后常缺乏愉快和满足的体验，容易悔恨和内疚；对自己要求严格，过分沉溺于职责义务与道德规范，无业余爱好，拘谨吝啬，缺少友谊。

7. 依赖型人格障碍

依赖型人格障碍是一种以过分顺从他人的意志、严重缺乏独立性为主要特点的人格障碍。其特点为同意让他人为自己生活中大多数重要事情做决定；将自己的需求附属于所依赖的人，过分顺从他人的意愿；不愿对所依赖的人提出即使是合理的要求；过分担忧不能照顾自己，在独处时感到不舒服或无聊；易陷入被关系密切的人抛弃的恐惧中，害怕失去。

精选案例

小张，女，19岁，某大学一年级新生，父母为工人，家庭温馨，因为她是父母的独生女儿，所以备受宠爱。上大学前，她的一切事宜均由父母料理，从不做任何家务。在异地上大学后，她非常想家，对大学生活极不适应，产生了许多心理上的矛盾与困惑。近日，小张由老乡陪同前往心理诊所咨询。心理医生热情地接待她们。

小张开口就问："医生，你读过大学，一定知道怎样转学，我想转学，该怎么办理转学手续？"

医生："转到哪里？"

小张："转到我家乡的大学。"

医生："为什么要转学？"

小张没有答话，低头呜呜地哭了起来。心理医生和小张的老乡温言劝慰了好一阵，小张才平静下来，诉说道："我真不该来这里上大学，我现在一天也待不下去了。我日日夜夜都想家。晚上上床，一想到睡的地方不是自己的家，我就难以入睡。晚上做梦经常梦到爸爸、妈妈。我也知道是梦，可就是不愿醒过来！我醒来一睁眼就心烦、心酸，真不想起床，不想吃早饭，也不想服从校规去做早操，但又怕身体垮了父母着急，便强迫自己起床锻炼、吃饭。在校园里散步时，我一听见广播里放的音乐有妈妈之类的歌词就想哭。在街上，听见的都是当地人的口音，我深感自己是被抛弃的游子，非常孤独。班上组织春游、秋游，我毫无兴趣，看到同学们玩得高兴，我倍感孤独伤心。看见当地的同学纷纷回家，我更伤心。现在，我真的后悔来这里上大学。所以我想转学，转到家乡的大学。可能转学后，我就能够重新振作。"

听到这里，医生已经基本了解了小张的情况，初步判断小张是过度依赖父母、没有独立的人格，以致她不能正常地学习和生活。

分析：

案例中的小张具有典型的依赖型人格障碍。大学生要培养自己的独立人格，改善自己的社会适应能力，发掘自己的能力和优势，增强自己的自信心，塑造健康的人格。

（二）大学生人格障碍自我矫正的方法

人格障碍的矫正虽然有一定的难度，但也不是"不治之症"。在临床实践中发现，有相当一部分人格障碍者，在精神科医生和心理医生的指导下，通过自身的努力，人格障碍的矫正取得了令人满意的效果。下面简要介绍几种人格障碍自我矫正的方法。

1. 反向观念法

人格障碍者大多伴有认知歪曲现象，反向观念法是改变认知歪曲的一种有效方法。反向观念法是指个体自己主动与自己原有的不良自我观念唱反调，如原来易走极端，现在则学习多方位考虑问题；原来习惯超规则化，现在则偶尔放松一下，学习无规则地自由行事。采用反向观念法克服缺点首先是个体对自己的错误观念进行分析，然后提出相反的改进意见，在生活中努力按新观念办事。这种自我分析可以定期进行，几天一次或一星期一次，也可以在心情不好或遭遇挫折时进行。认知上的错误往往会被内化成无意识的行为，通过上述自我分析，就可把无意识的东西上升到有意识的自觉层次，这有助于发现和改善自己的不良人格状态。

2. 行为禁止法

对于人格障碍者的许多不良行为，可以采取行为禁止法。例如，一个具有偏执型人格障碍的人在对一件事忍无可忍并且将要发作时，可以对自己默念如下指令："我必须克制住自己的反击行为，我至少要忍 10 分钟。我的反击行为是过分的，在这 10 分钟内，让我分析一下有什么非理性观念在作怪。"采取这种方法后，不久我们就会发现，每次让我们怒不可遏的事，只要忍上几分钟，用理性观念加以分析，怒气便会随之消减。不少我们认为极具威胁的事，在忍耐了几分钟后，会发现灾难并未降临，不过只是自己的无谓担忧。

3. 情绪调整法

人格障碍者多伴有情绪障碍。例如，具有表演型人格障碍的人的情绪表达太过分，旁人无法接受。采用情绪调整法要先向同学做一番调查，听听他们对自己的看法。面对他人提出的看法，应先持接受的态度，然后扪心自问，上述情绪表现哪些是有意识的，哪些是无意识的，哪些是别人喜欢的，哪些是别人讨厌的。对别人讨厌的坚决予以改进，对别人喜欢的则在表现强度上力求适中。可以请好友在关键时刻提醒一下，或在事后对自己的表现进行评价，然后从中体会自己情绪表达的过火之处。这样坚持下去，我们的情绪表达就会越来越得体、自然。

小贴士

人格缺陷和人格障碍既有联系又有区别。归根结底二者都是人们的心理出现了某些问题。其中，人格缺陷是介于正常人格与人格障碍之间的一种人格状态，可以说，是人格发展的不良倾向。人格障碍与人格缺陷二者之间既有量的差异，又有质的不同，质的区别是量引起的结果。当人格缺陷发展到经常的、严重的程度就是人格障碍。

第三节　大学生健康人格的塑造

名人名言

文化的最后成果是人格。

——卡尔·古斯塔夫·荣格

健康的人格，不仅是人们应该追求的价值目标，也是人们充分发展所能达到的一种境界。具有健康人格的人，其最显著的特点是能够有意识地控制自己的生活，掌握自己的命运；能够正视自己，正视过去，面对现实，注重未来，渴望迎接生活的挑战，在实践中充分发挥自己的潜能并实现自己的价值。

一、健康人格的标准

关于健康人格的判断标准有很多，公认的是由马斯洛、库姆斯、罗杰斯等美国人本主义心理学家研究并揭示的健康人格判断标准。具体来讲，健康人格应符合以下标准。

健康人格的标准

(一)和谐的人际关系

人际关系最能体现一个人人格健康的程度。人格健康的人乐于与他人交往，并能与他人建立良好的关系；与人相处时，尊敬、信任等正面态度多于嫉妒、怀疑等消极态度。人格健康的人常常以诚恳、公平、谦虚、宽容的态度对待他人，同时也受到他人的尊重与接纳。

(二)良好的社会适应能力

社会适应能力反映了人与社会的协调程度。人格健康的人能够与社会保持良好密切的接触，以一种开放的态度，主动关心社会、了解社会；在认识社会的同时，使自己的思想、行为跟上时代的发展，与社会的要求相符合，这样就能很快适应新的环境。

(三)正确的自我意识

自我意识是个体对自己的认识。人格健康的人对自己有恰如其分的评价，充满自信、扬长避短，在日常生活中能有效地调节自己的行为，与环境保持平衡。人格不健康的人缺乏正确的自我意识，常常表现出自我冲突、自我矛盾，或者自视清高、妄自尊大，做超出自身能力的工作，或者自轻自贱、妄自菲薄，容易放弃可能获得成功的机遇。

(四)乐观向上的生活态度

积极的人生态度是人类在社会实践中获得的本质力量的表现。人格健康的人常常能看到生活的光明面，对前途充满希望和信心，对自己所从事的工作或学习抱有浓厚的兴趣且积极主动，并在其中发挥自身的智慧和能力，即使在遇到困难和挫折时，也能不畏艰险，勇于拼搏。

(五)良好的情绪调控能力

情绪标志着人格的成熟程度。人格健康的人情绪反应适度，具有调节和控制情绪的能力，能经常保持愉快、满意、开朗的心境，并富有幽默感，当消极情绪出现时能合情合理地宣泄、排解、转移和升华。

课堂讨论

谈谈你心目中的健康人格。

健康人格的塑造途径

二、大学生塑造健康人格的方法

美国学者英格尔斯指出：“一个国家，只有当它的人民是现代人，它的国民从心理和行为上都转变为现代的人格，它的政治、经济和文化管理机构中的工作人员都获得了某种与现代化发展相适应的现代性，这样的国家才可真正称之为现代化国家。”因此，当代大学生应在广阔的时代背景下，在认真的比较、选择中，广泛地吸取中西文化、传统人格和现代人格的长处，从而形成一种适合中国现代化发展、有利于身心健康和全面发展的新型人格模式，努力踏上健全人格之路，不断提升自己的人格素质。

(一)努力学习科学文化知识

英国哲学家培根说过：“读史使人明智，读诗使人灵秀，数学使人周密，科学使人深刻，伦理使人庄重，逻辑修辞之学使人善辩：凡有所学，皆成性格。”学习科学文化知识是增长智慧的过程。事实上，有不少人格发展的缺陷都源于无知，无知容易使人自卑、怯懦、粗鲁，而丰富的知识则使人自信、坚强、理智。健康人格的各个方面都是以各种知识为基础的，如和谐的人际关系的建立，良好的社会适应能力的发展，正确的自我意识的形成，健康的生活态度的培养，良好的情绪调控能力的提高等都是以文化知识为底蕴的。对于当代大学生而言，不能只局限于学习自己的专业，应做到科学与人文并重，加强人文修养，用丰富的知识充实自己。

(二)认识自我，优化人格整合

为了有效地进行人格塑造，应先了解自己的人格状况，深刻理解人格系统需求实现的动机，明确人格塑造的目标内容、方法等，认识自我是改变自我的开始。人格塑造也是为了优化人格整合，从而实现人格的健全。人格整合是随着个体心理的成熟，人格的各个方面逐渐由最初的互不相关，发展到和谐一致状态的过程。在现实生活中，大学生应努力培养良好的人格品质，克服不良的人格品质，从而实现人格的优化。

(三)发展良好的人际关系

人格发展、塑造的过程是个体实现社会化的过程，是个体与他人、集体、社会相互作用、相互促进的过程。人格是在行为中体现出来的，健全的人格是在与人交往的过程中体现出来的。塑造健全的人格，必须发展良好的人际关系，多与他人沟通、关心他人。

（四）积极参加实践

德国哲学家叔本华说过："完美的人格，高尚的品德，是从实际生活中锻炼出来的。"无论是知识的获取、能力的形成还是意志的磨炼，都离不开实践。实践是人格发展的必经之路，健康人格的塑造最终要落实在实际行动上。大学生的人格缺陷很大程度上是由于缺少实际行动。要塑造健康的人格，大学生必须积极地参加实践，在实践中提升自己。

（五）锻炼身体，强健体魄

人格发展的过程是体质、心理因素与智力因素相互促进的过程，健康的体魄是人格健全发展的基础。一个体弱多病的人很容易形成某些不健康的人格品质。

小贴士

塑造健康人格的过程，就是心理不断成熟的过程，这是一项自我实现的工程。对于大学生而言，尤其要从点滴小事做起，坚持不懈。只有这样，才能使自己的人格更加健康，个性更加完善，这既是大学生成长发展的要求，也是时代的召唤。

教学检测

一、思考题

1. 什么是人格？人格的特征有哪些？
2. 大学生常见的人格缺陷及人格障碍有哪些？
3. 大学生如何塑造健康的人格？

二、活动设计题

1. 几位同学一组，谈谈彼此的人格魅力所在。

目的：增进彼此之间的了解，也加强对自我的认识。

2. 认识自己的气质特征。

目的：大学生通过测量，了解自己的气质类型，学会肯定优点和接纳不足。

操作方法：每个同学通过网络或用纸质问卷完成一份"艾森克人格问卷"测验，计算出 E、N、P 分量表的原始分和标准分，并根据 E 和 N 的标准分判断自己的气质类型。

讨论：你对自己及周围同学的气质类型有何看法？不同气质类型的优点与不足有哪些？

思政园地★

培养大学生"新君子人格"的实践探索

"培养什么人、怎样培养人、为谁培养人"是教育的根本问题。在 2018 年的全国教育大会上，习近平总书记对这一根本问题作出了深刻阐述，提出了凝聚人心、完善人格、开发人力、培育人才、造福人民的教育工作目标，"完善人格"是其中的一个重要方面。那么，培养大学生什么样的人格、怎样培养人格，是需要高校深入思考和解决的现实问题。

千百年来，“君子”已经成为亿万华夏儿女不断追求的理想人格之一，是一个富有中华文化象征意义的重要标识，越来越展现出永久魅力和时代风采。在传承中发展出来的“新君子人格”，融通古今，寓意深长，为新时代大学生全面发展提供了一个更为具象的理想人格。它是一种既汲取中华传统文化精髓，又融合时代发展需求特征的新时代理想人格；既包含了仁义礼智信、温良恭俭让、忠孝廉耻勇等优良传统美德，又囊括了爱国、敬业、诚信、友善、担当、奉献、助人、自律等时代价值观念，内涵丰富、立意深远，价值追求是其灵魂，立德修身是其基石，社会担当是其使命，规则意识是其底蕴，它为培养新时代大学生的健全人格提供了目标靶向。

如何培养大学生的“新君子人格”？

一是强化价值追求，塑造“新君子人格”之魂。孔子在关于君子要“志于道，据于德，依于仁，游于艺”的阐述中将“志于道”摆在首位，充分体现了君子人格中的志向和信念的重要性。对新时代大学生而言，培养“新君子人格”就要帮助其树立远大志向、坚定理想信念、厚植家国情怀，引导他们听党的话、跟党走，始终与祖国共命运、与时代同步伐，立志成为合格的社会主义建设者和接班人。安徽师范大学坚持把“新君子人格”培养融入思政理论课、专业课程教学和日常思想政治教育之中，深化思政课程改革创新，优化课程内容，融入君子文化，广泛开展中华优秀传统文化、革命文化和社会主义先进文化教育。加强课程思政建设，制定实施方案，编制教学指南，完善教学设计，将“新君子人格”的内涵要素与课程教学中的思政元素紧密结合，以君子之道教育引导学生立志报国。实施青年马克思主义者培养工程，将养成内容融入培训课程体系，使之成为涵养社会主义核心价值观的重要源泉，着力为党培养和输送优秀青年政治骨干。

二是强化立德修身，厚植“新君子人格”之本。儒家传统文化中的“君子”首先是指道德高尚的人，“君子之德风，小人之德草”“君子怀德，小人怀土”都充分说明了君子人格中“德”的重要性。对新时代大学生而言，培养“新君子人格”就是要帮助其涵养品德、提升修为，引导他们做到明大德、守公德、严私德，争做一个有大爱大德大情怀的人。安徽师范大学探索构建校本君子课程体系，开发君子相关通识教育课程，开设中华优秀传统文化课程，在人文通识教育选修课程中加入君子元素，着力提升学生道德品质和人文素养。打造君子文化主题活动品牌，在学校美育、体育和校园活动中融入中华优秀传统文化，举办高雅艺术进校园、国画美术展、经典诗文朗诵大赛、传统服饰秀等高品位传统文化活动，开展中华优秀传统文化讲座、论坛、报告会，用“正人君子”的魅力熏陶和教育学生。打造网络教育阵地，创作开发具有学校特色的君子主题网络作品，建设新时代君子网络文化，在潜移默化中涵养学生的“新君子人格”。

三是强化社会担当，抓住“新君子人格”之要。对新时代大学生而言，培养“新君子人格”就要帮助其树牢担当和责任意识，教育引导他们敢于担当、积极作为，勇立时代潮头，肩负时代使命。安徽师范大学坚持将“新君子人格”培养融入专业实训、社会实践、志愿服务等实践育人环节，坚持开展暑期社会实践活动，持续开展“学雷锋”志愿服务，大力加强劳动教育，着力培养学生勤俭、奋斗、创新、奉献的担当精神和实干品质。加强朋辈教育，实施“青春导航”工程，通过榜样选才、榜样宣传、榜样教育等方式，大力学习宣传具有“新君子人格”的优秀师生典型、社会各界表率，激发学生的拼搏斗志和奋斗情怀。加强社会责任感教育，积极宣传基层就业项目，鼓励毕业生到国家和人民需要的基层一线建功立业，广泛动员大学生参军报国，以“君子之风”激励青年学生担当社会责任。

四是强化规则意识，夯实“新君子人格”之基。中华优秀传统文化中用“仁义礼智信”五常以及“视思明，听思聪，色思温，貌思恭，言思忠，事思敬，疑思问，忿思难，见得思义”九思等来对君子的行为进行规范。对新时代大学生而言，培养“新君子人格”就要教育他们知法守法、遵规守纪，知敬畏、懂廉耻，做到慎独慎微慎言慎行、自律自重自励自省。安徽师范大学坚持开展学生法纪教育，不断完善法治教育课程体系，通过举办知识竞赛、征文比赛、演讲比赛、读书活动等多种形式的活动，宣传依法治国的理念，开展学生校纪校规教育和党员学生党纪党规教育，着力提升学生法治思维和法治意识。加强诚信教育，积极探索构建集教育、预防、监督于一体的学生诚信教育体系，通过举办讲座、开展活动、图文宣传等，让诚实守信成为每名学生的立身之本、成功之基。加强学生廉洁教育，组织开展党风廉政建设和反腐败斗争学习教育活动，增强拒腐防变的良好心理品质，努力形成廉洁自律、爱岗敬业的职业观念。

（资料来源：《中国教育报》，2021 年 8 月 8 日，有改动）

讨论：

1. 什么是“新君子人格”？如何培养大学生的“新君子人格”？
2. 你认为健全的人格需要具备哪些因素？

第五章 大学生人际交往

育人目标

◎ 开展丰富多彩的人际交往活动，加强与他人的交流，获得情感陪伴，建立和朋辈之间的亲密关系，找到群体归属感。

◎ 在成长过程中建立健康社交、知识社交、兴趣社交，树立积极进取的人生态度，担负起新时代的使命和责任。

学习目标

◎ 了解人际交往的定义、影响因素及基本原则，理解人际交往的心理效应。

◎ 了解大学生人际交往的类型、特点及意义。

◎ 了解大学生常见的人际交往问题，掌握建立良好人际关系的技巧，培养大学生良好的人际交往能力。

情境导入

清代书画家金农，被誉为“扬州八怪”之首。他不仅画得一手好画，诗词上的造诣也颇为深厚。

一次，扬州盐商程雪门邀请金农等名流显贵共同吃饭。酒过三巡，寡饮无趣，为了助兴，有人提出要行一个酒令，就是每人说一两句古人的诗词，诗词里要有“飞、红”二字。

大伙都说的头头是道，最后，轮到了程雪门，他读书甚少，担心说不上来被人笑话，左思右想了老半天，憋出一句：“柳絮飞来片片红！”众人听后一片哗然，有人笑他竟不知柳絮是白色，有人说他这是杜撰无疑。程雪门被当众嘲笑，金农见状便上前解围：“你们有所不知，这句诗是有出处的，用于今日，正好对景。”

接着站起身，吟出“全诗”：“廿四桥边廿四风，凭栏犹忆旧江东。夕阳返照桃花渡，柳絮飞来片片红。”

大家一听，顿觉妙哉，在夕阳和桃花的映衬下，这红色的柳絮别有一番韵味。于是纷纷鼓掌，赞叹盐商博学多才。盐商因此挽回了面子，心中甚是欢喜。

其实，这首诗不过是金农即兴发挥之作，盐商心里最清楚不过。金农的这首即兴诗，成了广为流传的绝世佳作，更是令他声名远扬。

孔子说：“君子成人之美，不成人之恶。”一个人真正的成功，并不是你被给予了多少，而是懂得利用被给予的东西，去做利于他人的事情。只有利他性的利己才是可持续的，你为他人贡献得越多，自我价值实现得就越多。正所谓，利人者，人亦从而利之。帮助了别人，实现了自己，才是一个人最大的成功。

（资料来源：《民生周刊》，2021 年 6 月 8 日，有改动）

社会性是人的本质属性，每个人作为社会的一员，不可避免地要与他人进行交往与沟通，健康个性的形成离不开融洽的人际关系。对于大学生而言，他们正处在人生的探索期，渴望与人交往，渴望建立和谐的人际关系，但由于交往面的拓宽、关系的多样化，人际冲突也在所难免，这些冲突对他们的心理健康有着消极的影响。因此，建立良好的人际关系对大学生的健康成长与发展就显得尤为重要。大学生应形成对人际交往的正确认识，端正态度，树立信心，不仅要学习文化知识，还应融入集体，加强交流。

第一节　人际交往概述

名人名言

一个人事业的成功，只有百分之十五取决于他的专业技能，另外的百分之八十五要依靠人际关系和处世技巧。

——戴尔·卡耐基

一、人际交往的定义

人际交往也称人际关系，是人与人之间通过一定的方式进行接触，从而在心理上和行为上相互影响的过程。人际交往表现为人与人之间的心理距离，反映着人们寻求满足需要的心理状态。从动态上讲，人际交往是指人与人之间一切直接或间接的相互作用，但都超不出信息沟通与物质交换的范围；从静态上讲，是指人与人之间通过动态的相互作用形成的情感联系。

交往是人类的特定社会现象，对于社会的发展和个性的成长有重要作用。交流是群体的黏合剂，能使群体内部个体之间和群体之间在认知、情感和行为上彼此协调，相互统一。交往是人类特有的需求，人只有不断地与他人交往才能促进个性发展和心理健康。从信息交流的角度来看，交往是发信者将信息编码后输入信息通道，收信者将信息译码后接收，并将反应反馈给发信者的过程。

知识延伸

人际交往的重要性

人际交往的重要性主要表现在以下几个方面：

(1)人际交往能深化自我认识。在交往活动中，有时候不同的人对自己的评价会有一定的差异，不少人会因此而产生烦恼。这就要求我们要善于调节各方面的评价，全面提高自己的综合素质。正确的自我认识，有助于我们找到自己的社会位置，扮演好自己的社会角色。

(2)人际交往能促进社会化进程。人际交往是社会发展的必然产物，也是社会发展的基本前提。没有人际交往过程中所形成的各种各样的网络关系及人们所担当的各种各样的社会角色，社会就不能称其为社会，发展也无从谈起。

(3)人际交往是实现人生价值的桥梁。人生的意义在于奉献，人际交往是我们奉献的桥梁。良好的人际交往能让我们掌握更多的社会信息，了解人民的生活和需要，保持和人民大众的血肉联系，更好地为人民服务。

二、影响人际交往的因素

(一)表层因素

1. 空间距离

一般来说，人与人之间在空间位置上越接近，越容易形成彼此之间的密切关系。例如，上下铺同学，因为空间距离的接近，双方相互交往、相互接触的机会更多，彼此之间容易熟悉，亦成为好朋友。虽然地理位置的远近不是人际关系好坏的唯一的、决定性的因素，但是，“远亲不如近邻”，空间位置接近，无疑是促进人际交往的一个有利的条件。

知识延伸

人际交往的距离

据美国人类学家爱德华·霍尔的观察，人们在人际交往中会用八种距离来反映人与人之间的亲密感，人们也自觉或不自觉地利用这些距离来营造良好的人际关系。这八种距离如下：

(1)亲密距离——接近式(0～0.15m)。这种距离用于爱抚、格斗、安慰和保护等。其使用者有着非常亲密的关系，这种距离使语言交流的作用减小。

(2)亲密距离——远离式(0.15～0.45m)。这种距离能够用手触碰到对方的身体，使用者关系很密切。但在拥挤的空间里，人们彼此保持这样的距离并不能反映密切关系。

(3)个人距离——接近式(0.45～0.75m)。这种距离能够抱住对方、抓住对方，能够看清对方的表情。这是与熟人交往的距离，陌生人进入这个距离会引起误会。

(4)个人距离——远离式(0.75～1.2m)。这种距离两人伸出手就能触碰到对方的身体，常在处理个人事宜的时候产生。

(5)社交距离——接近式(1.2～2.1m)。这种距离超过了身体的接触界限，工作时与同事之间就是保持这种距离。以这种距离俯视他人时会产生一种威压效果。

(6)社交距离——远离式(2.1～3.6m)。这种距离用于注重形式的工作会谈，既可以不管他人专心做自己的事情，又不会给他人增添麻烦。

(7)公众距离——接近式(3.6～7.5m)。在4m左右的距离中，交流双方会出现或多或少的问答，言者与听者之间保留了一些交流余地。

(8)公众距离——远离式(7.5m以上)。用于演讲或演说的时候，个人性的交流比较困难。

2. 交往频率

交往是人际关系的基础，人们只有在交往中才能彼此了解、相互熟悉，进而相互帮助，建立友谊。一般来说，人们交往的频率越高，越容易形成共同的语言、共同的态度、共同的兴趣和共同的经验等。交往频率过低，可能会使双方产生冷落之感，以致感情疏远。不过，交往频率过高，也可能影响对方的工作和生活秩序，引起对方的反感。

3. 个人仪表

一个人的长相、穿着、仪态、风度等都会对他人产生吸引力，在交往初期，这些因素显得极为重要。虽说人不可貌相，但仪表所起的作用是客观存在的。

(二)深层因素

1. 个性品质

个性影响着交往的态度、频率和方式，从而影响着人际关系。以气质而论，多血质和黏液质的人，其人际关系一般来说要好于胆汁质与抑郁质的人。以能力而论，能力强的人往往使人产生钦佩感与信任感，更具有吸引力。不过，双方能力的差别太大或太小，相互之间的吸引力也会减小；只有当双方的能力既有差别而差别又不太大的时候，相互之间的吸引力才会增强。以性格而论，诚实、正直、开朗、自信、勤奋、幽默、热情的人较之虚伪、孤僻、懒惰、固执、狂妄的人具有较强的人际吸引力。因此，人格特点在建立良好的人际关系中是非常重要的深层因素。

知识延伸

影响人际关系的主要人格品质

美国心理学家安德森在一项研究中，向一些大学生展示了一些描写人格品质的形容词，让他们指出自己最喜欢的和最不喜欢的品质，其中许多条款与真诚有关，说明真诚的人受人欢迎，虚伪的人令人讨厌。

人格品质受喜欢的程度

最受喜欢的品质	中间品质	最不受喜欢的品质
真诚	固执	作风不正
诚实	刻板	不友好

续表

最受喜欢的品质	中间品质	最不受喜欢的品质
理解	大胆	敌意
忠诚	谨慎	饶舌
真实	追求尽善	自私
信得过	易激动	目光短浅
理智	文静	粗鲁
可靠	冲动	自负
有思想	好斗	贪婪
体贴	腼腆	不真诚
可信赖	猜不透	不善良
热情	易动情	信不过
善良	羞怯	恶毒
友好	天真	令人讨厌
快乐	好动	虚假
不自私	空想	不老实
幽默	追求物欲	冷酷
负责	反叛	邪恶
开朗	孤独	做作
信任别人	依赖别人	说谎

2. 特点相似

人与人之间若对具体事物持相同或相似的态度，有共同的语言，共同的理想、信念和价值，则容易产生共鸣，且相互之间易做到理解、支持、信任、合作，从而建立密切的关系。

3. 互相满足

互相满足是建立人际关系的前提条件。如果没有需要和满足需要的期望，那么空间距离再近，也可能是“鸡犬之声相闻，老死不相往来”；如果有了需要和满足需要的期望，那么空间距离再远，也可能是“天涯若比邻”。良好的人际关系的建立取决于交往双方彼此满足需要的方式和程度，如果交往双方的基本需要都能从交往过程中得到满足，那么其人际关系就会密切、融洽。如果双方的需要都不能从交往中得到满足，那么彼此之间就会缺乏吸引力；如果双方的需要在交往中受到损害，那么彼此之间就会产生排斥与对抗。除此之外，还要注意人际交往中的一些心理效应。

三、人际交往的心理效应

（一）首因效应

首因效应又称第一印象。在人际交往中，人们往往对开始接触时注意到的细节印象深刻，如对方的表情、身材、容貌等，而对后来接触到的细节不太注意。这种由先前的信息而形成的最初印象及其对后来信息的影响，就是首因效应，即我们常说的“先入为主”。第一印象赖以产生的信息是有限的，第一印象不一定是真实可靠的。由于认知具有综合性，随着时间的变化、认识的深入，人完全可以把这些不完全的信息贯穿起来，用思维填补空缺，形成一定程度的整体印象，正如“路遥知马力，日久见人心”。

（二）近因效应

近因效应指的是最后的印象对人们的认知产生的影响。最后留下的印象，往往是最深刻的印象，这也就是心理学上所阐释的后摄作用。首因效应与近因效应不是对立的，而是一个问题的两个方面。在大学生的人际交往中，第一印象固然重要，最后的印象也是不可忽视的。在对陌生人的认知中，首因效应比较明显；而在对熟识的人的认知中，近因效应则比较明显。这就告诉我们，在与他人进行交往时，既要注意给对方留下的第一印象，也要注意给对方留下的最后印象。

（三）光环效应

光环效应又称晕轮效应，指的是在人际交往中，人们常从对方所具有的某个特性而泛化到其他有关的一系列特性上，根据局部信息形成一个完整的印象，即根据最少量的情况对别人做出全面的结论。所谓“情人眼里出西施”，说的就是这种光环效应。光环效应实际上是个人主观推断泛化的结果。在光环效应状态下，一个人的某一个优点或缺点一旦变为光环被扩大，其他的优点或缺点也就隐退到光环的背后被视而不见。在人际交往中，大学生一般会对外表吸引人的同学赋予较多理想的人格特征，如“你气质好，将来求职就业一定没有问题”等。

（四）投射效应

投射效应是指在人际交往中，形成对别人的印象时总是假设他人与自己有相同的倾向，即把自己的特性投射到其他人身上。所谓“以小人之心，度君子之腹”，反映的就是投射效应的一个侧面。

（五）刻板印象

刻板印象是社会上对于某一类人物或事物的一种比较固定、概括而笼统的看法。主要表现为在人际交往过程中主观、机械地将交往对象归于某一类人，不管他是否呈现出该类人的特征，都认为他是该类人的代表，进而把对该类人的评价强加于他。刻板印象作为一种固定化的认识，虽然有利于对某一群体做出概括性的评价，但也容易产生偏差，造成先入为主，阻碍人与人之间深入细致的交流。

课堂讨论

你与别人交往时有过哪些心理效应？

四、人际交往的基本原则

(一)平等原则

在社会中，人与人的交往要坚持平等的原则，而平等原则是相对的、现实的。在人际交往中总要有一定的投入与付出。人都有受人尊重的需要，都需要别人的平等对待，在礼仪面前人人更应该平等。人与人之间的差别总是客观存在的。为人处世时，大学生应该把自己摆在与对方相同的位置，不要倚势凌人。平等是人与人之间建立情感的基础，只有以平等的姿态出现，不盛气凌人，不高人一等，给别人以充分的尊重，才有可能形成人与人之间的心理相容，产生愉悦、满足的心境，建立和谐的人际关系。

(二)相容原则

相容主要是心理相容，即人与人之间的融洽关系，与人相处时的容纳、包涵及宽容、忍让。相容表现在对交往对象的理解、关怀和喜爱上。一方面，人际交往中经常会发生矛盾，有的是因为认识水平不同，有的是因为性格脾气不同，也有的是因为习惯爱好不同等，相互之间会产生一定的误会。双方如果能以宽容的态度对待对方，那么就可以避免很多冲突。大学生为人处世要心胸开阔，宽以待人；要体谅他人，遇事多为他人着想。另一方面，每个人都有保留自己意见和按照自己意愿去生活的权利，个人只能用自己的思想去影响别人，而不可能强制改变别人。如果时时处处尊重和理解别人的选择，不过高要求别人，有豁达心胸，那么就可以减少误解，从而达到心理相容。大学生要主动与人交往，广交朋友，不但交与自己性格相似的人，还要交与自己性格不同的人，求同存异、互学互补，处理好竞争与相容的关系，更好地完善自己。

(三)互利原则

互利原则也称交换性原则。美国社会学家乔治·卡斯珀·霍曼斯提出，人与人之间的交往本质上是一个社会交换的过程。人们希望交换对自己来说是值得的，否则就没有理由去实施和维持，所以人们的一切交往行动及一切人际关系的建立与维持都是根据一定的价值观进行选择的结果。人际交往是一种双向行为，人际关系的维持以满足交往双方的需要为基础，只有单方获得好处的人际交往是不能长久的，所以交往双方都要付出和奉献。互利原则，既包括物质方面的，也包括精神方面的。受传统观念的影响，过去人们交往时更愿意谈人情，而忌讳谈功利。事实上，人与人交往的需求是多层次的，粗略地可以分为两个基本层次：一个层次是以情感定向的人际交往，如亲情、友情、爱情；另一个层次是以功利定向的人际交往，也就是为实现某种功利目的而交往。在现实中，人们时常会自觉或是不自觉地将这两种情况交织在一起：有时候即使是以功利为目的的交往，也会使彼此产生感情的沟通和反应；有时候虽然是情感领域的交往，但也会为彼此带来物质利益上的帮助和支持。换言之，人际交往的最基本动机就在于希望从交往对象那里得到自己需求的满足。在运用互利原则时要注意，互助互惠并不是等价交换，更不是庸俗的交易，而是一种自觉自愿的相互付出，相互奉献。交往的双方相互关心、相互帮助、相互支持，既要考虑双方的共同价值和共同利益，满足共同的心理需要，又要促进相互间的联系，深化双方的感情。

(四)信用原则

人离不开交往，交往离不开信用。信用是指一个人诚实、不欺骗、遵守诺言，从而取得他人的信任。大学生要做到说话算数，不轻易许诺，一旦承诺，就要设法兑现，以免失信于人。古人有“一言既出，驷马难追”的格言，现在有以诚实为本的原则。与守信用的人交往有一种安全感，与言而无信的人交往则内心充满焦虑和怀疑。当然，我们也应该看到社会环境、人际关系的复杂性，真诚是人际交往的第一要素，但并不是唯一要素。对于初涉社会的大学生来说，不仅要学会表达自己的真情实感，还必须学会分辨真伪，有时太过单纯和真诚也会碰壁。

思政元素

诚实的晏殊

北宋著名词人晏殊，素以诚实著称。在他 14 岁时，有人把他举荐给宋真宗。宋真宗召见了他，并让他与 1 000 多名进士同时参加考试。结果晏殊发现考试题目是自己十天前刚练习过的，就如实地向宋真宗报告，并请求改换其他题目。宋真宗非常赞赏晏殊的诚实品质，便赐给他“同进士出身”。晏殊当职时，正值天下太平。于是，京城的大小官员便经常到郊外游玩或在城内的酒楼茶馆举行各种宴会。晏殊家贫，无钱出去吃喝玩乐，只好在家读写文章。有一天，宋真宗提升晏殊为辅佐太子读书的东宫官。大臣们惊讶异常，不明白宋真宗为何做出这样的决定。宋真宗说：“近来群臣经常游玩饮宴，只有晏殊闭门读书，如此自重谨慎，正是东宫官合适的人选。”晏殊谢恩后说：“我其实也是个喜欢游玩饮宴的人，只是家贫而已。若我有钱，也早就参与宴游了。”经历了这两件事，宋真宗更加信任他了。

正是由于晏殊一直坚持以诚实的品质做人做事，凡事据实以告，宋真宗才更加信任他，对他委以重任，他才能更好地实现自己的抱负。

(五)自我价值保护原则

自我价值保护是指个体对自身价值的意识与评判。任何一个人都不愿意毫无意义地生存在社会上，都希望别人能承认自己的价值。大部分人在面对别人对自己的否定时，要么承认别人对自己评判的合理性，否定自己，贬低自我价值；要么进行自我价值保护，尽可能维护自己的自尊。许多研究表明，自我价值的否定非常痛苦，所以当一个人的自我价值受到否定时，第一反应是尽可能地对自我价值进行保护。

第二节 大学生人际交往概述

名人名言

一个永远不欣赏别人的人，也就是一个永远也不被别人欣赏的人。

——汪国真

一、大学生人际交往的类型

大学生人际交往的类型大致可以分为三种：

一是积极型。这类大学生往往对人际交往认识深刻，行动积极，表现出较大的兴趣和热情。他们大多积极参加社团活动，主动承担社会工作。

二是被动型。这类大学生往往对过去封闭的交往形式不满意，渴望真诚、深厚的友谊，但又缺少知心朋友。有的因怕耽误学习，较少主动交往，更多的是被动卷入。

三是沉静型。这类大学生人数较少，他们习惯过平静的生活，性格一般比较孤僻。平日少言寡语，不善交往，只保持与少数人的交往和接触。

二、大学生人际交往的特点

（一）有强烈的交往动机

交往是人的心理需要之一。健康正常的交往需要如果能得到满足，则会形成一种向心力，对生活、学习起促进作用；如果得不到满足，则会产生空虚感和烦恼，甚至会影响其个性的健康发展。很多大学生远离故土和亲人朋友，容易产生失落感、孤独感，渴求得到周围同学的关心、体贴、爱护、信任和理解。特别是大一新生，由于环境的改变，第一次离开家庭，他们常倍感孤独，他们会十分急切地想与人交往。

精选案例

王某，女，某高职院校二年级学生。入学一年半了，她感觉自己与同学的关系总是处不好。她认为，不知道从什么时候起，周围的同学都不喜欢她，甚至讨厌她，有的同学一见到她扭头就走，有的同学还在背后议论她。为此，她心里很烦闷，不知道周围的人为什么不喜欢她。她也十分想获得其他同学的好感与尊重，但就是不知道该怎样做。

分析：

王某的苦恼主要表现在人际关系方面，与同学的关系处不好，不被别人接纳，认为大家都不喜欢她，并为此心烦。一方面她有与同学处好关系、被他人信任和尊重、让别人喜欢的愿望，但另一方面她又缺乏必要的人际交往知识。因此，她应该学习和掌握一些人际交往的基本原则和必要知识，同时要冷静地从自己的为人处世态度、性格特征、思想方法等方面寻找原因，也可态度诚恳地主动找同学聊聊，请他们帮自己找出原因。

(二)交往的范围扩大

大学生以往的人际交往多限于同班、同宿舍，但随着物质生活水平的提高，大学生对精神生活有着更高更迫切的要求，他们渴望走出校园，在与社会人群的交往中满足这方面的需要。这是一种积极的社会心理倾向，它是大学生走向社会、开阔视野的原动力之一。但是如果管理不好，就会对校园的组织纪律和正常的生活秩序产生一定的影响。同时，大学生也重视与异性交往，希望了解异性，得到异性的理解、尊重和爱慕，大学生活又提供了许多与异性同学交往的机会。因此，与异性交往的愿望常会变成交往的具体行动。正确引导大学生与异性的交往，有利于其个性的全面发展，加深对异性的理解和尊重，使自己更加自尊、自爱、自重，提高用理智控制情绪、情感欲望的能力。

(三)注重交往双方的平等性

大学生由于生理和心理上的日趋成熟，其自我意识也处于逐渐成熟的过程中，产生了“成人感”，希望在各个方面努力体现其独立的人格。大学生不但要求政治上平等、民主，而且要求交际中平等、民主。大学生交际的平等、民主观念，使交际双方冲破等级观念的束缚和心理障碍，使交际方式的单向“辐射”转变为双向“交流”。

(四)交往方式多样化

在信息技术迅猛发展的今天，大学生的人际交往呈现出现实与虚拟相结合、形式多样化的特点。大学生进行人际交往不仅可以采用聊天、互访等传统手段，还可以通过参加社会团体、聚会、体育活动、结伴出游以及其他集体互动结识朋友、发展友谊。随着科学技术的不断发展，人际交往的新媒介不断涌现，当代大学生的人际交往方式不再局限于面对面的语言交流，他们通过 QQ、微信、微博、论坛、电子邮件等新媒介进行交流，组建新的朋友圈，编织人际关系网。当前，大学生通过手机和计算机网络等进行人际交往的现象已经非常普遍，新媒介使大学生的人际交往更加便捷，扩大了大学生人际交往圈，增强了大学生人际交往的互动性和开放性。但是，虚拟的人际交往终究无法取代现实中的人际交往。如果大学生过度沉迷网络，过分投入网络交往，反而会降低个体的社交水平，甚至使个体逐渐丧失现实交往能力，造成人际交往障碍，引发人际关系失调，从而导致一系列身心问题的出现。因此，大学生既要学会运用网络进行适度的人际交往，又要注重现实生活中的人际沟通。

(五)交往动机复杂化

大学生在注重情感交流的同时，也越来越注重与自身社会利益相关的务实性，呈现出情感交际与功利交际并重的趋势。大学生交际的对象不仅仅是体现“血缘”“地缘”“业缘”关系的亲属、同乡、同学及好友，也不仅仅以情感上的交流、心理上的共容为满足，同时考虑交际的价值。从交际的对象、内容、范围及样式上，出现了注意价值的趋向，他们开始注重交往中的互惠互利，看重交往的后果与效益，从而也选择与那些能促进自身发展的人交往。

小贴士

大学生在人际交往中呈现出各种各样的特点，由于大学生群体的特殊性，这些特点也具有独特性。这只是针对当今大学生交往现状总结出来的具有概括意义的内容，并不意味着鼓励大家在人际交往中必须具有这些特点。但有一点是大家必须遵循的，即积极健康的交往心态。

课堂讨论

你与同学交往的动机是什么？

三、大学生人际交往的意义

人际交往是个体生活中的一个重要组成部分，通过人际交往建立起来的人际关系是个体生活的基础。大学生的人际交往是大学生人际活动的特殊产物，是其大学生活中一个不可忽视的重要方面。良好的人际关系有助于大学生提高自信，使其感到心情舒畅，以及体会到温暖和满足感。

（一）人际交往是大学生正确认识自我的重要途径

大学生正确认识自我要通过个人与他人的相互交往才能够实现。具体来说，就是大学生能从他人对自己的评价和态度、从自己和他人的关系、从自己与他人的比较中认识自我，即我们常说的“以人为镜”。把他人的态度和反应作为认识自我的重要参照物，通过自己在他人身上的映像来了解自己的人生态度、人格状况、人际关系等方面的情况，并以此来警示自己、教育自己。只有正确认识自己和周围的环境，才能形成良好的自我形象，塑造完美的人格。同时，恰当的自我认知既能使人避免夜郎自大，又能使人摆脱自卑感。

（二）人际交往有助于大学生学习知识和开发智力

在当今信息时代，大学生在交往过程中获得的信息可对学习起到积极的作用。书本上的知识毕竟是有限的，而人际交往是获取新知识的有效途径。同时，人际交往中的信息交流有利于启迪思维，开发智力。由于知识的局限，加上社会经验的不足，大学生看问题难免会陷入僵局，而在与老师、同学的交往中，畅所欲言，思维碰撞，就会产生新的思想火花，使自己茅塞顿开。

（三）人际交往有助于大学生社会化

人际交往是个人社会化的起点和必经之路。社会化即个人学习社会知识、生存技能和文化，开始发展自己的过程。如果没有其他个体的合作，那么个人是无法完成这个过程的。从人际关系中得到信息、机遇，就可能帮助个体走上一条成功之路。如果没有其他个体的合作，那么个人是无法获得生活必需的知识技能的。只有学会与人平等相处，才能自立于社会，取得社会的认可，成为一个成熟的、社会化的人。

（四）人际交往有利于大学生的身心健康

现代心理学研究证实：人类的心理疾病大多是人际关系失调所致。与人发生冲突会使人心灵蒙上阴影，导致精神紧张、抑郁，不但可导致心理障碍，而且还会刺激下丘脑，使内分泌功能紊乱，进一步引起一系列复杂的生理变化。如果能时常与人保持良好的交往状态，则会心情舒畅。通过人际交往感受他人的爱护、关怀、信任与友谊，是精神需要得到满足的重要内容。大学生在彼此的交往过程中，相互倾诉喜怒哀乐，进行感情交流，能获得心理上的满足感，增强彼此之间的亲密感。通过交往，大学生能满足生理、心理上的需要，养成良好的情绪、开朗的性格和乐观的生活态度，从而促进自己的身心健康。

思政元素

五种人际关系——“五伦”

“五伦”出自《孟子·滕文公上》，原文是“圣人有忧之，使契为司徒，教以人伦：父子有亲，君臣有义，夫妇有别，长幼有序，朋友有信”。孟子认为，父子之间有骨肉之亲，君臣之间有礼义之道，夫妻之间相亲相爱而又要有内外之别，老少之间有尊卑之序，朋友之间有诚信之德，这就是处理人与人之间关系的行为准则，体现了孟子对“礼”学说的理解和发展。人伦中的双方都要遵守一定的“规矩”：为父的，要慈祥；为子的，要孝顺。为君的，要依礼给臣子相应的待遇；为臣的，要忠于职守。为夫的，要主外；为妇的，要主内。为兄的，要照顾弟妹；为弟的，要敬重兄长。为友的，要讲信义。孟子认为，古代设立庠、校、序(古时学校的名称)，“皆所以明人伦也”。一旦“人伦明于上，小民亲于下”，就能实现天下安定的理想社会。

四、大学生人际交往中常见的问题

(一)不敢与人交往

在人际交往的实践活动中，大学生大多存在不同程度的恐惧心理，只是每个人的反应程度不同。有一部分大学生由于害羞、自卑等心理，在这方面反应强烈，在与人交往时特别紧张，心跳气喘、面红耳赤，两眼不敢正视对方；在与人交谈时语无伦次、词不达意。尤其在人多的场合或集体活动中更是感到恐惧，不敢和人打交道，不敢表现自己。如果上述现象显著而持久性存在，则可能是社交恐惧症。

精选案例

小李以较为优异的成绩考入了某高职院校，但在开学的第二天，他的父亲便接到了学校辅导员的电话：“请您来学校一趟。”李先生忐忑不安地赶到学校，打量着眼前的儿子。小李低着头，精神恍惚。李先生关切地拉起儿子的手，发现小李手心潮潮的。“我觉得别人都在看我，周围的人都在威胁我……”小李声音颤抖地说。回想起儿子离家时的情况，李先生这才意识到，小李的心理问题早有先兆。几个小时的火车旅途中，儿子一直趴在桌子上，低着头不看人。坐出租车时，连司机都不敢看。辅导员告诉李先生，报到的第二天，小李去学校心理咨询中心，说自己心理出了问题，他被诊断为社交恐惧症。李先生不明白，从初中起就住校的儿子怎么会怕和人交往呢。从心理辅导老师那里，他了解了儿子的心路历程。小李早在高中时就产生了自卑情绪，见到陌生人就会紧张，负面情绪在他心里慢慢堆积。“初中时儿子一个月回家一次、高中时一学期才回家一次。每次儿子回来，我只知道买东西，鼓励他好好学习，很少问问他心里的想法。”李先生后悔不已。

分析：

小李表现为不敢与别人交往，而且情况比较严重，这是负面情绪累积的结果。由于这种心理状况没有得到及时的干预，情况越来越严重，最终影响了小李的身心健康。如果在中学时，家人能够及时发现这一情况，采取一定的措施，如多与孩子沟通并鼓励他多与同学沟通等，那么就不会变成如今的社交恐惧症了。

(二)不愿与人交往

大学生不愿与人交往的一个原因就是不合群，喜欢独处，很少与人接触。一般来说，大学生的自我意识逐渐成熟，可以通过暂时的独处进行自我反思，体会到心灵宁静的快乐。但如果长期沉迷于此，则会出现与人交往时抑郁、不善言辞等情况，从而影响正常的交际。大学生不愿与人交往的另一个原因是缺少人际间必要的信任与理解，缺乏与同学合作的精神，甚至视同学为敌人。有的大学生骄傲自大，瞧不起别人；有的大学生群体意识淡薄，以自我为中心，对周围的人与事漠不关心；有的大学生遇事总是回避退让，整日郁郁寡欢，缺乏交往的愿望和兴趣，经常自我封闭、孤芳自赏，但又特别敏感，心理承受能力差，独来独往，不愿抛头露面，不愿与人交往。这种种的表现都不利于正常的社交。

(三)不擅长与人交往

有的大学生不了解人际交往的一些知识、技巧，在交往的过程中显得过于生硬，不注意交往中的“第一印象”，不注意沟通方式，在劝说他人、批评他人、拒绝他人时不讲究艺术。有些大学生在与人交往的过程中，不注意交往的原则，开玩笑不注意场合，不懂得给人留面子，或出言粗鲁，伤了对方的自尊心；或不懂得尊重对方的风俗习惯；或不懂装懂，夸夸其谈等。这些表现都不利于自身形象的塑造，影响了同学之间进一步的交往。这些主要是由于大学生交往方法欠妥当，交往能力有限，在交往过程中既不了解自己，也不了解别人。人际交往的失败、受挫，会使得一些大学生把交往看成一种负担，逐渐变得自我封闭。

精选案例

小张是一名高职大学生。在入学后，小张被指定为临时班长。刚开始，小张经常打着辅导员的名义要求同学做事，一旦发现有同学犯错，他不分场合就批评同学。在与同学的日常交往中，也常摆出一副班长派头，对同学颐指气使，引起同学们的反感。在意识到这一点后，为保住班长的位置，小张一改以往的作风，虚与委蛇。对此，同学们颇有微词。半学期后在民主选举班委时，小张落选。他认为是有些同学跟他过不去，便想拉拢落选的另外两位同学不配合新班委的工作。舍友劝慰他，他却说：“别假惺惺了，现在充什么好人。”于是舍友慢慢疏远了他。渐渐地，他感到苦恼、孤独并心怀不满。为避免和舍友交往，他晚上很晚才回宿舍，还故意弄出响声，影响舍友休息。他还经常因小事和舍友发生冲突，后来不得已只能找辅导员调换宿舍。

分析：

小张出现问题的原因在于他不擅长与人交往。作为班长，他不能很好地遵循“平等”“尊重”等交往原则；作为同学，他不懂得真诚待人，不能很好地与同学沟通，最终导致人际关系僵化。

第三节　大学生良好人际关系的建立

名人名言

找到朋友的唯一办法是自己成为别人的朋友。

——拉尔夫·沃尔多·爱默生

一、培养自己良好的个性

大学生应以积极自信的态度与人交往。个性积极者乐观开朗，豁达大度，与之相处，如沐阳光，令人感到愉悦畅快；个性消极者悲观阴沉，多疑狭隘，与之相处，如头顶乌云，令人感到忐忑压抑。个性积极的人，如果是外向的人，其乐观的情绪极富感染力，能给人带来希望和笑声，能让人心境豁然开朗，能让郁闷的人愁云一扫而光；如果是内向的人，其温和宽厚的态度，也能给人一种可信可托的安全感，其温柔宁静的劝慰，可以使愤愤不平的人心境平和。乐观积极的外向者如炫目的夏日，以热情令人倾倒；温和宽厚的内向者似和煦的冬阳，以温暖令人心怡。二者都会有不错的人缘。自信的人宽容大度，容易相处。自信的人对生活充满信心，拥有人格魅力，与之相处，也能让人充满自信。相反，自大或自卑的人只会让人远离。如果一位同学拥有积极自信的个性，那么他会受到周围同学的欢迎。

小贴士

良好的人际关系是大学生健康成长的基础。每个大学生都希望自己有好人缘，与同学建立良好的人际关系。如何使自己成为一个受欢迎的人呢？大学生要注意掌握一定的交往技巧与交往方法，提升自己的人格魅力，这样才能与他人建立和谐的人际关系，使自己的大学生活丰富多彩。

课堂讨论

看看自己周围有没有特别受大家欢迎的同学，他们都有什么样的个性呢？

二、注意换位思考

一般而言，善于交际的人，往往善于发现他人的价值，懂得尊重他人，愿意信任他人，能容忍他人有不同的观点和行为，不斤斤计较他人的过失，尽可能地帮助他人而不是指责他人。换位思考对建立良好的人际关系有着十分重要的作用。大学生在为人处世上也要懂得“己所不欲，勿施于人”，懂得不强求他人，懂得寻求与他人的共同点。多站在对方的角度上思考问题，有助于建立良好的人际关系。

精选案例

小李是一所著名大学商学院的毕业生，他大学刚毕业时，意气风发、踌躇满志，立志要干一番事业，做成功人士。可入职某公司三个月后，他就觉得自己无法在这个公司待下去了，决定辞职。这件事情被他的好朋友小唐知道了。

于是，小唐问道，“你所在的这家公司很有名气，我觉得你在这家公司的发展空间很大，为什么一定要辞职呢?”

“因为部门的同事都是小心眼，个个鼠目寸光，还有所有的同事都看我不顺眼，处处跟我过不去。最重要的是，经理是个无能之辈，在他手下，我觉得没有出头之日，我已经忍无可忍了，要是不辞职的话，迟早要崩溃。”小李有些愤怒。

“为什么这么说呢?”小唐说。

“经理总是把活儿都给大家，什么都不干，你说他有什么本事？同事总是给我很多的活儿，这明明就是跟我过不去嘛！还有，他们老是嘲笑我，你说，我能不辞职吗?”小李说。

“如果你是经理，你会怎么做呢?”小唐说。

“我不知道，我也没必要知道，我又不是经理。”小李说。

“从商学院毕业，你应该明白，作为管理者，他的主要任务不是冲到一线，而是要解决下属工作中的困难，为本部门争取到更多的资源。他要像其他人一样什么都干，那么，他就不是管理者了。这是由经理所扮演的角色决定的。”小唐说。

“可是，他也总不能把什么事情都分给我们干吧?”小李的语气虽然有些缓和，但还是一脸的不服。

“那你说他每天都在干什么？是喝茶、看电视剧、聊天吗？我想不是。你应该站在他的位置上想想，为了协调部门内部的工作，他需要做些什么；为了协调部门间的工作，他又需要做些什么；为了解决下属遇到的问题，他需要采取什么措施；他还要预测工作中会出现的问题等，这些都是他的职责。他怎么会什么都没干呢?”小唐反问道。

小李沉默不语了。

分析：

很明显，小李在工作中总是抱怨别人的不是，总认为自己受了很大的委屈，交际理念也出现了问题，他总以一种病态的眼光来看待自己和别人。小唐给他的建议就是当遇到问题时，要换位思考，不要总想着自己干了什么，而要看到别人的成绩。

三、学会倾听

在人际交往中，倾听是对他人的一种尊重，有时听比说更重要，要正确理解别人，必须先听懂对方说的话，要听懂对方说的话则必须专注地听，不随便打断对方，并不时用言语或非言语的方式给对方简短的回应，不明白时要礼貌地询问对方真正的意思，以免曲解。专注的倾听能使对方感到自己的重要性，能鼓励对方表达自己的想法，能促进真诚的沟通，产生良好的交际效果。倾听的关键是理解对方的体验、感觉、态度、观点等。倾听的技巧是观察对方的非言语行为，通过联系对方生活的环境来理解对方的言语信息，留意对方表达中不尽完善的地方；集中精力保持倾听的姿势；适时提问，并要求对方补充，保持耐心，阐述自己的见解。

四、学会感激和赞美他人

感激是人情的回报，它有多种表现形式，可以是物质的、精神的、行动的，感激会让对方感到你没有忘记他对你的关照，觉得他在你心目中有一定的位置，从而更加愿意与你交往，形成良性互动。赞美是人的心理需求。心理学家认为，赞美能释放一个人身上的能量，调动人的积极性。人人都喜欢别人的赞美。要赞美别人，首先要选准角度，选择别人身上的闪光点，不要落入俗套；其次内容要明确，不要泛泛而谈、给人以应付的感觉，而是要具体到某一方面；最后语言要真诚，言不由衷只会让人生厌。当然，赞美也要讲究艺术，赞美是对人类行为的一种激励和鼓舞，大学生应该在人际交往中学会发现他人的长处，真诚地赞美他人。

五、记住他人的名字

美国人际关系学大师戴尔·卡耐基发现，人们把自己的名字看得非常重要，所以他曾说："记住别人的名字，而且很轻易就能叫出来，等于给别人一个很巧妙而有效的赞美。"反过来，如果你把他人的名字忘掉或者记错，那么在交往中就会处于非常不利的位置。如果你的名字能被他人记起，这说明你在他心目中是有分量的，这就使你获得了一种被人重视的成就感。同样，记住他人的名字，尤其是分别多年后仍能记住他人的名字，对方会很激动，那么与你交往的热情自然会增长。

精选案例

小美是某大学的三年级学生，她的记忆力很好，在看初高中同学的合影时，她总能说出每位同学的名字。寒假的时候，有一次，她在街上看到一位同学很眼熟，就试着叫了他的名字。那位同学朝小美望了过来，并惊讶地问道："你是？看着很眼熟，但是……"看着那位同学不好意思地挠挠头，小美笑着说："咱们是初中同学，我是小美。""哦，小美！"那位同学大叫起来，"你记性真好，这么多年没见，你还记得我的名字。"两人在路上聊了起来，临分别时彼此留了电话号码。自此，两人的联系逐渐多了起来。后来，那位同学告诉小美，在小美叫出他名字的时候，他内心真的很激动、很喜悦。

分析：

记住他人的名字似乎只是一件小事，但真正要做到却不是那么容易。但就是这么一件小事却能给他人一个大大的感动。所以，请你记住他人的名字，这样你的朋友会越来越多。

六、谈论对方感兴趣的话题

谈话是否能够起到增进感情、密切关系的作用，就要看谈话过程是否令人愉快。如果想掌控谈话过程，让谈话有令人满意的氛围，那么就要抛开自己潜在的"以自我为中心"的意识。许多人会有意无意地将谈话作为表现自己的舞台，如果你想要取悦对方，那么就不要与对方争着表现，而是要让对方成为舞台的主角。如何才能做到这一点呢？很简单，可以谈论对方感兴趣的话题，并积极参与这个话题。如果你对这个话题不了解也没关系，不懂的地方你可以请教对方，这能让你谈话的对象侃侃而谈，感觉与你很投机，而你也可以从谈话中获得许多以前所不了解的知识。

大学生在与人交往的过程中切忌为了展示自己的才气，而根据自己的专长自说自话，也不要只顾谈自己感兴趣的话题，而不顾对方的感受，这样会给对方很大的压力，导致谈话冷场。

七、适度地自我暴露

除了少数人出于防范心理不愿透露自己内心世界外，绝大多数人其实都有较强的倾诉欲。女大学生常常会与同性密友说说悄悄话，彼此袒露自己的小秘密，这便是自我暴露。这种极私密的交流往往会巩固友谊，使双方关系更“铁”。

当我们想让人际关系升温时，适度地自我暴露不失为一种十分有效的方法。倾诉一点自己内心深处的烦恼，吐露一点不为人知的小秘密，能让对方感到深受信任，出于交往中的对等原则，对方通常也会向你倾吐心声。一旦有过一次这样的交流，双方都会视彼此为知己。当然，这一技巧的关键主要在于“适度”。对关系尚处一般的人吐露自己的秘密，在一定程度上要冒一些风险。所以，说什么、说多少、说到什么程度等，需要把握好，否则就会弄巧成拙。

精选案例

罗某，女，20岁，某理工大学二年级学生。上大学以来，她从不与人多讲话，就算与人讲话，也不敢直视对方，像做了亏心事一样。一说话就会脸红，低头盯着脚尖，心怦怦直跳，身上起鸡皮疙瘩，好像全身都在发抖。而且，她不愿与班上同学接触，老觉得别人讨厌自己，认为在别人眼中自己是个怪人。同时，她最怕与男生接触，也很怕老师。上课时，只有老师背对学生写板书时她才不紧张。只要老师面对学生，她就不敢朝黑板的方向看。她常常因为紧张，听不懂老师所讲的内容。更糟糕的是，后来在家人、朋友面前她说话也不太自然。由于这些毛病，罗某极少去社交场所，也很少与人接触。她自己曾力图克服这些坏毛病，也看了不少心理学科普图书，用社交技巧去指导自己，用理智说服自己，用意志控制自己，但作用不大。这种情况已经严重影响了她的学习和生活。

经了解，罗某从小性格内向、胆小、孤僻，父母对她要求极其严格甚至是严苛，她考试没有考好就会被父亲打骂，而且不准其与男孩子玩耍；同时，她曾在中学时因没能响亮正确地回答问题而受到老师的指责和同学的讥笑，这些都加深了她对人际交往的恐惧，最后发展为社交恐惧症。

分析：

良好的人际关系是大学生健康成长的基础。每个大学生都希望自己有好的人缘，与同学建立良好的人际关系。案例中的罗某未能调节好自己的心理状态，在人际交往中出现了严重的恐惧心理。因此，大学生应该重视自身的心理状态，必要时要通过专业的心理咨询或心理辅导等途径调节心理、克服心理障碍，积极主动地与人交往。

教学检测

一、思考题

1. 什么是人际交往？影响人际交往的因素有哪些？

2. 大学生人际交往的特点有哪些？

3. 大学生如何建立良好的人际关系？

二、活动设计题

1. 梳理交际圈，依据人际关系网络的类型，反思自己的朋友圈，并按照联系的密切程度、亲疏程度由高到低列出你朋友的名字。

(1)非同龄人：____________________，数量______人。

(2)同龄人：

舍友：____________________，数量______人；

同学：____________________，数量______人；

其他：____________________，数量______人。

请你在下面的四种朋友类型后面的横线上，按照联系的密切程度、亲疏程度由高到低列出你朋友的名字。

(1)能分享快乐与痛苦的知心之友：____________________，数量______人。

(2)能鞭策自己的德高之友：____________________，数量______人。

(3)能合作去做一些事情的志同之友：____________________，数量______人。

(4)能交流思想的学问之友：____________________，数量______人。

梳理之后，问问自己以下问题。

(1)哪种类型的朋友圈里人数最多、质量最好，对我的性格、学业和未来发展最有利？

(2)我的人际网络有哪些空白？(哪种类型的朋友人数最少，甚至可能一个人也没有)

(3)在哪个朋友圈里，我比较如鱼得水？在哪个朋友圈里，我感觉不太自在？

(4)为什么在有的朋友圈里我发展得好，另一些则不然？

(5)在与他人的交往中，我存在哪些问题？这些问题如何影响我的人际网络的形成和发展？

(6)我该如何填补人际网络的空白？如何维持和发展好的朋友圈？

2. 同学之间两人一组，一个做“盲人”，一个做帮助“盲人”的人。“盲人”蒙上眼睛，原地转几圈，暂时失去了方向感。帮助“盲人”的人搀扶着“盲人”，沿着指导者选定的路线，带领“盲人”绕室内外活动，其间不能讲话，只能用动作帮助“盲人”体验各种感觉。活动结束后，两个人坐下来交流当“盲人”的感觉与帮助别人的感觉，并在班级内交流。然后互换角色，再来一遍。

讨论：

(1)对于“盲人”，你看不见后是什么感觉？这使你想起了什么？你对你同学的帮助是否满意？为什么？

(2)对于助人者，你怎样理解你的搭档？你是怎样想方设法帮助他的？

思政园地

从《格言联璧·接物类》看古人的人际交往智慧

人际关系的处理是我们在生活中要面对的永恒课题，正因为有人际关系的存在才形成了社会形态。马克思曾说过，人的本质是一切社会关系的总和。随着科技的进步，网络的完善，通信的便捷，人们的人际交往越来越频繁，也越来越复杂，如何恰当地处理人与人之间的关系，成为每一个人都要掌握的学问。

我们身边有形形色色的人，许许多多的关系需要我们去处理，有君子也有小人，有身份地位尊贵的人，也有贫困窘迫的人，任何人，只要能把人与人之间的关系处理好，便成功了百分之八十。在处理关系的问题上，我们的祖先就为我们总结出了许多宝贵的经验，将这些实操性极强的方法融会贯通，便可以通达人际交往的奥秘。下面我们对《格言联璧·接物类》中的五个与人际交往有关的句子进行解释。

“事属暧昧，要思回护他，着不得一点攻讦的念头。人属寒微，要思矜礼他，着不得一毫傲睨的气象。”大意是对于别人的隐私要尽量回避和袒护，不要将其作为攻击别人的话题。对于那些出身贫寒、身份低微的人，要想办法以礼相待，不要在其面前表现出丝毫的傲慢与轻视。俗话说的“打人不打脸，揭人不揭短”就是这个意思，用别人最忌讳的问题来攻击他，是最不可取的方式，不论对方是对手还是朋友，都不应该采取这样的处理方法。

“持己当从无过中求有过，非独进德，亦且免患；待人当于有过中求无过，非但存厚，亦且解怨。”大意是对待自己要从没有过错之中寻找缺陷，这样不但能使自己的德行提高，而且还能规避很多祸患。对待他人要从过失之中寻找其长处和优点，这样会令彼此的交情更加深厚，也可以化解许多矛盾。要想提高自己的道德修养，便要不断地反省自己，寻找自身的不足加以改正，这样才能使自己进步。而对待他人的过失则要多加包容，也可以先肯定别人的优点加以表扬，再适当婉转地指出对方的不足，这样不但不伤害彼此的关系，而且还让对方感受到你的善意，这是处理人际关系非常可取的一种方式。

“公生明，诚生明，从容生明。”大意是处事公正，便会使人将是非对错看得明明白白；为人真挚诚恳，便会使人将彼此的关系看得分明；遇事从容不迫，便能使人将事情的原委看得清清楚楚。公正、真诚、从容是一个人立世的根本所在，也是与他人相处要表现出来的一些特质。公正、真诚、从容不但为自己树立了良好的品行，而且更能令他人信服和亲近。

“能容小人是大人，能培薄德是厚德。”大意是能够容忍别人的小人行径，便是胸怀宽广的大丈夫；能帮助品行差的人提高修养，便是品德高尚之人。我们常说的容人之量，是说不但要包容别人的长处，还要包容别人的不足。自古以来，我国就推崇以德服人，优良的品德并非只是与人无害，能够以自己的德行去感化和帮助别人提高，这才是高尚品德的体现，也是处理人际关系较为高明的方法。

“处事须留余地，责善切戒尽言。”大意是处理事物必须要留有余地，劝人向善不可把话说得太过详尽。俗话说：“留三分余地，换十足人生。”为人处世过犹不及，所以才有“事不可做尽，话不可说尽”的说法，做事不可做得太绝、不给他人留余地，这样只会令他人心生怨恨；劝诫他人也不可太过苛刻，否则会令他人难以接受，反而适得其反。所以，做人做事都不能只顾自己的感受而不顾他人的感受。

人在社会中生存和生活就免不了处理各种人际关系，随着年龄的增长，我们的身份角色在不断改变，要面对的人或事也在不断变化，所以说处理人际关系是我们一生都需要学习的生存技能。

讨论：

1.《格言联璧·接物类》中的话给你带来什么启示？

2. 结合材料和所学知识，谈谈大学生人际交往还需要注意哪些问题？

第六章 大学生学习心理

育人目标

◎ 贴近自然，培养学习兴趣，找寻自身兴趣点，成为具有健全独立人格，富有理想、责任感和宽阔视野的人。

◎ 珍惜韶华、不负青春，努力学习科学知识，提高内在素质，锤炼过硬本领，使自己的思维视野、思想观念、认识水平跟上时代的发展。

◎ 加强理论文化知识的学习，自觉加强思想道德修养，提升自己的精神境界，自觉运用马克思主义的世界观与方法论，提高明辨是非的能力。

学习目标

◎ 了解学习的概念、类型，理解学习的意义。

◎ 了解大学生学习的特点。

◎ 了解大学生面临的学习问题及其调适方法，明确提高大学生学习能力的重要性及方法。

情境导入

法国心理学家约翰·法伯曾经做过一个著名的实验，叫作“毛毛虫实验”：他把许多毛毛虫放在一个花盆的边缘上，使其首尾相接，围成一圈。在花盆周围不远的地方，撒一些毛毛虫喜欢吃的树叶。毛毛虫开始一个跟着一个，绕着花盆的边缘一圈一圈地走，一小时过去了，一天过去了，又一天过去了，这些毛毛虫还是夜以继日地绕着花盆的边缘在转圈，一连走了七天七夜，它们最终因为饥饿和精疲力竭而相继死去。

毛毛虫习惯于固守本能、习惯、先例和经验，而无法破除尾随习惯转向去觅食，科学家把这种喜欢跟着前面的路线走的习惯称为“跟随者”的习惯，把因跟随而失败的现象称为“毛毛虫效应”。

时代在不断变化和发展，我们自己也在不断地成长和发展，在解决各种问题时，我们不能禁锢于以往的僵化模式，而要不断地创新，从而适应时代变化及自身发展的需求。唯有在学习、工作和生活中有所创造，摆脱自己头脑中的思维定式，另辟一条属于自己的蹊径，才能“百尺竿头，更进一步”。

俗话说：“活到老，学到老。”从来到这个世界上开始，一直到生命的终结，每个人都要一直面对学习这一重要的课题。学习是个体成长和成才的重要手段。对大学生来说，学习是其主要任务，学会学习，提高自身的学习能力，是大学生完善自我的内在要求和主观力量。大学阶段是大学生人生观、世界观和价值观趋于成熟的阶段，因此大学生树立正确的学习观念，端正学习态度，掌握科学的学习方法就显得尤为重要。

第一节　学习概述

名人名言

未来的文盲不再是那些不能识字的人，而是那些没有学会怎样学习的人。

——埃德加·富尔

一、学习的概念

“学习”一词，在我国古代文献中早有出现，孔子说：“学而时习之，不亦说乎?”又说：“学而不思则罔，思而不学则殆。”古代儒家的学习观点，在一定程度上揭示了学习与练习、学习与情感、学习与思维的关系。但长期以来，人们对学习仍没有一个统一的概念。一般来说，“学”主要是指个体主动或被动地接受或获取知识和技能的活动过程，而“习”是指为了巩固知识和技能而实施的活动过程。

长期以来，许多著名学者从不同的观点和角度提出了对学习的定义。美国心理学家爱德华·李·桑代克说：“人类的学习就是人类本性和行为的改变，本性的改变只有在行为的变化上表现出来。”美国教育心理学家罗伯特·米尔斯·加涅说：“学习是人类倾向或才能的一种变化，这种变化要持续一段时间，而且不能把这种变化简单地归之于成长的过程。”美国心理学家欧内斯特·希尔加德说：“学习是指一个主体在某个现实情境中的重复经验引起的、对那个情境的行为或行为潜能的变化。不过，这种行为的变化不能根据主体的先天反应倾向、成熟或暂时状态(如疲劳、醉酒、内驱力)来解释。”联合国教科文组织在 1996 年所作的题为《教育——财富蕴藏其中》的报告中指出，学习是一种指个体终身发展、终身教育的理念。

小贴士

学习作为人生活中必不可少的部分，一直在默默发挥着作用，它对个人发展的影响远远超过生理成熟对个人发展的影响。学习可以改变命运，知识可以成就未来。作为当代大学生，一定要意识到学习的重要性，理解学习的实质。

本书认为，学习的概念有广义与狭义之分。从广义上讲，学习是人和动物在生活过程中通过实践训练而获得的、由经验引起的、相对持久的适应性的心理变化，即有机体以经验方式引起的对环境相对持久的适应性的心理变化。在这个定义中，主要体现了四个论点：一是学习是动物和人共有的心理现象，虽然人的学习是相当复杂的，与动物的学习有本质区别，但不能否认动物也是学习的；二是学习不是本能活动，而是后天习得的；三是任何水平的学习都将引起适应性的行为变化，不仅是外显行为的变化(有时并不显著)，而且有内隐行为或内部过程的变化，即个体内部经验的改组和重建，这种变化不是短暂的，而是长久的；四是不能把个体的一切心理变化都归为学习，只有通过学习活动产生的心理变化才是学习(如由于疲劳、生长、机体损伤及其他生理变化而产生的变化就不是学习)。狭义的学习是指人的学习，是指个体在生产实践活动过程中，以语言为中介，自觉、主动、积极地获得知识和技能等的过程。本书采用的是狭义的学习概念。

二、学习的类型

对于学习的类型，国内外不同的研究者有不同的看法。

(一)加涅的分类

1. 根据学习活动的复杂性程度，将学习由低级到高级分为八类

(1)信号学习。信号学习是指学习者学会对某个信号刺激做出概括性反应的过程。

(2)刺激-反应学习。刺激-反应学习是指学习者学会对某个刺激做出准确反应的过程。

(3)连锁学习。连锁学习，即运动联想学习，它是对刺激的一系列反应的联合。

(4)言语联想学习。言语联想学习是指语言单位的连接过程。

(5)辨别学习。辨别学习是指学会对许多相似但不同的刺激做出识别反应的过程。

(6)概念学习。概念学习是在对刺激进行分类时对事物抽象特征的反应。

(7)原理学习。原理学习，即对概念的连锁学习，它使个人能用一类行动对一类刺激做出反应。

(8)问题解决学习。问题解决学习是原理学习的自然扩展，发生在学习者的内部。

2. 根据学生学习的结果，将学习分为五类

(1)言语信息学习。言语信息是指能用语言文字表达的知识。这种知识用来回答“是什么”，其能力要求主要是记忆。

(2)智慧技能学习。智慧技能是指运用符号办事的能力。这种能力是用来回答“怎么办”，对学生的能力要求主要是理解和运用概念和规则，进行逻辑推理。

(3)认知策略学习。认知策略是指个体对自身的认知加工过程进行内部调节与控制的能力，它是学生学会如何学习的核心部分。

(4)动作技能学习。动作技能是指用来协调自身肌肉活动的能力。

(5)态度学习。态度是指能决定个人行为选择的内部状态。

这五种学习又分为三个领域，前三种学习属于认知领域，第四种学习属于动作技能领域，第五种学习属于情感领域。

(二)布鲁姆的分类

美国心理学家本杰明·布鲁姆认为，教育目标也是学习的结果，因此他把学习分为认知学习、情感学习和技能学习三大类。其中，认知学习由低级到高级分为认知、领会、运用、分析、综合和评价六个不同水平的目标：

(1)认知是指对先前学习过的材料的记忆。

(2)领会是指对材料意义的把握。

(3)运用是指能将习得的材料应用于新的具体情境。

(4)分析是指能将整体材料分解成它的组成部分并理解其组织结构。

(5)综合是指将所学知识的各部分重新组合，形成新的知识系统。

(6)评价是指对材料进行价值判断。

情感学习包括描述兴趣、态度和价值观的变化，以及欣赏和形成令人满意的适应能力。技能学习包括掌握批判性思维和建设性思维所需的技能与习惯。

(三)奥苏伯尔的分类

美国心理学家戴维·保罗·奥苏伯尔根据学习内容和认知过程的复杂程度，把学习分为三大类，即符号学习、概念学习、命题学习。

(1)符号学习。符号学习也称表征性学习，是指学习单个符号或一组符号所代表的事物和意义。

(2)概念学习。概念学习可以分为两种情况：一种是概念认识，即用某种符号概括同类事物的共同本质特征的过程；另一种是概念同化，即以定义的方式直接向学习者呈现同类事物的本质特征。

(3)命题学习。命题学习是学习若干概念组成的句子的意义，通过句子来理解各个概念的含义及结构关系。

(四)潘菽的分类

我国心理学家潘菽根据学习的内容将学习分为四类，即知识学习、技能学习、能力学习、道德品质和行为规范的学习。

(1)知识学习。知识学习是一种主要且特殊的学习，知识是人类对客观事物的特征、属性及内在联系的反映，是人类社会经验的重要组成部分，是人类进行交际、生活、生产的主要工具，是人类学习的主要内容之一。

(2)技能学习。技能是一种通过学习形成的有规则的活动方式，是人们顺利行动所不可缺少的调节因素，主要指运动的、动作的技能学习。

(3)能力学习。能力是直接影响人们顺利而有效地完成学习和其他各种活动任务的个性心理特征，它是在掌握各种智力技能过程中形成并发展起来的更为概括的一种本领。

(4)道德品质和行为规范的学习。道德品质是指衡量行为正当与否的观念标准。行为规范也称行为准则，是人类社会生活中各种人与人之间关系的反映，是用以调节人的社会行为的工具。不同的社会有不同的社会行为规范，它是社会经验的一个重要组成部分。

课堂讨论

和同学讨论一下，关于学习的类型，你们更赞同哪种分类方式？

三、学习的意义

(一)学习是个体生存的必要手段

个体是在不断变化的环境中生活的，为了适应环境并求得生存，除了具备一些先天的本能之外，还要通过后天不断地学习获得个体经验。学习是个体适应环境的手段，但人类的学习不仅要获得个体行为的经验，更主要的是在社会生活实践中，积极主动地掌握社会实践经验，并利用它们改造现实生活环境。事实上，人的能力主要是学习的结果，能力的发展依赖于学习，因此，学习本身就是人类能力的一种持续的、终身的构成要素。

(二)学习可以促进人的成熟

随着年龄的增长，人的生理和心理会逐渐成熟，但成熟并不是完全脱离环境和学习影响的纯自然过程。有机体的各种生理结构如果长期不在社会中使用，那么它的机能就会退化。早期的学习、训练及相应的文化环境，对人的感觉器官和大脑等机体功能的发展有一定影响。学习还可以促进人的心理成熟，个体的心理发展并非到青年时期就已完成，许多研究表明，人到中老年，学习依然能够促进其心理发展。

(三)学习可以提高人的素质

学习可以提高人的文化修养。人类在社会历史发展过程中创造了大量的物质文化与精神文化成果，特别是精神文化成果，如文学、艺术、教育、科学等方面的成果尤其需要我们通过学习去获得。缺乏一定文化素养的人不能称为真正健全的人，现代社会的新型人才需要具有较高的文化素养。

学习可以优化人的心理素质。作为现代社会的新型人才，应该具备良好的心理素质，如高尚的品德、超凡的气质、敬业的精神、目标专一的性格及坚韧不拔的意志等。这些都可以通过学习来获得。正如英国作家威廉·梅克比斯·萨克雷所言："读书能够开导灵魂，提高和强化人格，激发人们的美好志向；读书能够增长才智和陶冶心灵。"

(四)学习是文明延续和发展的桥梁和纽带

人类文明的延续和发展，就如同一场规模宏大而持久的接力赛：前人通过劳动和生活获得维持生存和持续发展的经验，不断总结，不断积累，不断提高，形成知识和技能，传给后人；后人在学习前人经验的基础上，进一步对其进行丰富和提高，以适应时代与环境的变迁。如此代代传递，便形成了人类文明的延续发展。

第二节 大学生学习的特点及问题

名人名言

人不光是靠他生来就拥有的一切，而是靠他从学习中所得到的一切来造就自己的。

——约翰·沃尔夫冈·冯·歌德

一、大学生学习的特点

大学生的学习

(一)大学生学习的外在特点

进入大学后，大学生的生活方式、学习方式都发生了变化。高校不仅强调对大学生学习能力的培养，同时也十分重视对大学生整体素质的培养。因此，大学生的学习就呈现出一些具有高校特色的学习特点，其外在特点主要表现为以下几个方面：

1. 专业性

大学生的学习活动是一种以掌握专业知识和技能为特征的社会活动，是围绕着如何使大学生尽快成为高级专门人才而进行的。基于这种特点，专业思想的牢固程度将直接影响大学生的学习成绩。有研究表明，大学生的学习成绩与专业思想的牢固程度关系密切，而与高考入学成绩关系甚小。所以，在学习生活中，大学生应更加注重将其专业性向着更专、更精的方向发展。但专业性并非单一性，各学科之间是相互联系、相互交叉、相互渗透的。目前，高等教育提倡培养“一专多能”的学生。尽管大学生的学习要求专业性强，但由于多方面的原因，大学生毕业后，不一定都从事其专业方面的工作，所以大学生在学习专业知识的同时，要扩大知识面，广泛涉猎各学科知识，以适应当前的就业形势，更好地满足社会对人才的需要。

2. 广博性

高校为大学生的发展提供了一个广阔的天地。除了一些基础知识课程外，高校还增加了许多专业技能知识及人文社科知识课程，大学生的求知欲、好奇心促使他们广泛涉猎各学科知识，他们渴望在较短的时间内有效地掌握各种知识和技能。大学里各种各样的社团和丰富多彩的社会实践活动也为大学生接触社会、融入社会提供了广阔的平台。

3. 自主性

大学生的学习虽然也需按教师的要求进行，但是不像中学生那样绝大部分时间是在被动地完成教师布置的任务，而是有相当大的自主性。教师课堂讲授专而精，这就势必要求大学生在课外通过自学掌握许多内容。此外，大学生自我支配的时间较多，这就决定了大学生要有较强的自学能力。大学生可以根据自己的兴趣、爱好等制订适合自己的学习计划，合理安排自己的学习时间。对于多数大学生来说，从高中被动的学习状态转为大学自主式的学习状态是比较有挑战性的，所以大学生应该调整自己的学习方式尽快适应高校的学习节奏。

4. 创造性

不同个体由于智力、知识经验、性格特点等因素的不同而呈现出不同的创造性。大学生的学习应具有一定的创造性，除了书本里的知识外，大学生对书本之外的新观点、新理论也应进行深入的研究与探索。大学生不仅要学习科学文化知识，而且要探究知识的形成过程及科学的研究方法，了解学科发展前沿等。因此，大学生应利用高校课程安排、课程设置等优势，加强对自身创新能力的培养，注重实践环节的表现，使自己的学习富有创造性。

5. 技能性

目前的高等教育强调专业技能的学习与实践能力的培养同样重要。高校的培养目标也在向这一方向靠近，更加重视大学生专业技能的提高。高校的培养方案、教学计划更是把实践教学和技能培养放在重要的地位，根据这一发展趋势，大学生在其毕业设计与毕业论文等方面都体现了其对知识活学活用的能力，也充分体现出大学生的学习更加注重技能和实践。

课堂讨论

思考并填写下表。

大学与中学的学习生活对比表

项目	中学	大学
班级人数		
授课方式		
学习课程		
学习内容		
学习目标		
学习方式		
学习效果		
学习困惑		
解决办法		

(二)大学生学习的内在特点

人需要学习，只有通过学习才能达到自我完善与自我发展的目标。《三字经》中写道：“玉不琢，不成器。人不学，不知义。”这也从侧面说明了学习的重要性。与大学生学习的外在特点不同，大学生学习的内在特点强调的是内在的心理因素。对大学生来说，其学习的内在特点主要有以下几个方面。

1. 学习动机稳定

动机可分为内部动机与外部动机。凡是大学生根据自身的意志、兴趣、爱好等进行学习的动机因素都是内部动机，如明确的学习目标与强烈的求知欲，内部动机具有持久性、主动性等特点；与此相反，在外因的驱使下，如由家长、教师等人所提供的赏罚手段来推动大学生学习，称为外部动机，它是短暂的，引起的学习行为是被动的。大学生的学习动机已经逐步内化，趋于稳定。部分大学生重视对个人和社会利益的追求，注重成功，较少害怕失败，在学习上较为积极主动，学习动机强烈。也有部分大学生考入大学后，没有给自己设立新的学习目标，学习成绩只求及格，缺乏学习动机和学习兴趣。

知识延伸

动机与学习的关系

(1)动机和学习的关系是辩证的，学习能产生动机，而动机又能推动学习，二者相互关联。

(2)有些学习既不靠动机给予力量，也不靠内驱力的满足来加强，而是在没有任何明确学习意向的情况下偶然发生的。但是，要有效地进行长期的、有意义的学习，动机是必须的。

(3)一般来说，动机并不直接参与认知的相互作用过程，也不通过同化机制产生作用，而是通过加强努力、集中注意和对学习的立即准备方面影响认知的相互作用过程。

(4)不少心理学家认为，动机的中等程度的激发或唤起，对学习具有较好的效果。动机过弱不能激发学习的积极性，而动机强度太高又会造成学习效率的降低。

(5)动机的最佳水平因课题的性质不同而不同。在比较容易的课题中，工作效率随动机水平的提高而提高；随着课题难度的增加，动机的最佳水平有逐渐下降的趋势。

2. 学习行为和学习方法明确

整体来说，大学生能在思想上明确学习和掌握知识技能的重要性，却较少能在行动上充分地、有计划地利用时间，结果又会因自己浪费光阴而后悔、自责。在高校里，大部分大学生能自觉学习，积极参加各种专业训练活动，努力提升自身素质。大学生的学习不仅是学知识，更重要的是学方法、学策略，发展和提升学习能力。从总体上看，大学生能较好地掌握科学的学习方法，如认真记课堂笔记，运用读背结合的记忆方法、巧妙的联想记忆方法、抽象与具体知识相结合的理解记忆方法，总结知识重点、归纳知识要点等，但在课前预习、课后及时整理和复习等方面大学生仍存在一定问题。当代大学生可以利用图书馆和互联网学习，同时也可以通过参加各种社团活动拓宽自己的知识面，提高自己的能力。

3. 学习自我评定能力日益增强

随着知识的丰富、能力的提高，大学生的自我评定能力也在不断增强。很多大学生在学习过程中，能够根据自己的学习结果提供的信息，对自己的学习活动自主进行调节和控制，制订出一套适合自己智力、能力发展的计划，以更好地完成大学阶段的学习任务。

二、大学生学习的心理问题及其调适方法

学习与心理健康有着十分密切的关系，它们之间相互联系、相互制约。大学生的学习情况会直接影响大学生的心理健康，学习情况良好是大学生心理健康的重要保证。学习是一种复杂的心智活动，学生在进入大学校园后，由于学习动机不当、考试焦虑、记忆力不好等的影响，他们在学习上容易产生心理问题，这种问题的产生对大学生学业的完成及心理的健康发展有着十分不利的影响。

(一)学习动机不当

大学生学习动机不当的案例分析

1. 学习动机不当的主要表现

动机是由某种需要所引起的有意识的行动倾向。它是激励或推动人去行动以达到一定目标的内在动因。学习动机是学生将学习的需要和愿望转变为学习行为的心理动因，是引发和维持学习行动的内部力量。适当的学习动机是大学生取得良好学习效果的重要保证，但大学生在学习过程中常出现学习动机过强或学习动机不足的情况。

(1)学习动机过强。大学生面临着来自社会、学校、家庭等各方面的压力，面对压力，大学生只能拼命地学习，导致学习动机过强。这一心理问题的表现为有过高的学习目标；成就动机过强，学习强度过大；过于勤奋，压力过大；情绪紧张、波动较大，达到目标就兴奋不已，达不到目标就情绪低落、不自信。造成学习动机过强的原因主要有对自身的定位不够客观，对自己的能力评价过高；设置的目标过高，对任务的困难程度认识不足等。

(2)学习动机不足。当前大学生学习动机不足的表现主要有厌学、懒惰等。厌学是一种典型的心理疲倦反应。目前，厌学现象在大学生中较为普遍，主要表现为学习不主动，课前不认真预习，课后不及时复习；情绪消极，做作业拖拖拉拉、敷衍了事；注意力分散，上课不认真听讲；上课经常迟到，甚至逃课。伴随厌学而来的是学习效率降低，考试成绩下降。大学生厌学情绪产生的原因比较复杂，有的是因为学习内容枯燥、教学方法呆板，有的是因为所承受的压力较大，有的是因为学习的时间较长。懒惰是一种怕苦怕累的心理现象。持有这种心理的大学生以为考上大学就万事大吉，在学习上不肯用功，不求上进，难以完成学习任务，常常表现为怕动脑筋、懒于思考，平时“玩”字当头、“混”字当先，只图一时安逸，缺乏远大理想和抱负。

2. 学习动机不当的自我调适

(1)学习动机过强的自我调适。一是正确认识自己的潜质，制定恰当的学业目标与学业期望，调整成就动机，与此同时，脚踏实地，循序渐进，不好高骛远；二是将表面的学习动机转换为深层学习动机，淡化外在奖励，特别是学业成就的诱因，正确对待荣誉与学业成绩；三是端正学习态度，树立远大理想，保持旺盛的学习热情，并坚持不懈；四是运用科学的学习方法，合理用脑、劳逸结合，运用一些有效的学习策略，提高学习效率。

(2)学习动机不足的自我调适。一是正确认识学习的价值与目标，重新规划学业与人生；二是调整心态，以积极的心态对待学习，特别是在学习中遇到挫折与困难时，要用自身的意志战胜惰性；三是改进学习方法，提高学习效率与学业自我效能感；四是培养学习兴趣，主动快乐地去求知，孜孜不倦地去探索和研究。

精选案例

案例一

上大学前，我的学习成绩一直比较优秀。上大学后，我忽然感到很茫然，学习没有动力，生活没有目标，有时候想到父母的辛苦，我也恨自己不争气，可我的确找不到奋斗的目标与学习的动力，学习上得过且过，生活上马马虎虎，漫无目的，上课打不起精神。我不是因为喜欢上网而荒废了学业，而是因为实在觉得没劲才去上网聊天打游戏的。我如何才能摆脱这种状态？

案例二

我今年已经大学三年级了，我一向对自己要求很高，所以我的成绩一直很优秀，当然这也与家庭的期望有关，我的父母都是具有高级职称的知识分子，在他们的言传身教下，我从小就知道人需要努力与奋斗。对大学生活，我做了认真细致的生涯规划：成绩始终要拔尖；大学二年级英语通过国家六级考试和托福考试，为将来出国留学做好准备；大学三年级竞选学生会干部，使自己的组织能力有所提高。于是，我像一只陀螺一样飞速运转着，珍惜大学的分分秒秒，因为我相信付出总有回报。但我却发现自己离原定的目标越来越远，我忽然怀疑起自己的学习能力，甚至多年积累的自信心也受到挑战，对未来，我忽然担心起来。我该怎么办呢？

分析：

从上面的两个案例，我们可以看出，使这两位大学生产生困扰的主要原因是他们的学习动机不当，前者是因为学习动机不足，后者是由于学习动机过强。案例一中的大学生由于从高中进入大学后一下子失去了方向，心中感到茫然，生活没有目标，学习也失去了动力。针对这种情况，应从自身出发，主动寻求自己感兴趣的学习方面的一个触点，激发出自己的学习兴趣。案例二中的大学生是动机过强导致对自己要求过高、压力过大，从而影响到学习的效果及自身心理健康。针对这种情况，大学生应正确评估自己的能力，合理设置学习目标，淡化外在的一些因素，更加注重自己内在的提高。

（二）考试焦虑

1. 焦虑及考试焦虑的概念

焦虑是指一个人遇到实际的或臆想的挫折而产生的消极不安的情绪体验，由多种感受交织而成。焦虑可分为低度焦虑、适度焦虑和高度焦虑。心理学研究表明，适度焦虑对学生的学习是有利的，低度焦虑和高度焦虑则相反。焦虑过度会使学生感到沮丧、痛苦、失望、内疚，焦虑不足则会使学生不思进取、萎靡、消沉、灰心丧气。引起焦虑的原因来自许多方面，可能是由于自尊心受到损伤，增加了失败感和内疚感；还可能是由于心理受到虐待等，紧张、不安、焦虑、忧愁、烦躁、恐惧等情绪混杂在一起，最终形成焦虑情绪。

考试焦虑是一种常见的学习心理问题，是学生担心考试不能达到预期目标或可能产生不良后果而出现的紧张不安、恐惧的情绪状态。多数人在面临重要考试时都会产生一定程度的考试焦虑，这是正常的、无害的。但过度的考试焦虑对学习及身心健康危害较大。考试焦虑的主要表现为情绪上心烦意乱、躁动不安、无精打采、紧张、担忧；认知上注意力不集中、记忆力下降、学习效率低；行为上坐立不安、手足无措；生理上头痛、肠胃不适、食欲下降、失眠等。个别大学生在考场上还会出现视力障碍、判断力下降、大脑一片空白等情况。造成这种现象的原因主要是不正确的考试态度，或平时对知识掌握得不够扎实，当然也与大学生自身的考试经历和性格等有关。

2. 考试焦虑的自我调适

（1）正确认识考试，稳定情绪。大学生不要过分看重考试对个人前途的影响，不能片面地认为只有考试取得好成绩才是对自己的唯一肯定，要认识到考试只是检验学习结果的一种手段而非目的，考试成绩并不能全面反映自身学习能力。考试成绩对个体将来的就业或成功有一定的影响，但绝不是决定因素。

如何应对考试焦虑

(2)做好充分的考试准备。大学生应制订可行的考试计划，平时多努力，及时解决问题，扎实地掌握知识，并且考前认真复习。考试前做好精神、物质上的准备工作，有利于大学生放松紧张心情，脚踏实地、有条不紊地进入应试状态。精神准备除了要调整好情绪，还要保证充足的睡眠。要重视科学用脑，不要“开夜车”，还要注意起床时间不要离考试时间太近，起床后应适当活动，以最好的状态来迎接考试。

(3)正确评估自己，树立必胜信心。大学生在考前不要盲目乐观，更不能低估自己。振奋士气、树立必胜的信心是防止“晕场”的有效方法，它能使大学生在始终处于自信而不自满、自尊而不自负的心理状态。

(4)自我放松，自我暗示。积极的自我暗示对人的心理和生理都有很大的帮助，在考试之前大学生要给自己一个积极的心理暗示，如“我一定行”。考试过程中如果因过度紧张而大脑一片空白，那么大学生可以反复暗示自己，如“放松，不要紧张”，若仍然紧张，则可以深呼吸来缓解。

精选案例

小吴是某高职院校的大二学生，自幼学习上进，记忆力较强，深受老师的器重。中学时，每逢市里的一些学科竞赛，学校都会推荐她去参加。有一次，学校推荐她去参加奥数比赛，她本人对数学兴趣不浓，但是老师很看重她，她认为这是一种荣誉，是学校和老师对自己的器重，这给她造成很大的精神压力。因为压力过大，她考前一夜没睡，在考场上脑子很乱，原来复习过的内容也想不起来了，急得浑身出汗，心慌意乱，勉强交了试卷，最后她的考试成绩也不理想，自此以后她还出现了睡眠障碍。

此外，由于在中学学习时数学就不是小吴的强项，高考她报考了社会学专业，没想到这个专业要学习数理统计，数学和统计学在大一、大二两个学年都要学，这给她带来了沉重的心理负担，每当期末考试临近时，她就紧张焦虑，还伴有严重的睡眠障碍。

分析：

小吴的情况属于以考试焦虑为中心的心理障碍，并伴有睡眠障碍，该焦虑情绪的产生主要是由于小吴心理负担太重，一想到考试她的情绪便一直不能平静，这反而影响了考试的效果。面对这种情况，她可以从认知入手，打消认识上的顾虑，并按照上文所述的调适方法进行自我调适，且最好在心理老师的辅导下进行多层面、最有效的调适，以达到预期的效果。

(三)记忆力不好

记忆力是大学生学习能力的一种，是大学生进行学习活动的重要心理条件，在大学生的学习生活中具有重大意义。记忆力能够使大学生积累和保存知识，加深其对客观事物的了解。记忆力不好是许多大学生感到头痛的问题，它不仅直接影响学习的效率，而且还会影响学习的兴趣和情绪。记忆力是可以通过后天的学习和训练得到培养和提高的。提高记忆力的主要方法如下。

1. 保持良好的情绪状态

心理学家认为，愉快的心情会引起人体内的一系列生理变化，如肌肉舒适放松、心脏有规律地跳动、体温略上升等。这些愉快的体验会引起身体的快感，在这种状态下学习，记忆效果比较显著。而心情不愉快时，心律会加快、血压会升高，这些都会使人的精神不集中，记忆效果也不佳。

2. 遵循记忆规律，掌握科学记忆方法

了解遗忘规律，并及时进行复习。艾宾浩斯遗忘曲线告诉我们，识记知识后的最初一段时间里遗忘得较快，而后遗忘速度逐渐减慢，遗忘的规律是先快后慢。因此，我们应运用近因效应与首因效应，不断变换记忆的起始位置，将知识总结归类，找出事物的内部规律，加深理解，加强记忆。

知识延伸

艾宾浩斯遗忘曲线

德国心理学家赫尔曼·艾宾浩斯用无意义音节作为记忆材料，采取学习法共识记7组(每组13个音节)材料，初次成诵和再次复诵间隔时间分别为20分钟、1小时、9小时、1天、2天、6天、31天，结果如下。

不同时间间隔后的记忆成绩

时间间隔	20分钟	1小时	9小时	1天	2天	6天	31天
重学时节省诵读时间的百分比	58.2%	44.2%	35.8%	33.7%	27.8%	25.4%	21.1%

3. 科学用脑

“刀不磨不快，脑不用不灵”，大脑要经常使用，且使用要讲究科学的方法。大学生要保证睡眠时间，通过睡眠解除生理疲劳，保证人体机能的和谐与平衡；及时转移大脑兴奋中心，善于变换活动内容或使活动内容丰富化，就学习而言，克服单学科独进倾向，使各学科系统安排、交叉进行，可以达到让大脑局部区域轮换休息的目的；注意休息与锻炼，体育锻炼可以培养坚强的意志和进取精神，有利于适应更加紧张的学习活动，增强对长时间学习的承受能力，推迟或减缓疲劳的产生。

总之，在学习过程中，大学生应当以健康的身体、饱满的热情、乐观的情绪、蓬勃的精神、平和的心态及科学的方法面对学习，力求取得学习的理想效果。

第三节 大学生学习能力的提高

名人名言

我们的事业就是学习再学习，努力积累更多的知识，因为有了知识，社会就会有长足的进步，人类的未来幸福就在于此。

——安东·巴甫洛维奇·契诃夫

美国人本主义心理学家罗杰斯认为，人类具有学习的自然倾向和学习的内在潜能，学习是一种自发的、有目的的、有选择的过程，人可以通过学习塑造自己的行为并从中获得满足感。他强调学习方法的习得和掌握，强调在学习过程中获得知识和经验，认为最好的学习是学会如何学习。

随着学习生活由基础教育向高等教育的转变，发展方向由升学为主向就业为主的转变，部分大学生在学习策略、学习方式和学习方法等方面必然会面临新的问题。大学阶段，学习的任务要求更高、学习的内容更加丰富、学习的难度加深、教师的教学更具个性化，这些因素客观上要求大学生必须具备一定的学习能力。

课堂讨论

你认为自己具备学习的能力吗？

一、培养自主学习能力

自主学习是指学习者在确定学习目标、选择学习方法、监控学习过程、评价学习结果等方面进行自我设计、自我管理、自我调节、自我监控、自我判断、自我评价和自我转化的主动学习过程。高校的学习更强调大学生的自主性和主动性。所谓的自主学习，不只包括自觉主动，更包含了大学生对学习方法的探索和对学习的定位。大学不同于中小学，自由的学习环境更容易使人迷失自我，自由不等于放纵，所以大学生要确定自己的学习目标，给自己制订科学的学习计划，学会安排自己的时间，这样才能真正成为学习的主人。

（一）自觉主动地学习

自觉主动地学习是学习者身上产生的一种对学习的要求，是学习者发自内心的一种强烈的求知欲望，是“我要学”而不是“要我学”。从进入高校开始，大学生就应从中学时的被动学习转为主动学习，积极地管理自己的学业，积极地规划大学生活。马斯洛的需求层次理论告诉我们，自我实现是人的需求中的最高层次，只有当一个人的高级需求得到满足时，才能产生令人满意的主观效果，才能得到一种鼓舞的力量。自觉主动地学习就能够满足大学生自己的高级需求。

（二）掌握良好的学习方法

正所谓“工欲善其事，必先利其器”，在学习上如果想取得好的成绩，则必须运用科学高效的学习方法。得人“鱼”不如得人“渔”，大学生更应该意识到学习方法的重要性。大学生除了要有刻苦钻研的精神之外，还要有科学的学习方法。科学的学习方法就是如何高效率的以有限的学习时间来掌握无限的知识。学习方法就是提高学习效率、达到学习目的的手段。我国著名教育家钱伟长曾说过：“一个青年人不但要用功学习，而且要有好的科学的学习方法。要勤于思考，多想问题，不要靠死记硬背。学习方法对头，往往能收到事半功倍的成效。”大学生在学习过程中要把握住的几个主要环节是预习、听课、记笔记、复习、总结、做作业、考试等。这些环节把握好了，就能为进一步获取知识打下良好的基础。

精选案例

张晓是某高职院校的大一新生。刚入校时，她下定决心要好好学习、拿奖学金、考技能证书、通过英语四级、通过专升本考试等。她给自己制订了一年的学习计划，而且具体到每月、每周。但是不久后她发现，她并不能按照自己的学习计划来执行。

她每天都被各种各样的事情干扰，如班级的活动、同学的邀请，如此一来，学习计划便泡汤了。张晓很矛盾，内心也经常充满焦虑和挫败感，她不知道应该怎么办。

分析：

对于大学生来说，学习是主要任务，但每天沉浸在学习中却并非益事。张晓给自己制订详细的学习计划本来无可厚非，但问题就在于她没有良好的学习方法，不懂得科学地分配时间，大学生活中除了学习以外还有很多其他的事情需要处理，因为人并非一个独立的个体，而是与周围环境紧密相关的。因此，掌握良好的学习方法，正确地处理好学习与其他事情的关系也体现了一种学习的能力。

（三）从元认知能力的培养入手

自主学习主要通过个体来完成对学习计划的拟订、监控和调节，因此，元认知能力的培养是个体自主学习能力提高必不可少的条件，是学习策略培养的核心。元认知能力的培养要着眼于元认知的认识功能和监控功能的提高，即大学生要学会根据自己的智力特点、学习材料的特点、学习任务与要求等灵活地制订学习计划，并学会对自己的学习情况进行自我监控，如自我记录、自我记分、自我提问等。因此，大学生要及时、准确地对自己的学习情况做记录，在这一过程中，大学生要学会自我调节，即如何通过反馈等方法来对不适当的学习步骤和学习策略进行调整，使之沿着正确的轨道前进。

知识延伸

如何培养自主学习的能力？

(1)激发学习兴趣。著名作家列夫·托尔斯泰说："成功的教学所需要的不是强制，而是激发学生的兴趣。"爱因斯坦说："兴趣是最好的老师。"心理学研究表明，学习兴趣的水平可以对学习效果产生很大的影响。一个人如果学习兴趣浓厚，情绪高涨，那么他就会深入地、兴致勃勃地学习相关的知识，并且广泛地涉猎与之有关的知识，遇到困难时表现出顽强的钻研精神。否则，他就只是表面地、形式地去掌握所学的知识，遇到困难时往往会丧失信心，不能坚持学习。所谓"强扭的瓜不甜"就是这个道理。因此，要促进大学生主动学习，就必须激发和培养大学生的学习兴趣。

(2)建立和谐融洽的师生关系。教学实践表明，当一位学生热爱一位教师时，他会连带着也热爱这位教师所教的课程，从而更加积极主动地探索这门学科的知识。和谐融洽的师生关系也能促进学生自主学习意识的形成。

(3)合理分配每天的学习任务。把自己的学习任务分解成每天能够完成的单元，并坚持当天的任务当天完成，不给自己找任何借口来推迟完成原定计划。

(4)合理规划每天的时间。把必须完成的工作尽可能安排在工作时间内完成，把既定的学习时间留出来，养成利用每天的零星时间学习的习惯。

(5)按照既定的时间表进行。学习时间表可以帮助大学生克服惰性，使大学生能够按部就班、循序渐进地完成学习任务，而不会有太大的压力。

(6)及时复习。为了使学习能够有成效，大学生应该养成及时复习的习惯。研究表明，及时复习可以巩固所学的知识，防止遗忘。

(7)向他人提问。在学习中碰到疑难问题，要及时向教师和同学请教。

(8)养成做笔记的习惯。做笔记既可以把学习内容中的重点记录下来，便于以后查阅和复习，又可以帮助大学生集中精力思考和总结、归纳问题，加深对学习内容的理解和记忆。

(9)保持适量的休息和运动。休息和运动不仅能让大学生保持良好的状态，也是缓解压力的好办法。

二、激发学习动机

学习动机的激发既与环境因素有关，也与大学生的内部条件有关，内部动机是激发大学生学习动机的关键。内部动机是对学习活动本身的兴趣和学习动力，一旦形成，就会对学习产生一种持久而稳定的推动力，不易受外界因素干扰。而很多大学生的学习动机都指向学习活动之外，即外部动机，需要学习情境以外的诱因加以维持。因为外部学习动机依赖于外物，所以一旦外物缺失，动机就会减弱或消失。有相当一部分大学新生中学时的学习动机就是“考大学”，考入大学后，目标实现了，其学习的推动力也就不复存在了。这一阶段新的目标还没有形成，学习的意义不明确，于是就产生厌倦、逃避、害怕等心理，形成了学习障碍。

激发学习动机可以通过大学生自身和教师两个方面实现。

(一)加强自我效能感

大学生自我效能感的培养，有助于增强其掌握和运用学习策略的意识，提高学习兴趣，确立掌握知识的深层学习动机。根据美国心理学家阿尔伯特·班杜拉的自我效能理论，提高大学生自我效能感主要有三种方式。一是增加大学生的成功经验。大学生的成功经验对效能感的影响是非常大的，不断的成功会使大学生建立稳定的自我效能感，这种效能感不会因为一时的挫折而降低，还会泛化到类似情境中。二是进行积极的自我强化。要使大学生进行积极的自我强化，关键是使其建立合适的可以达到的目标，并让他能在较近的目标达到后看到自己的进步。三是言语说服。这是一种极为常用的方法，就是凭借说服性的建议、劝告、解释和自我引导来加强大学生的自我效能感。

(二)重视教师的引导作用

高校教师经常使用一些外在的强化手段来激发大学生学习，这种方法在行为控制方面有作用，但在形成正确的学习动机方面却有其局限性。教师应该引导大学生在所学内容的内部寻找乐趣，发现学习本身的意义，允许大学生做选择，鼓励大学生成为自主的学习者，激发大学生的兴趣和好奇心，让大学生关注自己能力发展的需要，让大学生体验到掌握知识或技能后的愉悦和自身能力的提高。因此，帮助大学生形成稳定的内部学习动机也是教师教学活动的重要目标。

三、注重多种能力的培养

从广义上来说，大学的学习既要求大学生掌握比较深厚的基础理论和专业知识，还要求重视对大学生各种能力的培养。大学教育具有明显的职业定向性，除了要求大学生扎扎实实掌握书本知识，还要培养大学生研究和解决问题的能力。因此，在注意对大学生自主学习能力培养的同时，还要注意对其创新能力、组织管理能力、思维能力、表达能力的培养，为将来适应社会工作打下良好的基础。

(一)培养创新能力

当今社会，特别强调创新。没有创新，就没有未来；没有创新，一个国家就不可能强大。有研究者提出，大学生创新能力培养涉及几个方面的个人因素：强烈的好奇心和求知欲、个体的独立性、知识的有效性、不怕犯错误、正确的价值观等。从个人成长来说，创新可以改变命运，创造性的才华能使人更快做出与众不同的成绩，创新是打破事业停滞状态的重要方法。在我们成长的过程中会遇到各种挫折，使我们陷入人生发展的困顿时期。如果我们一直运用原来的思维、方法和知识，那么可能无法适应新形势，也无法解决实践中的难题。这时，我们需要创造性的思维、方法，打破传统，解决问题，实现自身价值。培养创新能力，可以多参加一些实践活动，如大学生可以在社团活动中锻炼策划能力，也可以参加社会实践活动做策划方案来提高自己的创新能力。所以，大学生在校期间，应不断提高自己的创新能力，增强创新意识，为在今后的工作中有所发明、有所创造奠定良好的基础。

思政元素

融入课程思政　聚焦创新能力

——广州工商学院大学语文课程教学改革的探索与实践

《大学语文》作为通识必修课程，以传承中华优秀传统文化为核心，以提升听说读写能力、提高人文修养和思想素质为宗旨，在培养新时代大学生的过程中发挥着不可替代的作用。2021年10月，广州工商学院大学语文教学团队在广东省高等教育教学改革项目“基于创新能力培养的应用型本科《大学语文》(互联网+)教学模式研究与实践”的推动下，进行了积极尝试，取得了可喜的效果。

该项目是综合运用文学写作和应用写作知识，提高语言文字表达能力，提升人文修养和思想素质的有效途径，是贴近生活、融入职场、走向社会的平台载体，是实现“理论与实践”“内容与形式”“目的与手段”“引导与感悟”协同统一的创新举措。

《大学语文》中蕴含着古今中外、先贤圣人的思想精华和文化精髓，学科具有独特资源，其课程性质和基本特征，决定了其在人才培养中具有重要作用。站在新时代新的历史起点上，大学语文应坚持立德树人为根本任务，紧抓课程思政建设，以“互联网+”教学模式构建为方法和手段，以创新能力培养为出发点和落脚点，实现其提升人文修养和思想素质的功能。

(资料来源：广州工商学院，2021年10月17日，有改动)

(二)培养组织管理能力

组织管理能力包括计划能力、组织实践能力、决断能力、指导能力和平衡能力。随着大学毕业生就业制度的改革，具有一定交往能力和组织管理能力的大学生越来越受到用人单位的欢迎，许多用人单位挑选大学生时，在注重大学生的学业成绩的同时，对大学生是否担任过学生干部、参加过社会工作也很重视。大学生将来无论从事何种工作，都离不开一定的组织管理。因为要把工作开展起来，把计划付诸实施，把他人的积极性调动起来，把大家的智慧发挥出来，没有一定的组织管理能力是不行的。因此，在校大学生应积极参加社会实践活动，不断增强自己的组织管理能力，以利于今后的工作。

(三)培养思维能力

随着知识经济时代的来临，个人的思维能力在个人发展、社会发展中的作用越来越重要。思维能力能揭示客观事物的本质特征及内在联系，其主要表现在概念形成和问题解决的活动中。思维能力主要包括使认识过程简化的分析能力、使认识过程深化的综合能力、对具体事物认识理论化的抽象能力、从共性出发探究个体以便更深刻认识共性的归纳能力、从已知事物出发与未知事物进行比较从而揭示未知事物运动规律的类比能力、把不同事物或同一事物的不同部分联系起来的概括能力等。培养思维能力有助于大学生理解知识、巩固知识、运用知识、学会学习。

(四)培养表达能力

表达能力是指人们以语言或其他方式展示自己思想感情的能力，是交流思想、交流感情的工具。表达能力是个人的一项重要能力，也是一种基本功。表达能力能反映人的思维能力、社交能力及性格。一个人在工作中不论是主持会议、制定政策、上传下达工作指令，还是接待来宾、参加社交活动、发表演讲和个别交谈等，都需要表达能力。表达能力主要包括口头表达能力和书面表达能力。口头表达能力，也就是口才，是指将自己的思想、观点、意见、建议等运用最生动、最有效的表达方式传递给听者，从而对听者产生最理想的影响的一种能力。书面表达能力，就是运用文字表达方式，使自己的实践经验和决策思想系统化、科学化、条理化的一种能力。口头表达能力要求的是语言的流畅性、灵活性和艺术性；书面表达能力要求的是文句的逻辑性、艺术性和条理性。对大学生来说，表达能力在将来的工作岗位上是极为重要的。因此，大学生在校期间要加强锻炼，不断提高表达能力；要多读书，以增强自己表达思想的深刻性、观点的新颖性、内容的丰富性；要多实践，多培养自己思路的敏捷性，表达的条理性、准确性和生动性。

教学检测

一、思考题

1. 大学生学习的特点有哪些？
2. 大学生学习的心理问题有哪些？该如何调适？
3. 大学生该如何提高学习能力？

二、活动设计题

1. 注意力训练

目的：训练抗干扰能力。

过程：如图所示，十条线段从左边出发后交缠在一起，请你用眼睛追视每一条线段所经过的轨迹，并在终点处的方格里写下该线段的序号。要求在 1 分钟内完成，并且只能用目光追视而不能借助手指或笔等工具。

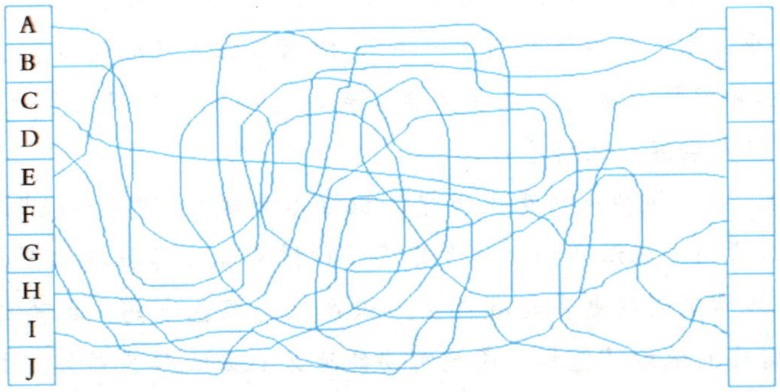

抗干扰训练图

2. 学习动机训练

目的：增强学习动机。

过程：请你选择一个自己亲近的人，并认真思考以下问题，将答案写在一张白纸上，尽量写得详细一些，写完后，同学之间互相交流。

(1)在过去的成长过程中，他都为我做了什么？

(2)我回报了他什么？

(3)我曾经给他增添了什么不必要的麻烦？

(4)现在我能做些什么让他感到幸福？

(5)明确了上述问题，你的学习动机是否有所增强？

思政园地★

书写绚烂无悔的青春篇章

近日，中宣部、教育部评选出10名2021年“最美大学生”。他们有的投笔从戎，主动请缨到条件艰苦的边疆；有的奋力拼搏，在奥运赛场为国争光；有的矢志科技创新，将论文写在祖国的大地上，将青春挥洒在党和人民最需要的地方。

闪亮的名字，不凡的业绩。无论是扎根卫星通信测量领域，用科研攻关助力相关领域解决多项痛点难点问题，还是在人工智能领域潜心钻研，开发情感赋能机器人，助力老龄化社会助老服务、关爱留守儿童；无论是获得“全国技术能手”、第一届全国职业技能大赛珠宝加工项目金牌、“广东青年五四奖章”，还是为中国体育代表团在东京奥运会上夺取首枚金牌……每名“最美大学生”都有过人之处，他们的人生是斑斓多彩的，青春是闪闪发光的。

尽管来自不同学校，也各擅胜场，但他们有一个共同的名字：大学生。尽管着力点不同，所取得的骄人成绩也不同，但他们有共同的价值取向：在为祖国、为民族、为人民、为人类的不懈奋斗中绽放青春。在他们身上，可以看到沉甸甸的责任感，感受到深沉的家国情怀。无论在强国之路上闪耀光芒，还是在科技赋能中铸就责任，无论在默默奉献中迸发活力，还是在职业技能舞台上熠熠生辉，他们都自觉把人生理想融入国家和民族的事业中，既实现了出彩人生，更为国家和民族建功立业，谱就了壮丽华章。

“最美大学生”从千千万万大学生中脱颖而出，他们是广大大学生学习的榜样。大学生们要学习他们实学实干的品质、科学练就本领的方法。顺德职业技术学院首饰设计与工艺专业2019级专科生梁荣浩，之所以能够在第一届全国职业技能大赛中获得珠宝加工项目金牌，靠的不是天赋，而是勤学苦练。据报道，在集训期间，他拿出咬牙拼到底的决心，坚持每天在工作室埋头训练 10 个小时以上，“左手大拇指指甲已经严重变形，被磨得只剩下一半”。没有专注，谈何专业？付出努力和汗水，终会有所收获。梁荣浩用汗水和智慧为职业院校学生争了光，也展现了当代大学生的青春风采。“最美大学生”身上的勤奋自觉，让人动容，值得学习。

贵州大学农药学专业 2019 级博士研究生张建，积极参加学校“博士村长”计划，采用成熟的茶树病虫害绿色防控技术，为贵州省德江县楠杆乡古寨茶叶种植专业合作社挽回了经济损失，赢得了村民称赞。张建说：“未来，我希望创制更多具有自主知识产权的绿色农药．把论文写在祖国大地上，将青春挥洒在党和人民最需要的地方。”党和人民最需要的地方正是大学生最能发挥才华的地方，也是青春之花绽放得最美好的地方。

从“最美大学生”身上，可深刻感受到他们爱中国、爱脚下的热土。他们有强国之志，也有报国之行。他们不做空谈家，而是做实干家，以青春之热血、助力祖国之强大。

应该看到，不是每名大学生都能成为“最美大学生”。但是，只要把青春梦融入中国梦，用汗水浇灌收获，以实干笃定前行，这样的青春都是美好的，这样的人生必然是美丽的。还要看到，不是每名大学生都能在奥运会上夺冠、在全国职业技能大赛上摘金，但完全可以弘扬拼搏精神，完全可以做到“时时想到国家，处处想到人民，做到‘利于国者爱之，害于国者恶之’”。听党话、跟党走，胸怀忧国忧民之心、爱国爱民之情，不断奉献祖国、奉献人民，以一生的真情投入、一辈子的顽强奋斗来体现爱国主义情怀，让爱国主义的伟大旗帜始终在心中高高飘扬。

启航新征程，奋斗正青春。一个民族的文明进步，一个国家的发展壮大，需要一代又一代人接续奋斗，需要年轻人贡献青春力量。今天的大学生正处于最好的时代，拥有最宽广的舞台。以“最美大学生”为榜样，爱国爱民、锤炼品德、勇于创新、实学实干，千千万万大学生必能成为堪当大任的时代新人，在实现中国梦的伟大实践中书写别样精彩的人生。

（资料来源：《中国教育报》，2021 年 12 月 9 日，有改动）

讨论：

1. 你在“最美大学生”身上学习到了什么？
2. 大学生在学习方面遇到问题时，可以向哪些力量求助？

第七章 大学生网络心理

育人目标

◎ 提升网络文明素养，宣传社会主义核心价值观，传递青春正能量，成为有高度的安全意识、有文明的网络素养、有守法的行为习惯、有必备的防护技能的“四有”好网民，推动网络空间进一步清朗起来。

◎ 健康上网、正确用网，远离沉迷网络的陷阱，遵守网络行为规范，倡导文明、健康的网络生活方式。

学习目标

◎ 了解大学生网络生活的现状，理解网络对大学生的影响。

◎ 了解大学生常见的网络心理障碍及其干预方法。

◎ 掌握培养大学生健康网络心理的方法。

情境导入

小徐是大三的学生，他高中就开始玩网络游戏，刚开始上网时还有节制，可以保证正常学习、生活。进入大学后，小徐上网逐渐不能自控，每天只要有时间就上网，生活变得没有规律。上网变成了他每天最快乐的事情，只要一上网，他的心情就特别好，即使关上电脑，网络游戏也仍占满他的思绪。他每天在电脑屏幕前要花费 8~9 个小时，有时时间还会更长，周末更是通宵达旦，作息变得混乱，有时午饭、晚饭都吃方便面甚至干脆什么都不吃。除此之外，他对别的事都没有兴趣，离开电脑就烦躁不安，感觉空虚、沮丧，食欲减退，拒绝与人交往，易激动和疲劳。他的身体逐渐变得消瘦，精神也萎靡不振，学习成绩更是直线下降。

很显然，小徐已经沉溺于上网，并且产生了一定的心理障碍。网络使他迷失于虚拟世界，自我封闭，与现实世界产生隔阂，不愿意与人面对面交往。长期下去，会影响其正常的认知、情感和心理定位，甚至导致人格分裂。小徐已经产生了网络成瘾的症状，一旦离开网络，便会产生心理障碍。这急需进行治疗，不然后果不堪设想。

随着信息技术的发展，我们进入了网络社会，网上繁多的信息令我们目不暇接。网络这一便利的工具，给我们的生活带来了极大的方便。但是，网络社会毕竟不是真实的，尽管它似乎给予了我们许多在现实中不能得到的东西。一旦回到现实，部分人会感到自己内心深处空虚，情绪烦躁，焦虑不安，这就会严重影响我们正常的学习和生活，大学生也面临着同样的问题。因此，提供一些方法来帮助大学生维护心理健康具有十分重要的现实意义。

第一节 网络与大学生

名人名言

生活就像海洋，只有意志坚强的人，才能到达彼岸。

——卡尔·马克思

一、网络的形成和发展

1960年，罗切斯特大学的行为心理学博士约瑟夫·利克莱德就提出了“人机共生”说。他指出，在不久的将来，人通过机器的交流将比人与人、面对面的交流更有效。万维网和浏览器的开发应用，为互联网赋予了新的魅力，网民在网上不仅可以看到文字，而且可以看到图片、声音、动画等，互联网日益变成一个丰富多彩的全新世界，并以超出想象的速度获得了快速发展。2022年2月25日，中国互联网络信息中心发布了第49次《中国互联网络发展状况统计报告》(以下简称《报告》)。《报告》显示，截至2021年12月，我国网民规模达10.32亿，较2020年12月增长了4 296万，互联网普及率达73.0%。10亿多用户接入互联网，形成了全球最为庞大、生机勃勃的数字社会。

二、网络的特征

心理学研究表明，我们的情感、意志、思维、性格、行为方式和人际关系等深受后天环境的影响。随着网络的迅速发展，人们的观念、生活、生产、学习、交友方式等正发生着巨大的变化，分析网络的特征有助于我们更深入地分析网络对人的心理的影响。网络一般来说具有以下几个显著的特征。

(一)开放性

网络的开放性，是网络强大的生命力和活力之源，主要体现在以下几个方面。一是对用户开放。用户不分国家、种族、贫富、性别、职位高低、年龄大小等，皆可自由上网。二是对服务者开放。网上的信息来自不同的提供者，人人都可以自愿地、轻而易举地为网络提供信息服务。三是对未来的改进开放。互联网上的子网在遵循 TCP/IP 接入协议的前提下，可以有不同的风格和体系，也可以根据不同的需要随时对任何一个子网进行更改而不影响整个互联网的运行。

(二)全球性

网络拓展了人类的认识和实践空间，“终生难以相见”的人们瞬间可以变成近在咫尺的网友。庞大的地球在不知不觉中变成了“地球村”“电子社区”，人人都可以进入这个“地球村”，成为这个“电子社区”的一员。每个人都是“地球村”的平等公民，它突破了种族、国家、地区等各种各样的有形或无形的“疆界”，真正体现了全球范围内的人类交往，体现了人与人之间的“无限互联”及“无限关涉”。

(三)虚拟性

网络的存在状态是虚拟的、非现实的，无数网络用户组成了一个无形的网络世界，每个网络用户通过这张无形的“网”相互联系和彼此沟通。在这种虚拟化的网络交往中，个体现实生活中备受关注的信息被掩盖在网络世界中，如身份、年龄、性别、外貌、职业、性格等，导致个体之间的交往只剩下符号间的交流。这种网络虚拟性的特点满足了个体“隐匿”的愿望，人们可以在网络上随心所欲地张扬自己的个性，尽情地施展自己的才华，也可以自由地尝试扮演各种社会角色，还可以轻松实现社会生活中无法企及的愿望。

(四)丰富性

网络信息的丰富性带给人们全新的体验。网络所容纳的信息量是巨大的，可以用“海量”一词加以描述。网络承载的信息复杂多样，呈现形式多种多样，且更新速度非常快，这是吸引人们投身网络世界的重要原因。网络对求知欲望强烈、易于接受新鲜事物的大学生而言，具有很强的吸引力，构成了他们生存的“第二空间”。大学生可自由支配的空闲时间较多，接触手机及计算机的机会也更多，稍不注意就会掉入互联网的“陷阱”中。网络游戏、色情信息等在网络上的传播，可能会使部分大学生沉迷其中，甚至走向违法犯罪的道路。部分大学生因涉世未深、热衷追求感官刺激且缺乏稳定的自我控制能力，容易对网络产生迷恋，长此以往会发展为网络成瘾，给他们的心理健康造成不良影响。

(五)交互性

网络中每个用户既是信息的接收者，又是信息的发布者，形成了“发布—接受”双向或多向互动。这种网络交互性可以实现用户之间近距离地交流沟通，拉近人与人之间的距离，真正实现自由沟通和平等交流。人们通过网络不仅可以根据自己的需求和喜好收集、获取和选择信息，还可以轻松实现人与人之间的沟通与交流，实现网络资源的高度共享。与此同时，人们还可以是信息的发布者、创造者或反馈者，可以自由参与网络交流活动。然而，网络的交互性也会使信息发布、传播、接收和使用出现一些不良影响和导向。网络信息良莠不齐，大学生需要仔细甄别和判断。

课堂讨论

你平时上网的时间是多长？你是怎样利用网络的？

三、大学生的网络生活

凭借互联网，大学生足不出户就能浏览新闻、查阅资料、和陌生人聊天、与远方的朋友通信、订餐、购买生活用品等。中国互联网络信息中心的历次调查显示，20～29岁的年轻网民最多，大学生无疑成为网民中的主力军。他们以好奇、向往的目光，抱着求知、学习、交友等心态，投身到网络虚拟世界里。有专家指出，大学生是接收互联网最快、受互联网影响最深的群体。网络对大学生的影响，特别是对大学生心理健康的影响已经引起了社会、高校、家庭及大学生自身的高度关注。如何开展网络心理保健，预防网络心理问题，提高网络心理素质是当代大学生面临的时代课题。

目前，大学生宿舍普遍联网，大学生几乎都拥有自己的电脑和智能手机，各高校也都有规模较大、收费较低的机房供大学生上网。在这样的网络条件下，大学生上网已经非常普遍。大学生写论文、查资料、上课、交作业、与教师联络、与同学交流学习等都需要运用网络，网络已成为大学生学习、生活中不可或缺的一部分。综合分析大学生的上网现状，其目的和动机主要包括以下几个方面。

(一)满足求知欲

网络以其信息体量庞大、内容丰富、获取便捷以及互动性强等特点极大地满足了人们的求知欲和好奇心，激发人们对学习和掌握网络知识以及应用网络技能的欲望。对大学生而言，他们求知欲强、兴趣广泛并喜欢寻求感官刺激，渴望了解书本以外的各种知识、信息和周围多彩的世界，网络世界为他们更好地探索世界，满足其求知欲，提供了空间。

(二)自我实现

强烈的自我意识是大学生群体的一个显著特点，每个人都有获得别人尊重、认可和追求成功的基本心理需要。学校中那些能力突出、成绩优秀的学生往往容易得到家长、学校和社会的认可与肯定，而大部分成绩处于中等或偏下的学生得到关注的机会则较少，但他们也像其他同龄人一样强烈地渴望得到关注、尊重和认同，渴望成功带来的满足感。网络提供了一个重建自我认同和自我实现的舞台，在这个舞台上，他们可以享受平等、自由、刺激和成功的感觉。很多大学生被网络游戏吸引，是因为在游戏中，他们不仅可以扮演各种虚拟的角色，如“侠客”“高手”“将军”等，还可以不断升级角色或打败其他角色，赢得其他玩家的尊重和认可，获得在现实生活中得不到的满足感。

(三)心理减压

大学生在学习生活中会遇到各种各样的挫折和困难，自然也会在学习、感情、人际关系等方面产生一定的压力。人的行为的“心理驱动系统”由两种心理倾向构成：一种是寻求满足的、进取的心理倾向；另一种是避免伤害的、防卫的心理倾向。由于网上可以匿名宣泄自己的压抑情绪，所以网络成为很多大学生逃避孤独和排解心理压力的场所，上网成为大学生释放心理压力、放松身心的有效方式。

(四)情感表达

当前，网络人际交往已成为人们的重要交往方式。由于网络时空无边界，再加上人们在网上无须面对面交流，避免了心理上的紧张和尴尬，很多大学生甚至认为，在网络上比现实中更容易交到朋友。网络社区、网络游戏、QQ、微博等都成为大学生在网上认识新朋友的渠道。在网络上结识朋友，能满足人们隐藏于内心深处的对情感的渴望和需要，这种情感可能是朋友之谊，也可能是异性之爱。

(五)彰显个性

大学生最容易接受新事物、使用新技术，是网络文化的最佳接受者。大学生根据自己的喜好、感受，既可以充分利用网络超文本链接、网络互动、动态更新的特点，精选并连接互联网中自己认为有价值的信息、知识与资源；也可以将个人的工作学习过程、生活故事、思想历程、闪现的灵感及时记录并发布，发挥个人无限的表达力；更可以以文会友，结识和汇聚朋友，进行深度的交流沟通。大学生可以借助网络施展才华、交流思想、展示个性，表达自己对生活、对知识、对现实的独到见解。网络突破了时空的限制，成为大学生彰显个性的舞台。

正是由于网络的便利性及上述的目的与动机，对于一些大学生来说，网络已经成为他们学习、生活的重要组成部分。在这样的现实情境下，互联网正逐渐影响和改变着大学生的学习生活方式，并进一步影响和改变着大学生的人生理想和价值观。

课堂讨论

你在上网时都做些什么呢？

四、网络对大学生的影响

(一)网络对大学生的积极影响

1. 网络是大学生获取知识的重要途径

网络开阔了大学生的视野，拓宽了大学生的知识面，激发了大学生的学习兴趣，培养了大学生学习的能动性和自主性。网络为教育提供了一种全新的模式，已成为大学生获取知识和信息的一个重要途径。大学生对知识的需求是强烈而多元的，除了学习书本上的知识，大学生还可以在另一个包罗万象、生动活泼的“虚拟学校”——网络上自由选择、自由翱翔，获得自己想要的知识和信息，如观察艺坛动态、目睹名家风采、了解世界最前沿的学术研究等。

小贴士

大学生正处在精力旺盛、求知欲强的人生阶段，网络上丰富的信息资源和多元的信息样态，拓展了大学生获取知识和信息的途径，开阔了大学生的视野，满足了他们的求知心理。

2. 网络发展了大学生的个性

网络摆脱了传统教学过程中对时空和知识的约束，大学生可以不用去教室学习，由教师控制的学习过程也改为大学生根据自己的实际情况来确定学习内容和学习进度，这些使大学生真正成为学习的主体。因此，网络满足了不同大学生对知识的需求，发展了大学生的个性。

3. 网络拓宽了大学生的人际关系网

网络为大学生提供了一个超时空性、互动性的立体交往空间。把互联网作为从事社交活动的工具，大学生可以即时传送文字、声音、图像等与同学、朋友、家人进行沟通，或者在虚拟社区和网络游戏中与他人组成团队，这在一定程度上增加了大学生与他人交往与沟通的便利性，使大学生的人际关系网逐步扩大。

4. 网络成为大学生宣泄情绪的场所

在日常的学习和生活中，大学生难免会有一些牢骚和不满，网络允许使用匿名的方式与其他使用者交流，这样大学生可以把自己的压抑情绪表达、宣泄出来，同时还可以在网络上找到一些志同道合的朋友。

（二）网络对大学生的消极影响

网络是把“双刃剑”，我们在看到网络给人类带来巨大好处的同时，也应当看到其负面效应正在影响着人类的生活。网络给大学生带来的比较突出的问题有以下几点。

1. 网络犯罪

网络犯罪是指行为人运用计算机技术，借助于网络对他人系统或信息进行攻击、破坏或利用网络进行其他犯罪的总称。随着技术的发展，传统型犯罪日益向互联网迁移，以互联网为手段的新型网络犯罪不断凸显，危害日益严重。各种网络犯罪已成为危害网络安全的毒瘤。

2. 传播色情信息

信息内容具有地域性，而网络信息传播则是全球性的、超地域的，这使得色情信息能够无障碍地在世界范围内传播。这污染了网络空间，败坏了社会风气，扰乱了文化市场秩序，践踏了道德法律底线，危害了大学生的身心健康。

3. 网络文化侵略

国际互联网络信息环境的开放性，使多元文化、多元价值在网上交汇，某些国家或地区在网上“推销”自己的文化，这就加剧了处于电子空间里的国家之间、地区之间道德和文化的冲突，使大学生民族意识弱化。

4. 破坏国家安全

世界上存在着对立的政治制度和意识形态，并不是到处充满祥和与善意的，一些国家通过互联网发布恶意的反动政治信息，利用信息“炸弹”攻击他国，破坏他国的国家安全，甚至出于一定的政治目的，想出各种办法，突破层层保密网，直接进入他国的核心计算机系统的“神经中枢”，进行无声无息的破坏。作为新时代大学生，我们应该加强思想政治教育，不断强化国家安全意识。

精选案例

小于2020年以优异成绩考入北京某大学。初入大学时，他充满了抱负，但是后来才发现无法达到自己预期的目标。虽然学习不顺利，但在网络游戏的技术上，他进步很快，在游戏中他找到了成就感和满足感。在与同学和老师的交往中，他失去了中学时期的优越位置，感觉受到了冷落。但在网络中他却交到了很多的朋友，网络让他摆脱了现实中的孤独感。一段时间之后，他对网络的使用和游戏有更强烈的渴求和冲动感，与同学的交流渐渐减少，性格变得内向，时有自卑感，情绪低落，甚至与家长对抗。他对知识、体育运动和其他事物的兴趣下降，出现了一系列的心理问题，并经常逃课，彻夜不归。他认为网络世界才是他真正生活的世界。

分析：

网络确实能给人们带来很多方便，生活中购物、旅游、工作、交流等处处体现着它的优势。但如何正确利用网络却是很多大学生应该注意的问题，大学生不要被网络的不利因素蒙蔽，不要沉溺于网络的“陷阱”之中，应适度、有效地利用网络。

第二节　大学生常见的网络心理障碍及其干预方法

名人名言

只有那些永远躺在坑里，从不仰望高空的人，才不会再掉进坑里。

——格奥尔格·威廉·弗里德里希·黑格尔

一、大学生常见的网络心理障碍

所谓网络心理障碍，是指网民由于对网络的认知偏差和不正当使用而产生的一系列心理、行为异常，并伴随一系列生理性不适，甚至出现人格障碍的一大类与网络相关的心理障碍的统称。

网络心理障碍的临床症状表现较为复杂，大致表现为对网络的无节制使用，患者开始时出现精神上的渴望，随后发展为身体上的依赖，不上网则情绪低落、疲乏无力、面容憔悴、精神萎靡、思维迟钝等，只有上网后精神才能恢复正常。大学生网络心理障碍的主要表现有网络成瘾和网络依赖。

(一)网络成瘾

网络成瘾又称“网络依赖”，是指对互联网过度依赖而导致的一组心理异常状态和生理性不适症状，网络成瘾的症状有躯体依赖症、生物钟紊乱、神经衰弱、关节炎、视力减退等。

网络成瘾者往往会无节制地花费大量时间和精力在网上，以致损害身体健康，并出现各种人格及行为异常。网络成瘾者早晨一起床就会有一种想立即上网的渴望；有关网络上的情况会反复出现在梦境及想象之中，沉溺于网上聊天或网络游戏而忽视现实生活的存在；人际关系淡漠，交际范围逐渐变小，严重者甚至会出现睡眠障碍、食欲下降、思维迟缓、精力不足等症状。

一般来说，网络成瘾者初期只是精神上的依赖，渴望上网冲浪，随后发展为躯体依赖，表现为情绪低落、头昏眼花、双手颤抖、疲乏无力、食欲不振等。究其原因，是网络成瘾者上网持续时间过长，使大脑神经中枢持续处于高度兴奋状态，肾上腺素水平异常增高，交感神经过度兴奋，血压升高，体内神经物质分泌紊乱，如内分泌减少，引起神经兴奋性降低等，这些改变进而会引起一系列复杂的生理变化，如自主神经功能紊乱，体内激素水平失衡，从而导致机体免疫功能降低，诱发种种疾病，如心血管疾病、胃肠神经官能症、紧张性头痛、焦虑症、抑郁症等；同时，眼睛长时间注视电脑屏幕，还会导致视力下降、眼疼、怕光、暗适应能力降低等。

根据用户使用网络服务的具体情况，比较常见的网络成瘾类型为网络交际成瘾、网络游戏成瘾和网络色情成瘾等。

1. 网络交际成瘾

网络交际成瘾是网络成瘾的一个亚类，是指个体过度使用聊天软件、网络论坛等网络交际功能，沉迷于在网上建立、发展和维持亲密关系，而忽略了现实中人际关系的维持和发展，导致个体心理、社会功能受到损害。

2. 网络游戏成瘾

网络游戏成瘾是指个体沉迷于网络游戏，并为此花费大量的金钱和时间，致使工作、学业被荒废。网络游戏起初在计算机端风靡，但随着智能手机和移动通信技术的快速发展，智能手机端网络游戏成瘾的个体也越来越多。智能手机在给人们的生活带来巨大便利的同时，也给人们带来了很多问题。因为智能手机的广泛性、智能性和隐蔽性，很多人对其产生依赖，甚至成瘾。

精选案例

小睿，某高校大三学生，整天沉迷于网络世界中，通宵达旦地在宿舍跟朋友玩网游，饿了就点外卖，根本不去上课，学业荒废殆尽。小睿每天起床第一件事就是打开游戏，先痛快地玩几把，他的每一天几乎都是从玩游戏开始，以玩游戏结束的。小睿对于游戏非常着迷，把自己大部分的生活费都花在了游戏上。几乎不参与同学之间的交际活动，也从不在意人际关系。小睿的世界中只有游戏，也只有在游戏中他才能感到快乐。小睿逐渐被网络和游戏“吞噬”。

分析：

案例中的小睿是典型的网络游戏成瘾者，严重影响了他的正常学习和生活。大学生要以现实为重，不能让虚拟的网络影响了现实的生活。

3. 网络色情成瘾

网络色情成瘾是指个体沉溺于浏览黄色网站、下载色情图片、看色情电影或色情文学、参与色情聊天以及进行在线色情交易等。这些网络色情成瘾者虽然能意识到成瘾的危害性，但却无法控制自己，为此，他们的心理和精神变得非常压抑、自卑和脆弱，甚至与他人相处都会变得困难。

知识延伸

评估网络成瘾的标准

(1)每个月上网时间超过144小时，即每天上网时间在4小时以上。

(2)头脑中一直浮现和网络有关的事。

(3)无法抑制上网的冲动。

(4)上网是为逃避现实，缓解焦虑。

(5)不敢和亲人说明上网的时间。
(6)因上网而产生课业及人际关系的问题。
(7)上网时间往往比自己预期的时间更长。
(8)花费许多钱更新网络设备或给网络游戏充值。
(9)只有花很多时间在网上才能获得满足感。

(二)网络依赖

1. 网络依赖的内涵

网络依赖是指未达到成瘾程度而对网络有依赖的行为，也可称为网络成瘾的边缘状态。网络依赖介于正常状态和网络成瘾之间，在大学生中比较常见。

2. 网络依赖与网络成瘾的关系

网络依赖并不等同于网络成瘾，网络依赖者一般不会表现出典型的网络成瘾症状，只是精神上依赖网络。网络依赖者可以正常生活，心理健康水平也显著高于网络成瘾者，但网络对于网络依赖者的意义，已经超越了“使生活更便捷的工具”这个层面，网络依赖者同网络成瘾者一样，都将网络视为寻求解脱和刺激的工具。当在现实生活中遭遇挫折的时候，网络依赖者倾向于退回到网络上寻找慰藉。网络依赖者在网民中所占比重较大，在一定的外界条件刺激下，网络依赖者有可能发展为网络成瘾者。所以，我们也要提高对网络依赖者的重视。

3. 影响网络依赖的因素

在大学校园里，网络依赖者比例较大，这是由学校的外部环境及网络使用者的内在因素综合决定的：大学生上网条件便利，课业需求也引导大学生将网络视为不可缺少的学习必需品；校园生活简单，容易促使大学生将学习和娱乐的重心转移到网络上；大学生所处的年龄段决定了他们求知欲强烈，好奇心重，理想高远但心理承受能力较差，容易出现挫折感，当学业竞争压力过大、人际关系不和谐或生活不顺利时，大学生常会利用网络来发泄、放松或逃避现实，进而沉溺在网络中，不去解决现实中遇到的困难。这种恶性循环导致大学生对网络的依赖日益加重，最终发展为网络依赖。

精选案例

案例一

“别看手机了！”“别再拿着手机玩游戏了！”“把手机放下！”……不知道从什么时候开始，这些口头禅成了家长和老师对孩子每天重复得最多的话。在学校、在家里、在商场，甚至走在大马路上……经常能看到学生人手一部手机，玩游戏、看视频、发微信、购物等。有的学生，只要手机不在手上，就会魂不守舍，甚至和家长、老师争吵、抢夺，就连四五岁的孩子一拿起手机也放不下来。手机，俨然成了现代学生必不可少的用品。学生每日使用手机的时间越来越长，手机成瘾的现象也越来越普遍，而真正有益于身心健康的活动，学生们却做得越来越少。

案例二

大二学生小林习惯把手机攥在手里，她对手机有着难以言说的情结。自习时，手机要放在显眼的位置；翻书前，她要瞄两眼手机；隔一段时间手机没震动，她就要摸两下，确认有没有收到信息；她常常好像听到手机铃声响或感觉手机在震动，可打开手机看时，却什么都没有，这种幻听情况一天会发生多次。小林解释，这些症状很多人都会有，手机一没声响，就会不安。

分析：

随着信息技术的不断发展，人们越来越离不开网络。网络的不断普及，给人们的生活提供了许多便利。智能手机时代的到来，给人们带来更多的便利。但部分大学生不能正确对待手机及网络时代带来的便捷，而沉迷于其中，出现一些新的问题，甚至影响到正常的生活。正如案例中的学生，都不能正确对待手机及网络带来的益处，而是一味夸大其社会功能，导致出现各种心理问题。

二、大学生常见的网络心理障碍的干预方法

大学生网络心理障碍调试

（一）个体干预

1. 在现实生活中发展成就感

在现实生活中具有成就感的人，一般不会网络成瘾。网络成瘾者一旦在现实生活中获得足够的成就感，对网络的迷恋自然就会减少，各种成瘾症状也会随之减轻甚至消失。例如，成绩不好的学生应该多参加课外活动，找到适合自己发展的方面，然后集中力量去发展这个方面，如足球、演讲、写作等，并在其中找到成就感，这样就能促进其健康成长，使其逐步摆脱对网络的依赖。

2. 设定目标

首先明确上网的主要目标，然后把具体要完成的任务列出来，并围绕目标分配上网时间，消除毫无目标的漫游现象。

3. 限定时间

看一看自己所列的任务，估算一下完成这些任务大概需要多长时间。例如，完成这些任务大概要用 40 分钟，那么可以定一个 20 分钟的闹钟，到时候看自己进展如何，也可以在电脑中安装一个定时提醒的小软件，在上网的同时打开，这样就能有效地控制上网时间。

4. 提醒卡片

列出沉迷于互联网的危害并制成卡片，随身携带，以便时刻提醒自己。

5. 私人清单

列出因为沉迷于互联网而不能去参与的一些活动的名称，并按照重要的程度或自己感兴趣的程度排序，启发自己思考这些活动对于自己的发展，或对于提高自己生活质量的意义。私人清单可以引导大学生积极投身于丰富多彩的校园文化生活，并在现实生活中体验人与人之间的友情与关爱，体验人

的自我价值的存在，从而回归现实生活。

以上所列的五种干预方法，其实都是通过各种渠道在行为上做出限制，强行控制大学生对网络的使用时间及强度，以此来矫正大学生的网络使用不当行为。正如专家所指，网络成瘾、网络依赖并不是互联网本身的问题。人们陷入网络成瘾、网络依赖的境况，往往反映了他们在现实生活中的某些需要得不到满足，所以干预的方法也应该溯本求源。制止网络成瘾、网络依赖的行为是必要的，但解决根源上的问题才是本质。针对不同的网络成瘾、网络依赖类型，干预方法也要因人而异。例如，对于最初由好奇而形成强迫性网络成瘾的行为，可以采用罪犯心理治疗法以减少潜在的危险；对于因过分害羞和自我意识过强而过度依赖互联网进行社会交往，并影响了现实生活中人际交往的人，可以采用认知行为疗法和面对面的人际交往技巧训练来矫治；对于幻想借助网上角色的多样性和易变性，从主观上逃避不良情绪(如应激、抑郁、焦虑)或个人困境(如挂科、失恋)的人，可以用精神疗法并配合必要的药物进行治疗。

知识延伸

网络成瘾的心理治疗方法

网络成瘾的心理治疗方法可以分为以下几个方面。

1. 认知疗法

(1)认知重建：改变自己坚定而又固执的想法。

(2)自我提醒：提醒自己网络成瘾的危害。

(3)自我辩论：想象自己网络成瘾后的种种极端后果。

(4)自我暗示：如果有想上网的念头就反复自我暗示。

2. 行为疗法

(1)强化法：自我奖励、自我惩罚，即视进展情况给自己一些小小的奖励或惩罚，但应注意奖惩的内容应与上网无关。奖励和惩罚既可以由成瘾者自己执行，也可以请老师、同学、家长协助执行。

(2)行为契约法：成瘾者与家长共同商定戒网的行为契约，成瘾者签订契约并成为契约的遵守者和执行者，家长则担任契约的监督者，从而监督成瘾者的上网行为，也培养其自我约束能力。

(3)厌恶疗法：想象自己长时间上网后萎靡不振的颓废样子，甚至可以保留自己在上网后精神不振时的照片，再与自己以前精神状态良好时作对比，让自己厌恶自己的过度上网行为，从而激励自己找回自我，增强自我效能感，但注意不要泛化到厌恶整个自我。

(4)放松训练：为应对戒网瘾时出现的紧张、焦虑、不安、气愤等不良情绪，可以采用肌肉放松法、想象放松法、深呼吸放松法等，以稳定情绪、振作精神。

3. 辅助疗法

(1)转移注意法：在其他活动中寻找快乐，如欣赏一曲优美抒情的音乐，去运动场跑步、打球，读一些轻松愉快、有趣味的书刊，或与朋友逛街、散步、看电影、郊游等。

(2)社会支持法：社会成员，尤其是父母应更多地关心成瘾者，理解他们、帮助他们，为他们戒网瘾营造一个舒适、安全的人际环境，让他们感受到现实生活中的人际温暖，满足他们人际交往和情感沟通的心理需求，从而改变他们去网络中寻求心理需求满足的方式。

(二)团体干预

如果渴望摆脱网络成瘾、网络依赖的人能找到适合自己的支持团体，这个团体中的伙伴都是与自己有着相同困扰的人们，大家在心理咨询师的协助下，在团体活动中建立起生活的目标，找到生命中的重要关系，共同努力改善现状并分享经验，则网络成瘾、网络依赖的程度自然会减轻，甚至消除。

网络成瘾、网络依赖的团体干预方法，就是对网络成瘾者、网络依赖者施以心理学领域中的团体心理辅导(或称“团体心理咨询”)技术。所谓团体心理辅导，是指由心理咨询员指导，借助团体的力量和各种个体心理咨询理论与技术，就团体成员面对的心理问题与他们共同商讨，提供行为训练的机会，为团体成员提供心理帮助与指导，使每一位团体成员学会自助，以此解决团体成员共同存在的问题或共有的心理障碍，最终实现改善行为和发展人格的目的。团体心理辅导所具有的特点决定了这种辅导方式将对网络成瘾和网络依赖具有良好的干预效果。

首先，在团体心理辅导中，成员之间的认同感对于团体成员在认知和行为上的改变，有着巨大的支持作用。因为团体心理辅导让大学生了解并且感受到自己是被其他人支持的，团体成员能够认识到别人也有跟自己相同的问题，自己支持别人，也得到别人的支持，从而增强其信心。网络成瘾、网络依赖的大学生，在团体中接触到与自己有着同样问题的伙伴，可以使其减轻自身心理压力，以平和的心态寻求行为改变的方法。

其次，团体心理辅导可以使网络成瘾、网络依赖的大学生获得安全感。网络成瘾、网络依赖的大学生因对自身的网络使用不当问题投入较多的关注，所以忽视了自身其他方面的优势及能力，团体心理辅导可以使大学生注意到自己的能力，让大学生明白他们能对团体其他成员的成长有所贡献，从而增强其自信心和安全感。

小贴士

在各种网络成瘾、网络依赖的干预方法中，团体心理辅导是一个良好的选择。团体心理辅导的理想规模为8～12人，团体心理辅导的时间间隔为一周(也可以视具体情况调整)举行一次，每次1.5～2小时为宜。

最后，在团体心理辅导的最初阶段，成员们共同签署契约，这对团体成员有强烈的约束作用，同伴之间既有支持又有监督。网络成瘾、网络依赖的大学生在团体中做出改变不当行为的承诺后，会因团体的监督作用而努力维护自己的诺言，由此使行为的改变得到长期的坚持和巩固。我国学者乐国林认为，对于网络成瘾者、网络依赖者的团体心理辅导，应包括以下几个方面的内容：第一，对网络做出全面而客观的评价，引导团体成员对网络形成正确认知；第二，做人际交往练习，改变团体成员在现实中不恰当的人际交往模式，增强团体成员的社会适应能力；第三，讨论时间管理的相关知识，学习自我控制，恢复正常的生活节律；第四，引导团体成员发掘自身的兴趣爱好，关注其现实生活中的兴趣所在。然而，对于使用网络已经发展到病理性心理障碍的人，则需要使用适当的心理治疗技术，如强化法、森田疗法等进行治疗。

在学校里，用团体心理辅导的方式对网络成瘾、网络依赖的大学生进行引导是一种有效的干预手段。网络成瘾者、网络依赖者在团体中可就成员共性问题进行讨论，在团体中得到心理支持，练习社会交往技能，成员们共同制订时间管理方案，互相监督。这种友善、鼓励、支持性的氛围将帮助网络成瘾者、网络依赖者明确网络在生活中的位置，扩大生活范围和视野，摆脱网络对其无形的束缚。

精选案例

学生吴某，活泼、聪明，但由于不适应大学的学习生活，学习方法又不得当，期末考试有4门功课不合格。自从学校把网线拉到学生公寓后，他就开始无节制地花费大量时间和精力在网络上通宵聊天、浏览网页，企图以此摆脱学习的重担，减轻精神的压力。但事与愿违，网络世界是精彩的，也是虚拟的。长时间上网，不但损害了他的身体健康，而且导致他的自我评价降低、能力下降和思维迟缓，更直接导致他的学习成绩继续下降。于是，他便经常独自躲在宿舍里继续上网，犹如借酒消愁，旧愁未去，又添新愁。在旷课10多节之后，经过家长、老师的劝说，他终于回到了教室里上课。但是仅坚持了一天，从第二天开始，他又重新与家长和老师玩起了“捉迷藏”，把上网地点改到了学校附近的网吧，甚至更远的地方。当他再次坐在老师的办公室，面对自己的家长和老师的时候，他已因为累计旷课超过了50学时而被学校开除学籍，瘦弱而寡语的他流着悔恨的泪水离开了学校。

分析：

大学生在学习上的失利、生活中的挫折等，给他们造成了一定的压力。面对压力，他们企图在网络上寻找精神寄托。网络虽然可以让大学生在一定程度上宣泄被压抑的情绪，获得一定程度的心理治疗效果，可以让他们在网络的虚拟世界里扮演不同的角色，但是也很容易使他们落入网络成瘾的行列。

第三节　大学生健康网络心理的培养

名人名言

真正的光明绝不是永没有黑暗的时间，只是永不被黑暗掩蔽罢了。

——傅雷

一、网络心理健康的概念和标准

（一）网络心理健康的概念

网络心理健康虽然有“网络”一词加以限定，但仍然是心理健康的一个方面。简单地说，网络心理健康就是人们在使用网络时能够保持积极的心态，离线时能够保持心理的平衡；能够较好地把握虚拟与现实之间的关系，在虚拟与现实之间以现实为主导；在线时和离线时能够保持人格的统一。

（二）网络心理健康的标准

网络心理健康主要包括以下几个方面的标准。

1. 有正确的网络心理健康意识或观念

一个心理健康的人一般具有正确的心理健康意识或观念，能认识到心理健康的重要意义和现实价值，能够运用正确意识指导自己的心理和行为。同时，网络心理健康意识还应包括对网络有正确的认知和态度。

2. 有正常的人际交往

有正常的人际交往是指人际关系协调，能够与周围环境保持良好的互动。具有健康的网络心理的人，在离线时也能够维持并发展现实正常的人际交往，并且同周围的人和环境保持良性互动。

3. 不因使用网络而影响正常的学习和生活

如果因为上网而影响正常的学习、生活，便需要进行及时的控制、调整或治疗。

4. 能够保持在线时和离线时的人格统一

能够保持在线时和离线时的人格统一是指在线时能够积极主动地接收和处理信息，离线后能够迅速地从虚拟情境中走出来，而不是仍然沉迷于虚拟情境之中。

5. 不影响身体健康

不影响身体健康是指在线的时间以身体健康为底线，以不影响身体健康为前提，离线时身体没有明显的不适应，离线后身体的感觉器官、消化器官、神经系统及其他的身体器官机能不会因使用网络而下降或失调，能保持机体的平衡。

知识延伸

中共中央办公厅、国务院办公厅印发《关于加强网络文明建设的意见》

2021年9月，中共中央办公厅、国务院办公厅印发了《关于加强网络文明建设的意见》(以下简称《意见》)，并发出通知，要求各地区各部门结合实际认真贯彻落实。

《意见》指出，加强网络文明建设，是推进社会主义精神文明建设、提高社会文明程度的必然要求，是适应社会主要矛盾变化、满足人民对美好生活向往的迫切需要，是加快建设网络强国、全面建设社会主义现代化国家的重要任务。《意见》包括总体要求、加强网络空间思想引领、加强网络空间文化培育、加强网络空间道德建设、加强网络空间行为规范、加强网络空间生态治理、加强网络空间文明创建、组织实施八个部分。

《意见》强调，加强网络文明建设要坚持以习近平新时代中国特色社会主义思想为指导，贯彻落实习近平总书记关于网络强国的重要思想和关于精神文明建设的重要论述，大力弘扬社会主义核心价值观，全面推进文明办网、文明用网、文明上网、文明兴网，推动形成适应新时代网络文明建设要求的思想观念、文化风尚、道德追求、行为规范、法治环境、创建机制，实现网上网下文明建设有机融合、互相促进，为全面建设社会主义现代化国家、实现第二个百年奋斗目标提供坚强思想保证、强大精神动力、有力舆论支持、良好文化条件。

《意见》明确，加强网络文明建设的工作目标是理论武装占领新阵地，马克思主义在网络意识形态领域的指导地位进一步巩固，全党全国人民团结奋斗的共同思想基础进一步巩固；文化培育取得新成效，社会主义核心价值观深入人心，人民群众网上精神文化生活日益健康丰富；道德建设迈出新步伐，网民思想道德素质明显提高，向上向善、诚信互助的网络风尚更加浓厚；

文明素养得到新提高，青少年网民网络素养不断提升，网络平台主体责任和行业自律有效落实；治理效能实现新提升，网络生态日益向好，网络空间法治化深入推进，网络违法犯罪打击防范治理能力持续提升；创建活动开创新局面，群众性精神文明创建活动向网上有效延伸，网络文明品牌活动巩固提升，网络空间更加清朗。

《意见》要求，各地区各部门要充分认识加强网络文明建设的重要意义，建立党委统一领导、党政齐抓共管、有关部门各负其责、全社会积极参与的领导体制和工作机制。各级网信办、文明办要牵头抓总，加强对网络文明建设的组织指导和协调服务。注重发挥网民主体作用，广泛搭建平台，开展特色活动，吸引广大网民特别是青少年网民主动参与网络文明建设。加大政策、项目等扶持力度，鼓励社会力量为网络文明建设提供财力物力支持。加强对工作规律的认识把握，不断推动内容形式、方法手段、渠道载体等创新，增强网络文明建设的针对性有效性和吸引力感染力。

（资料来源：新华社，2021 年 9 月 14 日，有改动）

二、培养大学生健康网络心理的方法

大学生健康网络心理的培养是指家庭、学校及社会力量和大学生主体通过教育、学习和实践活动有意识地、自觉地塑造和构建大学生的心理素质，使大学生的心理素质能够充分适应网络环境和网络社会生活的过程。大学生健康网络心理的培养是一个从弱到强、从无到有、从起点到目标的循序渐进、持之以恒的发展过程。大学生健康网络心理培养的重点，主要体现在以下几个方面。

（一）培养科学的网络认知能力

网络认知能力是指网络主体对网络与人、网络与社会关系的一种认知能力。网络认知能力主要取决于以下三个因素：一是网络主体的普遍认知能力。一般情况下，网络主体普遍认知能力越高的人对网络的认识越充分、越全面，网络认知水平也就越高。二是网络本身的技术含量和文化内涵。网络技术含量越高，作为新事物，其发展的过程越短；文化内涵越丰厚深邃，就越难以全面认知，网络认知能力的发展就需要更长的过程和时间。三是网络、人际关系的复杂程度。通过网络结成的关系越复杂，人们对其的认知就越有限，就需要不断研究、实践和认识。

大学生应从两个方面加强对网络认知能力的培养：一是要用全面、辩证的观念来剖析和认识网络。网络像一把“双刃剑”，给人类带来便利的同时，也常让人忧心忡忡。我们必须清醒地认识到网络文明是人类文明的巨大进步和革命性的飞跃，它给人类带来的进步是前所未有的，绝对不能因为它的负面因素而抱以消极悲观的态度，人类不能因为惧怕车轮的颠簸而拒绝或阻止历史车轮的前进。因此，对待网络，要趋利避害，积极应对。二是要全面学习网络知识和技术。通过学习网络科学知识，掌握网络技术技能，我们可以从科学的层面来认识网络、走进网络。另外，作为大学生，必须克服从众等不良心理，提高对网络的驾驭能力。

（二）培养健全的网络自我意识和网络人格

网络自我意识是指个体在网络行为活动和网络社会中对于自己的身心状况、自己与别人及自己与周围世界关系的意识，是人格结构的核心部分。自我意识是人的心理区别于动物心理的重要标志，是人的意识的本质特征。网络自我意识是人在网络这个特殊环境中的一种特殊的认知方式。大学生必须自觉养成良好的网络自我意识，确保自己在网络环境中保持清醒的认识和理性思维。健全的网络人格是指具有健全的网络心理的人的人格。培养大学生健全网络人格的方法，主要是使大学生在网络环境中确保自我认识现实而又客观，适应社会而又保持独立，建立适宜的人际关系，保持情绪稳定，协调人格结构。只有具备良好的自我意识和健全人格的网络主体，才有可能成为适应网络和现实社会的人。

(三)培养高尚的网络道德

网络道德是健康网络心理的重要组成部分。网络给道德伦理带来的难题主要有信息污染、信息欺诈；"信息崇拜"的负面效应；对个人隐私的挑战；对知识产权保护的威胁；对网民道德人格的考验；对人性造成扭曲等。面对诸多的网络道德伦理的考验，作为大学生网民，要学会自尊、自爱、自律、自省，提高网络道德意识和水平。社会应该尽快建立网络伦理规则，形成良好的网络道德氛围；善于利用网络促进人的道德进步，抵制网络的消极影响；网民应该争做高尚、文明的"网络人"。高尚的网络心理品格是指网民在网络环境中拥有积极、健康、平和的心态和以集体与他人利益为上的心理品质。大学生要不断提高网络道德认知和实践水平，端正"网风"，养成高尚的网络道德和心理品格。

思政元素

2021年天津市原创网络红歌汇暨第三届天津市大学生网络公益歌曲大赛颁奖仪式举行

2021年12月11日，"永远跟党走　唱支歌儿给党听"2021年天津市原创网络红歌汇暨第三届天津市大学生网络公益歌曲大赛颁奖仪式在梅地亚艺术中心举行。天津市高校师生代表、文艺界人士代表、津门好网民代表、媒体工作者代表共聚一堂，用歌声回顾光辉历程、表达爱党深情、宣传网络公益、唱响时代强音。

天津市委网信办二级巡视员在致辞中强调，网络文明是新形势下社会文明的重要内容，是建设网络强国的重要领域。天津市网络公益歌曲大赛，作为天津"网络公益工程"的品牌活动，得到了社会各界的广泛支持。希望通过这次活动的举行，吸引、凝聚更多网民，积极投身到网络公益活动中，汇聚向上、向善力量，携手共建网络文明，让网络空间正能量更加充沛，主旋律更加高昂，有力推动社会主义精神文明建设开创新局面，在全社会形成共建共享网上美好精神家园新格局。

据了解，大赛自2021年5月启动以来，总共收到原创网络红歌100余首，在网络展播和网络投票期间，50余万网友在云端打卡、点赞，原创网络红歌全网点击量突破1 500万，经过歌曲征集、网上展播、专家评审和网络投票多个环节，一大批正能量充沛、主旋律高昂的网络视听文化产品脱颖而出。

（资料来源：人民网，2021年12月11日，有改动）

(四)培养优雅的网络情趣和审美格调

网络是一个丰富多彩的世界，面对网络这个良莠不齐、充满诱惑的空间，大学生除了要提高自己的辨识能力，还要培养自己的网络情趣。优雅的网络情趣，是指网络主体在网络环境中，保持高昂的情调、高雅的格调、高涨的审美激情和较高的审美能力。有不少大学生，由于好奇心、从众心理或抵制诱惑的能力较差等原因，经常在网上使用格调低俗的语言，观看内容庸俗的信息，散布五花八门的谣言，发表不堪入目的言论，这不仅破坏了网络的有序环境，而且也有损大学生的良好形象。当前大学生应提高文化审美情趣，做秀外慧中的有情趣的网民。

(五)养成良好的上网习惯

要想培养健康的网络心理，就必须养成良好的上网习惯。网络给大学生打开了认识世界的一扇窗户，创造了另一个求知的广阔空间，提供了超越现实生活的另一种交往虚拟空间。网络自身的特点和属性，迎合了大学生的心理需求和精神向往，他们渴望通过上网来求知、交友、恋爱、游戏和抒怀等，因此网络已经成为大学生学习、生活中最为亲密的“朋友”。从整体上来说，网络给大学生带来的多是正面影响。但是大学生如果处理不好上网与学习、生活的关系，养成不良的上网习惯，则会走向对立面，以致荒废学业、精神空虚萎靡，甚至产生严重的心理问题，从而影响人生前途。养成良好的上网习惯，不仅体现了良好的心理习惯，也体现了良好的行为习惯和道德习惯。良好的心理习惯主要是指良好的上网心理需要、动机、兴趣、信念、理想和网络观。良好的心理习惯贯穿于包括认知、情感和意志过程在内的整个网络心理活动过程。大学生要自觉形成良好的上网动机，满足自己积极的人生发展需要，实现理想的人生目标。良好的行为习惯，主要是指大学生的上网时间、频率及各种安排应当遵循合理的规律，并做到既乐于上网，又有所约束和节制；既满足心理的需要，又保持充沛的精力和体力；既充分地发挥个性、尽情娱乐，又体现大学生较高的文明层次。良好的道德习惯是指大学生必须具备优良的网络道德品质和修养，遵从善恶标准，维护网络空间的清朗。

课堂讨论

分组讨论网络成瘾的诱因，并提出10条可以帮助我们养成上网好习惯的方法。

教学检测

一、思考题

1. 网络的特征有哪些？
2. 网络心理健康的标准是什么？
3. 培养大学生健康网络心理的方法有哪些？

二、活动设计题

辩论：互联网使人际关系亲近还是疏远？

目的：感受互联网给大学生人际关系带来的诸多变化。

步骤：可以把学生分成两组，分为正方“互联网使人际关系亲近”和反方“互联网使人际关系疏远”进行立论说明，活动重点不在于评判哪组胜利，而在于让大学生在讨论中认清网络的积极影响和消极影响，从而促进心理的健康发展。

思政园地★

安徽省高校：智慧思政谱写育人新篇章

习近平总书记在全国高校思想政治工作会议上强调，要运用新媒体新技术使工作活起来，推动思想政治工作传统优势同信息技术高度融合，增强时代感和吸引力。安徽省成立了省级高校网络思政工作中心，构建了智慧思政大平台，以创新机制为引领，以技术驱动为支撑，打造互联网时代铸魂育人新高地。

收到安徽师范大学录取通知书的那天，家在云南的陈杰(化名)心里有些忐忑。父母离世，安徽省路远，学费是难题。

一通电话响起，陈杰悬着的心终于放下了。原来，学校学生资助管理中心已经了解到陈杰的情况。在老师介绍了相关资助政策后，陈杰的心里有了底。

这通电话之所以这么及时，得益于安徽师范大学打造的教管服一体化智慧思政平台。

智慧思政平台在安徽省的很多高校里不算“新鲜事”，可如何掌握全省高校学生的思政工作情况？如何使资源达到最大利用率？“安徽省高校智慧思政平台”应运而生。创新机制、统一平台、汇聚资源、数据驱动的省级一体化平台建设，成为安徽省推进高校思政工作的“助燃器”和“加速器”。

统一平台焕发高校思政新活力

中共安徽省委教育工委有关领导表示，“当前高校思想政治工作中的许多新情况新任务，在很大程度上是因网而生、因网而兴、因网而增。做好高校思想政治工作，要因事而化、因时而进、因势而新”。

在此背景下，2019 年 4 月，安徽省高校网络思想政治工作中心正式挂牌成立，其运转载体“安徽省高校智慧思政平台”囊括了思政教育、服务、管理等各项工作的核心功能。

“它是一个由安徽省委教育工委、省教育厅设立并领导，思政处具体指导，并委托安徽大学承担建设管理运行的工作机构。”王佩刚介绍，安徽省高校网络思想政治工作中心职能主要有规划设计、政策引领、标准制定、资源整合、评价考核五个方面。

全省平台的搭建和管理并非易事。在管理上，安徽省高校网络思想政治工作中心遵循“专门人干专门事”的原则，派专人负责平台的管理和日常运维。

目前，中心完成了“省校两级智慧思政平台应用”的开发和建设，服务全省 120 所高校、150 多万名师生。其中，省级平台侧重宏观管理和指导，并为高校思想政治工作提供技术支撑和服务；校级应用平台在省级平台的基础上，结合学校实际进行再次开发，侧重具体的教育、管理和服务工作落实，注重彰显学校特色。

“思政金课”把牢课堂主阵地

“大学四年如果没听过路老师的课，那将是你人生的遗憾”“每学期都抢不到，郁闷”……在安徽师范大学的师生口中，时常可以听到这样的话。

他们口中的路老师，就是“全国师德标兵”“安徽省优秀德育工作者”路丙辉教授，他的课常常是一座难求。

而现在，像路丙辉这样的名师课堂在安徽省高校智慧思政平台都能看到。目前，该平台为全省 123 所高校提供近 4 000 门“思政金课”资源，组织了 40 余场云端思政大课，平台总访问量达到 1.54 亿余人次。除了提供优质的教育教学资源，智慧思政课教学平台还可以为思政课教师在线创建课程、设置课程展示模板、提供备课交流等，推动教师备课资源、教学经验互动共享、交融互鉴。

安徽大学马克思主义学院副院长李明切身感受到了平台给教育教学带来的变化。“以前学校开展思政课教学存在专职思政课教师数量不足等问题。通过举办青年讲坛、思政课直播，不仅可以解决教师不足的问题，还能发掘、培养青年思政教师。”李明说。

同时，安徽省各校也在积极探索新形式教学。例如，合肥工业大学在第二课堂成绩单系统“思政学习”模块建立小程序学习平台，“思政学习”每学年阅读及答题量近200万次；巢湖学院以网络名师工作坊、大学生网络文化工作室建设为突破口，培育“名师工作坊”13个，建立起1个校级网上党校及12个分党校……

安徽省高校网络思想政治工作中心副主任潘金刚介绍，目前平台将PC端、移动端、云端、教学端、学习端、管理端融为一体，形成了集课程教学、资源共享、数据采集、网络研讨于一体的“思政金课”线上线下混合式教学模式，有效解决了“优质教育教学资源不能充分共享，教学质量不能有效保证”的问题，大力推进思政课改革创新和教学质量提升。

大数据助力教管服一体化

即将从安徽师范大学毕业的大四学生江倩(化名)，回忆第一次收到助学金时填写的还是纸质表格。四年后的今天，一张张纸质表格早已被清晰明确的大数据画像取代。

“学校利用云计算、大数据、人工智能等新技术手段实现了对家庭经济困难学生的精准识别、精准资助、资助育人和效果评估，实现智慧资助。”安徽师范大学学生工作部副部长项家春介绍。

为进一步提升学生资助政策实施成效，提高资助精准度，依托智慧思政数据分析平台，2019年秋季学期起，安徽省已将所有本科阶段高校全部纳入智慧资助试点范畴。

在智慧思政数据分析平台上，安徽省加大了数据共享力度，实现了对特殊群体学生、困难学生的精准认定。例如，中国科学技术大学通过校园“一卡通”对学生就餐情况按月进行统计分析，不用学生自己申请，通过精确的数据统计、分析、比对来确定受助对象，以达到资源的合理配置，让最需要的学生获得生活补助。除了“智慧资助”之外，智慧思政平台也正成为安徽省不少高校教师与学生进行心灵对话的“树洞”。

目前，安徽省16所首批试点高校已在智慧思政课、智慧资助、智慧就业、新媒体联盟与舆情分析等方面，逐步探索形成各具特色的网络思政工作模式。

目前安徽省高校智慧思政平台建设正处在1.0时代，未来，将以入选国家智能社会治理实验基地(高校智慧思政实验基地)为契机，进一步完善系统，提升平台功能，推进省内高校间数据共享，实现信息互联互通，发挥网络育人的突出作用；进一步推进全省高校思政工作教育管理服务一体化，打造互联网时代的教育治理体系和育人体系，助力教育现代化。

(资料来源：《中国教育报》，2021年11月10日，有改动)

讨论：

1. 智慧思政平台的建设有何意义？
2. 结合材料和所学知识，思考网络对大学生有哪些影响。

第八章 大学生恋爱心理和性心理

育人目标

◎ 树立文明、健康、理性的恋爱观和价值观，正确处理好爱情、学业和职业三者的关系。

◎ 学习性知识，增强自我保护意识，学会妥善调适性困扰，培养健康的心态，拥抱灿烂的明天。

学习目标

◎ 了解什么是爱情和爱情的特点，理解大学生恋爱的动因、类型、心理过程及心理特征。

◎ 了解大学生恋爱中常见的心理困扰，掌握这些困扰的调适方法，培养正确的恋爱行为。

◎ 了解性的含义和属性，了解大学生常见的性心理困扰及其调适方法。

◎ 了解性心理健康的定义及评定标准，掌握培养健康性心理的途径。

情境导入

小刘是个痴情的女孩，半个月前刚与男友分手。在与男友分手后的半个月里，小刘整日精神恍惚、茶饭不思、以泪洗面，靠回忆以往相爱的日子度日。往事历历在目，爱情的誓言还在耳畔回荡，小刘被绝望紧紧包围着，夜夜辗转难眠。她越想越不明白，自己那么爱男友，对他百依百顺，为他付出了一切，为什么还留不住他的心？到底什么是爱情？世界上究竟有没有爱情？自己还能相信爱情吗？带着这些困惑，小刘走进了心理咨询中心。

爱情是人类永恒的话题。法国作家维克多·雨果曾这样给爱情定位：人生有两次出生，第一次是人在开始生活的那一天；第二次则是在萌发爱情的那一天。“爱情即人生”可以作为这位伟大的作家对爱情的定义。也有人认为每个人的爱情都是一部电影，自己是这部电影的主角兼导演，自己诠释的这部电影到底是艺术片、悲情片、无声片、商业片还是灾难片，都取决于自己对待爱情的态度。归根到底，爱情需要自己来把握。对已成年的大学生而言，爱情已不再是禁忌，爱与被爱都是正常的情感需要。

第一节　大学生恋爱心理概述

名人名言

友谊就像陶器，破了可以修补；爱情好比镜子，一旦打破就难重圆。

——乔希·比林斯

一、爱情的概念和特点

什么是爱情?

（一）爱情的概念

千百年来，爱情一直是哲学、宗教学、心理学、美学和社会学等学界争论不休的问题。不同的人对爱情有不同的心理体验，爱情既能给人带来快乐和幸福，也能给人带来难以忍受的痛苦和烦恼，正如俄国文学巨匠列夫·托尔斯泰所言“一千个人就有一千种爱情”。本书采用社会心理学的爱情概念，对爱情进行定义，即爱情是指双方基于一定的社会关系和共同的生活理想，在各自内心形成的对对方最真挚的倾慕，并渴望对方成为自己终身伴侣的最强烈、最专一和最稳定的情感。爱情是人类特有的一种高尚的精神生活，是精神升华的产物。也就是说，爱情包含三个层面的内容：生理层面、心理层面和社会层面。生理层面是指爱情是一种生物本能，这种本能促使两人形成强烈的相互结合的愿望；心理层面是指爱情是一种高尚的情操，健康的爱情使人身心愉悦；社会层面是指爱情是一种社会现象，受社会道德和法律规范的约束。

（二）爱情的特点

爱情作为人与人之间，特别是两性之间的一种特殊关系，有着不同于其他人与人关系的一般特点。

1. 冲动性

恋爱中的人往往带有很强的非理智因素。当爱情受到外来阻力时，对爱的强烈的激情能使双方做出令人敬佩和果断的抉择。爱情也会使人感情用事，丧失理智。卢梭说过：“我一生中，在我所爱的人身边，曾不止一次地被丧失理智的情欲引诱，从而变得视而不见、听而不闻，兴奋得全身战栗。”因此，我们应理智地控制好自己的情感冲动。

2. 专一性

专一性是爱情不同于其他情感的最大特征。两人之间一旦形成爱情关系，就只存在恋爱的二者，不容许有第三者介入，也不容许其中的任何一方同时涉足第三者，要求恋爱双方真诚相待。专一性的形成既受人类动物本能的影响，也受社会因素的影响，是人类文明进步的产物。但是对于爱情的这一特性理解过于狭隘的话，就会出现独占的自私心理，这是一种不健康的心理状态。

3. 直觉性

直觉在爱情的产生中起着重要的作用。青年人对人、对是非已有了评判标准，但往往对人的外显部分如外貌、体态、着装、言语、工作能力等投入过多的关注，并予以评价，而对人的思想、追求、品质、道德、性格、爱好、文化修养、生活习惯、心理健康等反映其内涵的部分，尚缺乏较明智的判断能力，因此往往容易对他人一见钟情或相处时间很短就发展为爱情关系。爱情的直觉性，往往容易把人眼睛迷住，导致肤浅性和盲目性的出现。因此，要合理把握直觉在爱情中的作用。

4. 专注性

沉浸于甜蜜爱情中的人大多十分专注和投入，无时无刻不在关注对方，正所谓“一日不见，如隔三秋”；他们对待爱情也很执着，在两个相爱的人眼中，没有什么困难和挫折可以挡得住他们恋爱的步伐，他们有着冲破一切阻碍走向幸福彼岸的豪情。但是对爱情过于专注容易影响工作和学习，容易导致偏执、偏激甚至失控的情形，使人无法理智地处理事情。

知识延伸

爱情的类型

美国心理学家罗伯特·斯腾伯格提出的爱情三角理论指出，激情、亲密和承诺三种成分组成了七种不同类型的爱情。

(1)喜欢式爱情。只有亲密，没有激情和承诺，如友谊。显然，友谊并不是爱情，喜欢并不等于爱情。

(2)迷恋式爱情。只有激情，没有亲密和承诺。这种爱情充满了激情，却少了成熟与稳重，是一种受到本能牵引和导向的青涩爱情。

(3)空洞式爱情。只有承诺，缺乏亲密和激情，如纯粹地为了结婚的爱情。此类爱情缺少必要的内容。

(4)浪漫式爱情。只有激情和亲密，没有承诺，这种爱情崇尚过程，不在乎结果。

(5)伴侣式爱情。只有亲密和承诺，没有激情。跟空洞式爱情差不多，没有激情的爱情不能称之为真正的爱情。

(6)愚蠢式爱情。只有激情和承诺，没有亲密。没有亲密的激情顶多是生理上的冲动，而没有亲密的承诺不过是空头支票。

(7)完美式爱情。包含激情、亲密和承诺。只有在这一类型中，我们才能看到爱情的“庐山真面目”。

精选案例

张广和罗小曼是同班同学，都是某高职院校的大二学生。罗小曼是个热情大方的女孩，平时和别人打交道时总是大大咧咧的，而且她也特别喜欢帮助别人，总能在别人困难的时候主动伸出援助之手。因此，罗小曼深受同学们的喜欢。

因为罗小曼是本市的学生，所以她周末的时候总是回家吃饭。一次，罗小曼回家吃妈妈刚煮出来的饺子时，她突然想起了自己的"铁哥们"张广，张广是一个品学兼优但家境贫寒的学生，他平时的生活十分简朴，并且家在外地，吃不到家里做的饭菜。罗小曼心里越想越不是滋味，一时间，她的热心肠又活跃了起来。她吃完饭后，用家里的保温桶给张广装了一份妈妈刚从锅里捞出来的饺子。当她把饺子放到张广面前的时候，张广眼中满是感激，他觉得罗小曼真是个不错的朋友。但是旁边的一位男同学看到后，却酸溜溜地说："呦，真不错，饺子还热乎乎的呢，这后勤工作做得不错啊。"他还对张广说："女朋友这么好，还舍得搞地下情啊，还不告诉哥们一声。"听到他这么说，其他同学都哈哈大笑起来，导致罗小曼和张广非常尴尬。

分析：

张广和罗小曼可以说是一对好朋友，罗小曼天生热心肠、乐于助人。但是其他同学却将这种同学之间的友情狭隘地理解成了爱情，这是一种错误的看法。因此，要理解友情和爱情的区别，不要随便定义别人的感情，从而破坏了朋友之间纯洁的友谊。

课堂讨论

你能区分爱情与友谊吗？

二、大学生恋爱的动因及类型

(一)大学生恋爱的动因

1. 生理发育成熟

大学生年龄大多为 18～22 岁，正值青春发育成熟期，性意识增强，渴望与异性交朋友，恋爱欲望强烈，会积极构思理想的恋爱对象，并试图付诸恋爱实践。因而一旦遇到接近理想恋爱对象的异性便会以各种借口，寻找各种机会进行试探和追求。

2. 情感需要

大学生都是经过多年寒窗之苦，奋力拼搏才进入大学校园的。中学阶段由于升学的压力、家长和老师的管制而被暂时压抑的丰富的青春期情感此时得以爆发，大学生自我形象逐渐清晰，渴望情感需要的满足，而恋爱则是其情感满足的一种重要方式。

3. 从众心理

高校中经常会出现一种现象，即同宿舍里的几个同学，一旦有人恋爱，其他人很快也开始恋爱，这是从众心理的表现。有些大学生本来暂时没有谈恋爱的想法，如果没有其他同学的影响，可能不会那么快地萌发谈恋爱的念头，但是身边同学的恋爱行为，会引发自身恋爱的意识和行为。

4. 家庭的影响

家庭教育是教育中重要的一环，但由于部分父母对大学生有过高的期望，或工作太忙，又或是父母关系不和谐等因素，导致有些大学生很少或无法与父母进行正常的交流，因而可能通过恋爱来寻找感情支持。

5. 价值观念的变化

价值观念的变化会影响大学生对待生活的态度，如有些大学生想要回避社会问题，或是学习动力不足，甚至玩世不恭、一味追求享乐等，因此试图用谈情说爱来弥补精神上的空虚。

(二)大学生恋爱的类型

1. 慰藉型

处在青春期的大学生渴求社会与他人的理解，常有一种莫名的惆怅和孤独感。当周围的环境不能消除其惆怅和孤独感时，部分大学生常以恋爱的方式向他人伸出求援之手，寻找心理慰藉，以排除内心的孤独。

2. 友情型

有的恋人在上大学之前就有感情基础，双方考上大学后，发展为恋爱关系。这种恋爱关系发展较稳定，成功率也较高。

3. 理想型

理想型恋爱的大学生往往缺乏冷静思考，对爱情充满理想色彩，一旦认定某个人与自己理想中的形象吻合，就会不顾一切地去追求，并甘愿为之牺牲一切。这类大学生容易将爱情理想化，情感比较脆弱，一旦遭受挫折便会非常痛苦，易出现心理障碍。

4. 志趣相投型

志趣相投型恋爱的大学生一般把感情融洽、志趣相投、事业成功等作为恋爱的基础。这类恋爱的双方道德高尚、互相尊重，行为端庄大方，感情热烈而举止文明，注重思想上的沟通，以和谐的精神生活和学业的共同追求为满足。

5. 功利型

功利型恋爱是一种非常势利的实用主义恋爱类型。有的大学生恋爱看的是对方的物质条件，或对方父母或亲戚的名利、地位等。这类大学生往往基于利益关系而恋爱，把爱情当作谋取功利的手段，无真实的爱情可言。

6. 情欲型

有些大学生自我控制能力较弱，追求性刺激，以满足性欲望为目的与同学交往、恋爱，有的甚至把恋爱当作娱乐。这类大学生只注重对方的外表，追求感官上的愉悦，常忽视或无视爱情中应有的伦理因素。无疑，这是一种不健康的恋爱类型。

三、大学生恋爱的心理过程及心理特征

大学生恋爱心理是指大学生在生理、心理和环境的共同作用下，所表现出来的对异性的求知、接

近从而进行恋爱、追求爱情的行为以及由此产生的各种心理现象。

(一)大学生恋爱的心理过程

一般来说，大学生爱情的产生和发展，大致要经过好感、爱慕和相爱等步骤。

1. 好感

好感是指在人际交往中所产生的一种彼此欣赏的情感体验。例如，大学生在学习、工作和生活中，通过相互接触、相识与往来，产生希望与彼此进一步接触的心情。双方的好感会增强相互的吸引力，形成一种内在动力，促使双方接近和交流情感。

2. 爱慕

爱慕是指男女之间在好感的基础上，通过对对方的爱好、志趣、性格、为人等各方面的进一步了解而产生的更深刻的情感体验。这种内在的情感体验使人心旷神怡，容易萌发成希望与对方结合的强烈情感倾向，并在理智支配下，发展成对对方的爱慕之情。

3. 相爱

男女之间单方面的爱慕还不是爱情，只有相互爱慕，爱情才能建立。在恋爱中，从单方爱慕到相互爱慕，有时可能是同步到来的，有时也可能是不同步的，或者还会经受一些波折，但只要双方心心相印，无论是谁先打开自己的心扉，相信最终都会赢得对方的回应，并开出绚丽多彩的爱情之花。

(二)大学生恋爱的心理特征

1. 盲目性和冲动性

从高中压抑紧张的学习环境中脱离并进入大学之后，大学生心理上存在对爱情的极大期望，希望能够在大学好好放松的同时体验甜蜜的爱情。一方面，是因为中学时期学习压力较大，父母、老师等担心学生因恋爱耽误学业常极力反对学生在此阶段恋爱；另一方面，是因为大学环境十分包容，社会、校园还有家庭都默许大学生恋爱。因此，大学生往往迫不及待想要“脱单”，并以此为荣。这也使部分大学生仅凭借一时的冲动与好感就草率地与对方表白并确立关系，而忽略了理性的思考与判断，同时在选择对象的标准上也偏向于重外表而轻内在。还有部分大学生甚至无法区分好感、友情与爱情，简单地把对对方的好感、友情当作爱情。这说明很多大学生对恋爱的认识还不成熟，有的就是为了恋爱而恋爱，没有理解恋爱的本质和意义，这就造成大学生恋爱的盲目性和冲动性。

2. 自主性与浪漫性

大学生的个性特点、平等权利与平等价值观突出，反映在恋爱问题上即双方都重感情、易冲动，不受传统习俗的局限。在确定恋爱关系前，甚至在确定恋爱关系后，大学生一般不会征求双方父母的意见，显示出较强的自主性。

另外，大学生的恋爱也非常注重浪漫性。恋爱时，双方都追求两个人的心心相印及恋爱过程的梦幻与热烈，向往花前月下、甜言蜜语与如胶似漆。只要两个人互相吸引，就可以畅谈人生理想，分享“诗与远方”。但也正因为大学生的恋爱带有浓厚的浪漫色彩，很少涉及经济和今后的婚姻、家庭等现实问题，所以毕业季常常成为“分手季”。

3. 不稳定性与不成熟性

大学生生活阅历较浅、思想相对单纯，人生目标还没有清晰和准确的定位，对爱情的认识也不够深刻，其恋爱心理也就表现出不稳定和不成熟的特点。大学生恋爱动机和目的不明确，对待恋爱的态度和行为较为盲目，很多大学生其实是为了恋爱而恋爱，这在很大程度上导致大学生恋爱关系不稳定，使大学生的爱情往往经不起挫折和困难的考验，为后续分手埋下了隐患。还有些大学生责任意识不强，认为恋爱不需要承诺和责任，只在乎此时此刻的快乐，并没有为恋爱双方的将来做长远的打算。这种对待恋爱责任与承诺的缺失，使大学阶段的爱情根基不牢，抗风险能力较弱，稳定性较差。同时，很多大学生的爱情可以共享乐，但不能同患难，大学象牙塔里的青涩爱情往往因经不起时间考验而以分手告终。在现实生活中，当在恋爱过程中遇到问题时，很多大学生常常缺乏妥善处理恋爱问题的能力，表现出不成熟的一面。

4. 开放性与多样性

随着社会的发展以及外来文化的影响，大学生的恋爱观念与行为显得更为开放，恋爱方式热烈洒脱。对于婚前性行为、婚前同居等现象，大学生的态度趋于宽容和接受。恋爱行为也比较公开，经常有大学生在公共场合(如教室、图书馆、楼道、食堂、宿舍门口等)举止亲昵，有时甚至会影响到他人。同时，大学生恋爱的目的与方式也越来越多样化，有的是因为“空虚寂寞”，有的是因为外貌，有的是因为“水到渠成”或“日久生情”，还有的是因为“想要甜甜的恋爱”。此外，网络的便捷也使恋爱方式出现了各种变化，如异地恋、网恋等。然而，近年各种恋爱(尤其是网恋)受骗案例频发，大学生在享受恋情时也要时刻擦亮双眼，保护好自己的人身与财产安全，以免遭受不必要的损失。

课堂讨论

描述一下你心目中的爱情。

四、大学生恋爱中常见的心理效应

(一)光晕心理

光晕心理又称光环效应，是指个体对某个人的整体印象会直接影响到对此人具体特征的认识评价的一种心理现象。热恋中的年轻人的光晕心理常常表现为以下两类。

1.“情人眼里出西施”

在光环的笼罩下，恋爱中的人容易忽略对方的许多不足与缺点，妨碍了双方对彼此正确、深刻的了解。其原因在于恋爱初期常会把对方理想化、完美化和偶像化。随着时间的推移、情感光环的消失，感情冲动逐渐平静，便会发现眼前崇拜的人并不完美，甚至毛病百出，心里便会产生受骗的感觉，甚至造成日后爱情的悲剧。

2.“西施眼里觅情人”

部分人在选择恋爱对象时，往往过高地估计自己，过低地评价他人，强烈的自我优越感使其择偶标准过高，对对方百般挑剔、苛求，结果在现实生活中屡屡碰壁，难以获得真正的爱情。

光晕心理在恋爱中往往会使当事人不能客观地认识他人或评价自己，产生感情上的错觉，由此造成恋爱心理问题。大学生想要克服光晕心理，首先要对自己和他人持一种冷静、客观与全面的审视和分析的态度，防止感情用事；其次要丰富自己的社会阅历，积累社会生活经验，提高自己的分析和辨识能力；最后也要在学习、工作、生活中相互了解彼此，建立真挚的爱情。

精选案例

钱灵和王奇是同学，在大三那一年确立了恋爱关系，他们的结合被传诵一时。当时，钱灵是系里的焦点，她长得漂亮、身材窈窕，而且多才多艺。每次晚会，同学们都能看到钱灵婀娜的身姿在台上翩翩起舞，那优美的舞步不知迷倒了多少男孩子。当然，王奇也是其中一员，他还曾为钱灵作过一首赞美她舞姿的词。正因为这首词，两个人相识了。王奇也可以说是系里的才子，文章经常见报，嗓音富有磁性，经常主持节目，可谓风度翩翩、玉树临风。他们在一起真算是"才子配佳人"了。刚开始两个人在一起的时候也是你侬我侬，眼中满是柔情蜜意，满是对方的优点。毕业后，两人结婚了，按说应该是继续幸福地生活下去。但是，结婚后，钱灵发现王奇很邋遢，总是把家里搞得一团糟；王奇也发现，钱灵总是任性发小脾气。两个人总是吵架，数落对方的缺点，再也没有了恋爱时的甜蜜。

分析：

这就是恋爱时的光晕效应在作祟。恋爱时，双方眼中尽是彼此的优点，缺点一概忽略不计，如此下去，只会给以后的生活埋下痛苦的种子。恋爱时，双方应该理智地看待彼此，以清醒的态度来对待爱情，防止感情用事，从而建立真正的爱情。

(二)逆反心理

逆反心理是指因客观现实与个人主观需要不相符，主体产生强烈的抵触情绪，从而引发的一种负面的心理活动倾向。逆反心理是恋爱过程中常见的心理问题之一。例如，有的大学生在恋爱过程中受到双方父母的反对，或其他不利因素的阻挠，彼此相爱的态度往往会更加坚决、关系更加紧密，难舍难分；有的大学生面对狂热的追求者不予理睬，反倾心于冷落他的人，在心理学中，此类现象又被称为"罗密欧与朱丽叶效应"。逆反心理在恋爱中虽不能完全被认为是一种消极心理，但不可否认的是它对恋爱有着不良影响和干扰。在恋爱中，当客观情况与主观需要相抵触时，大学生要注意控制自己的感情，防止逆反心理的出现。

(三)自卑心理

自卑心理是一种由自我评价偏低引起的害羞、不安、内疚、胆怯、忧伤、失望等消极情绪体验。自卑心理是大学生恋爱中常见的心理障碍之一。恋爱中的自卑心理多是因为自身存在缺陷或不足，如相貌、身材、家庭出身、社会地位、经济条件、学习能力、社交能力、个人修养等方面的不足。其产生的消极心理作用，对于大学生恋爱心理的不良影响较大。自卑感过强的人，在恋爱上，常会因怀疑自己的能力、惧怕自尊心受到伤害，而无法敞开爱的心扉；一旦在恋爱中受到挫折，又往往会采取自我封闭、不再与他人交往的方式以逃避现实，造成个体不能正确地认识自己、评价自己和接纳自己。克服恋爱中的自卑心理，大学生要正确认识与评价自我，勇于正视自己的缺陷和弱点，做到客观地评价自我，愉悦地接纳自我；要增强自信心，看到自己的优势，激励自己积极进取；要磨炼自己的意志，培养自己敢于面对挫折与困境的勇气和毅力；要树立积极的人生观，加强自身修养，以乐观积极的态度对待生活与人生。

五、大学生恋爱中常见的心理困扰及其调适方法

（一）单相思

1. 单相思概述

单相思又称单恋，是一种心理失去控制的情感表现，是指在相遇时由于对方的容貌、才华、品德行为、经济条件等产生爱慕之心，于是自己有意单方面点燃爱情之火，把对方的举止看作对自己有意求爱的信号。单相思者一旦发现对方无此情，往往会产生失恋的痛苦，昼思夜想，影响健康，严重的可导致精神疾病。单相思最大的心理误区是把暗恋的人过于美化，看得十全十美。

单相思是恋爱心理的一种认知和情感的失误。单相思使某些大学生陷入痛苦的境地，处于空虚、烦恼，甚至绝望之中。若处理不好，则对其今后的恋爱、婚姻生活都会产生消极的影响。因此，陷入单相思的大学生要学会克服单相思带来的负面影响。

2. 单相思的调适方法

大学生应该正确认识爱情，爱情是双方相互悦纳彼此，是双方共同的情感体验，而不是单方的意愿。大学生要通过观察对方的反应，确定对方的意愿，如果确实是爱情，则要拿出十足的勇气，克服羞怯的心理，勇敢地向对方表达自己的爱恋。对方若有意，则心灵的碰撞就会闪现出爱情的火花，而单相思也质变为相知相恋，爱的快乐也就取代了爱的痛苦；若是“落花有意，流水无情”，则应该承认事实，正视现实，要敢于抛弃幻想，用理智驾驭感情，通过思想感情的转移和升华来获取心灵的安宁。

（二）失恋

1. 失恋概述

失恋是指恋爱中的一方出于某种原因不愿再保持彼此的恋爱关系，使另一方失去爱情的情况。失恋不仅是情感生活的挫折，还会造成深刻的心理创伤，使失恋者产生强烈的自卑、忧郁、悲愤之感，甚至失去生活的勇气。失恋实质上是爱的平衡被打破，必然伴随着苦闷与烦恼。失恋初期，大学生觉得心里的情感无所希求、无所寄托，将来又虚无缥缈，因而常陷入痛苦的深渊。失恋者的苦恼与烦躁若不能有效地发泄出来，则会因长期的压抑而产生恶性循环，使失恋者的精神承受巨大的折磨。个别大学生会由于失恋而产生心理障碍，或者从此怀疑和不信任任何人，把自己的感情之门永远封闭起来，变得郁郁寡欢；或者看破红尘、自暴自弃，从而消沉下去；或者反目成仇、图谋报复、损人害己。失恋可以说是人生中较为严重的心理挫折之一。

失恋后的心理调节

2. 失恋的调适方法

在人的一生中，除了爱情，我们还有很多其他事情要做，并且一次失恋并不代表感情生活的全部失败，也并不是丧失了人生的所有。所以，失恋后及时进行心理调适是十分重要的。进行及时的心理调适应注意以下几个方面。

（1）冷静与理智地分析失恋的原因。面对失恋的痛苦，自己应该先冷静，然后客观地分析原因，以客观的态度全面地看待双方之间的差距，敢于正视与接受

恋爱终结的现实。失恋既有自己的原因，也有对方的原因或外界的原因。对这些原因进行利弊分析，就会发现在恋爱过程中忽略的问题，体会到分手未尝不是一件好事。

(2)积极主动地及时疏导和调节自己不良的情绪反应，适当地宣泄。失恋后，大学生尽量不要把痛苦埋藏在心底，可以找亲朋好友诉说内心的烦恼和不快；可以外出旅游，从大自然中寻求心理的慰藉；可以参加文体活动，转移自己的注意力；也可以将精力投入到学习与工作中，使精神得以升华，获得精神寄托；必要时还可以主动寻求心理咨询机构的帮助和指导。但是应注意宣泄要有度，无休止的控诉只会让自己陷入无止境的消极情绪中。

(3)多想对方的好处，学会换位思考。换位思考是指站在对方的立场和角度去审视问题，对于失恋也是这样。要懂得爱情不可强求，恋爱是以双方互爱为基础的。因此，大学生也应换位思考，冷静地观察对方与自己恋爱关系的进程，设身处地地为对方着想，从而理智地对待失恋。

(4)以积极的心态战胜情感挫折，开创新的生活，将情感升华。现实生活中恋爱的成功与失败是相伴的，无论结局是缔结姻缘还是恋爱终止，都是正常的、可以理解的。但失恋者一定要保持一种积极的心态，将精力转向学习及自身的发展中，把失恋引起的消极感受升华为一种积极向上的动力，从而自我激励。法国作家罗曼·罗兰说过，每一个创伤都标志着前进一步。一个人能理智、及时地从失恋的痛苦中解脱出来，会使自己的生命变得更加成熟，以更自信和积极的态度走向新生活。例如，物理学家居里夫人因初恋失败而毅然走上了赴巴黎求学的道路，成为世界科学巨匠，被后人誉为“一次幸运的失恋”。

知识延伸

失恋的调节方法

(1)合理宣泄。尽情倾诉，宣泄内心的不快、痛苦和委屈。

(2)理性情绪疗法。冷静分析失恋原因，合理看待自我，排除那些不合理的推论。

(3)情感转移。通过转移自己的注意力来调整自己的情绪，如外出散步、旅游、听音乐、跑步、打球等。

(4)升华。爱情固然是人生不可缺少的一部分，但并非人生的全部意义所在。失恋时，应该用理智战胜痛苦，把感情、精力投入到能充分实现自身价值的学业和美好的生活中。

(三)多角恋

1. 多角恋概述

多角恋是指同时与两个或两个以上的人建立并保持恋爱关系。多角恋极其不道德的，正如著名教育家陶行知所说：“爱之酒，甜而苦。两人喝，是甘露；三人喝，是酸醋；随便喝，要中毒。”由于爱情具有排他性和专一性，所以无论何种多角恋都潜藏着极大的危险，一旦败露，就会给恋爱中的各方带来巨大的伤害。

造成多角恋的原因主要有以下几个：

(1)恋爱标准不明确。有的大学生生活经验不足，个性不成熟，没有较为明确的择偶标准，不知如何选择恋人，所以只好费尽心思地多方应付，举棋不定，导致多角恋爱。

(2)恋爱动机不良。有的大学生在开始和他人交往时就动机不纯，为了满足自己的不同欲求，同多个对象交往，以期达到自己的目的。

(3)虚荣心作祟。有的大学生认为追求者越多，自己的身价也就越高。因此，为了显示自己不凡的身价，同多个对象周旋，对别人和自己的情感极不负责任。

2. 多角恋的调适方法

陷入多角恋后，要及时进行调适。主要方法如下：

(1)明确自己的选择。爱情应当有所选择，在没有和任何人确立恋爱关系的时候，每个人都有选择恋人的权利。但如果同时与几个对象有了恋爱关系后再进行选择，那就混淆了选择恋人与爱情排他性的界限。针对这种情况，当事人应当对自己的感情重新进行权衡，有所舍弃。

(2)端正自己的恋爱态度。爱情是神圣的、不容玷污的。有的大学生态度不端正，以轻浮的姿态来对待爱情，同时和几个不同的对象交往，这是有违道德的。在恋爱过程中不仅要对自己负责，更要尊重别人的感情。

(3)分析自己与恋爱对象的关系。在多角恋中，当自己处于失利的一方，也就是自己的恋人和别人出现了这种情况时，要冷静地分析思考，与对方坦诚相对，事情不可挽回时要平静地接受，要明白这种爱情是不值得再为之付出的。切不可冲动，不顾双方感情实际一味挽回，这样只会给自己带来更大的伤害。

(四)网恋

1. 网恋概述

网恋是指个体通过网络结识对方，并和对方确立恋爱关系，同时通过网络维持感情沟通和交流的一种爱情模式。网恋的危害性很大，欺骗性明显，网络往往是犯罪者实施犯罪的主要载体。不健康的网恋会影响正常生活中的人际交往，容易让大学生性格变得冷漠、孤僻；占用大量时间，甚至严重影响学业；网恋导致的欺骗或失恋对大学生的打击沉重；需要大学生付出的精力和钱财较多，有的大学生难以承担。

2. 网恋的调适方法

应对网恋，大学生首先要看到网恋的危害性；其次要发掘现实生活中的人际交往的积极意义，学会保护自己；最后应有效控制上网时间，把时间和精力投入到学习和现实生活中。

精选案例

小洁最近在网上邂逅了一场浪漫的爱情，她每晚都会收到对方的贴心问候，感到很甜蜜。两人见面后，小洁发现对方是一位中年男士，她感觉自己被骗了，因为那位男士在网上说自己是某大学的学生，和自己年龄相仿。小洁本想就此作罢，不再和这位男士来往，但是最后还是在对方甜言蜜语的攻势下和他继续保持了联系，甚至相信了对方不告诉她年龄是因为太爱她的谎话。小洁一直很庆幸对方是单身，当然这也是那位男士告诉小洁的。小洁一直憧憬着嫁给这位男士，梦中都是婚礼的场面。但是有一天，小洁接到一个电话，是一位女士打来的，对方对小洁破口大骂，破坏别人的家庭，小洁诧异之余这才顿悟。

分析：

随着互联网的普及，有很多大学生通过网络寻找自己的恋爱对象。但网络毕竟是虚幻的世界，而爱情却要涉及现实。小洁就是沉溺于网络这个虚幻的世界中并遭受了欺骗。因此，大学生在面对网恋的诱惑时，要时刻保持清醒的头脑，避免成为“牺牲品”。

第二节　大学生健康恋爱心理的培养

名人名言

爱情越热烈、越真诚，就越要含蓄。

——奥诺雷·德·巴尔扎克

爱情是人类特有的一种情感体验，获得美好的爱情，树立正确的爱情观念，对大学生的生理、心理及未来的发展都有重要的推动作用。

一、树立正确的爱情观

(一)提倡志同道合的爱情

志同道合即有共同的人生观、理想和抱负。在恋人的选择上最重要的条件应该是志同道合，即思想品德、事业理想和生活情趣等大体一致。好的爱情应该是理想、道德、责任、义务、事业和性爱等的有机结合。只有志同道合，双方才能在恋爱的途中同舟共济、同甘共苦，也唯有志同道合的爱情才会有旺盛的生命力。

(二)摆正爱情在大学生活中的位置

大学生所处的年龄正是获取知识的黄金时期，更是储备专业知识、开发智力潜能的主要阶段。大学生应该把学习放在首位，摆正爱情与学习的关系，不能把宝贵的时间都用于谈情说爱上而荒废了学业，因为学业是大学生价值感的主要支柱。当大学生把爱情视为生命的唯一时，爱情就是一株温室中的花朵，娇弱美丽却经不起任何的打击。当爱情成为唯一的存在价值时，大学生就会失去人格的独立和魅力，也很容易失去被爱的理由。无数的事实也证明，大学生抛开学业寻求爱情的做法，最终是难以获得幸福的。

(三)懂得爱情是一种责任和奉献

大学生在进入恋爱状态前就应该懂得，爱不仅是得到，更重要的是一种责任和奉献。在社会生活中，人具有两个方面的责任，一方面是个人对社会应尽的责任，另一方面是个人对家庭、父母、孩子、朋友和伴侣的责任。个人对家庭、父母、孩子、朋友和伴侣的责任属于私人生活，是社会干预最为微弱的生活领域，是主要依靠道德的修养和自觉的责任感来维持的。正因为如此，它反映了一个人的人格形象。大学生一旦进入爱的王国，就必须具有强烈的责任感和奉献精神，只有这样才能获得崇高的爱情。

思政元素

武汉大学“恋爱心理学”课程受到学生热捧

2021年的某天，武汉大学哲学学院心理学系教授、系主任、博士生导师喻丰正在讲解“恋爱心理学”课程。当天，教室里座无虚席，后排都站满了人，实在挤不下的学生就在教室外踮起脚尖、趴在窗口旁听。“希望大家谈一场健康的恋爱，开始并且保持一段积极的关系”，这是喻丰开设讲座的初衷。同学们意外高涨的热情让喻丰教授感到惊喜，“这是对恋爱的渴望，是对心理学知识的渴求，当然也是对我个人的鼓励”。

课堂上，喻丰教授以爱情心理学的基本理论为主，结合谈恋爱的过程——寻找对象、开始、结束或者保持等，对同学们关注的问题逐层解答，一层层地揭开“爱情”的神秘面纱。“白璧微瑕的艺术”“关系的末日四骑士”“恋爱地图”……层出不穷的新鲜名词搭配逗趣好玩的图像，幽默风趣的风格辅以科学有据的知识，喻丰教授用各种元素的巧妙混搭燃起学生们的热情。

不少专家表示，高校开设恋爱课程，可以帮助大学生树立正确的恋爱观念，引导大学生解决一些恋爱中出现的问题和困扰，以更好地处理学业和爱情的关系。

（资料来源：人民网，2021年10月20日，有改动）

二、发展健康的恋爱行为

（一）恋爱言谈要文雅

大学生在恋爱的过程中，与对方交谈时态度要诚恳、坦率、自然，不要为了显摆自己而装腔作势、矫揉造作；不能出言不逊、举止粗鲁；相互了解时，不要无休止地盘问对方，使对方的自尊心受损，这样只会使对方厌恶自己，伤害双方的感情。

（二）恋爱行为要大方

一般来说，男女双方初次恋爱，在开始时常感到羞涩与紧张，随着交往的深入会逐渐变得自然与大方。在这个过程中大学生要注意行为举止的检点。有的人感情冲动，过早地做出亲昵动作，易使对方反感，影响双方感情的正常发展。

（三）亲昵动作要高雅

高雅的亲昵动作能使人体会到恋爱的愉悦感，而粗俗的亲昵动作则往往会造成情感分离的消极后果，有损爱情的纯洁与尊严，有损大学生的形象，同时对旁人也是一种不良的心理刺激。

(四)恋爱过程中要平等相待，相敬如宾

大学生在恋爱过程中，不要拿自身的优点与对方的不足作比较，以此炫耀、抬高自己，戏弄、贬低对方；也不宜想方设法考验对方或摆架子。因为这些都可能挫伤对方的自尊心，影响双方的感情。

(五)恋爱过程中要善于控制感情，理智行事

大学生在恋爱过程中，应有效地控制恋爱时产生的感情冲动。一方面要注意克制和调节，另一方面要注意转移和升华。大学生可以参加各种文娱活动，或与恋人多谈谈学习和生活，把恋爱行为限制在社会规范内，不致越轨，要使爱情沿着健康的道路发展。

三、培养爱的能力

(一)培养迎接爱的能力

一个人心中有了爱，在理智分析之后，要敢于表达、善于表达，这是一种迎接爱的能力。一个人面对别人的爱，能及时准确地对爱做出判断，并做出接受、拒绝或再观察的选择，这也是一种迎接爱的能力。缺乏这种能力的人，或是匆忙行事，或是无从把握。大学生要具有迎接爱的能力，就应懂得爱是什么、有健康的恋爱观，知道自己喜欢什么、需要什么、适合什么；就应对自己、对他人、对万事保持敏感和热情；就应主动关心他人、热爱他人。

(二)培养拒绝爱的能力

自己不愿或认为不值得接受的爱应有勇气加以拒绝。大学生拒绝爱时要注意两个方面。一是在并不希望得到的爱情到来时，要果断、勇敢地说“不”，因为爱情来不得半点勉强和将就。如果优柔寡断或屈服于对方的穷追不舍，那么发展下去对双方都不利。二是要掌握恰当的拒绝方式，虽然每个人都有拒绝爱的权利，但是重视每一份真挚的感情既是对他人的尊重，也是一种自重，更是对一个人道德情操的检验。不顾情面，处理方法简单轻率，甚至恶语相加，结果使对方的感情和自尊心受到伤害，这些做法是很不妥当的。

(三)培养发展爱的能力

苏联教育家安东·谢苗诺维奇·马卡连柯说：“爱的力量只能在人类非性欲的爱情素养中存在。他的非性欲的爱情范围愈广，他的性爱也就愈为高尚。”爱并不是非要具体到对某人的爱，而可以是更广泛意义上的爱。我们的亲人、同学、朋友、祖国和人民，都值得我们去热爱。培养发展爱的能力，就是要培养大学生无私的品格和奉献的精神，培养其善于处理矛盾的能力，使其能有效地化解恋爱和家庭生活中的矛盾纠纷，为恋人负责，为社会负责，这样才能创造出幸福美满的爱情。

四、提高恋爱的挫折承受能力

大学生的恋爱受多种因素的制约，因而在追求爱情的过程中遇到挫折是在所难免的。前面所提到的单相思、失恋、多角恋等恋爱心理困扰，对大学生的心理承受能力就是一种考验。如果大学生的承受能力较强，那么就能较好地面对挫折，否则就有可能产生不良后果。因此，提高恋爱的挫折承受能

力对大学生的心理健康是非常重要的。爱情受挫后，大学生应用理智来驾驭感情，分析原因，总结经验教训，寻找解决问题的方法和途径，在新的追求中确认和实现自己的价值，从而提高自己的心理承受能力和思想水平。以下是一些具体的做法。

(一)学习对挫折的“问题定向性应付”

对挫折的“问题定向性应付”，即通过分析原因、总结经验教训、寻找解决问题的方法和途径来应对挫折。大学生应该认识到爱情虽然是生活的重要组成部分，但并不是生活的全部。当爱情受挫后，大学生要用理智来驾驭感情，摆脱或消除烦恼和痛苦，在新的追求中确认和实现自己的价值。也就是说，在爱情受挫后，大学生应该冷静客观地分析原因，进而总结经验教训，提高自己的心理承受能力和思想水平。法国喜剧作家莫里哀曾说过：“爱情是一位伟大的导师，教我们重新做人。”只有能战胜挫折的人，才能获得成功。

(二)学习对挫折的“情绪定向性应付”

对挫折的“情绪定向性应付”，即通过适当的情绪调节和转移来减轻痛苦，如应用挫折合理化效应让情感升华等。所谓挫折合理化效应即“酸葡萄效应”，是指对某些不能改变的挫折在认知上给予调整，将挫折归因为对方。

精选案例

杜某，男，21岁，来到心理咨询室后，他表现得十分胆怯而无助，经过一段时间的沉默后，他开口说了第一句话是“我失恋了”。原来，杜某最近刚刚和在本市另一所大学就读的女朋友分手。两个人在高中的时候就已经暗生情愫，并相约一起考入同一个城市的大学，三年来的相处，两个人的感情也是风平浪静，可是大约一个月前，女朋友身边的另一个男生对她展开了攻势，也是在这个时候女朋友对他的态度发生了转变。两个人开始因为小事产生口角，且女朋友动辄就讲另一个追求她的男生如何优秀。杜某渐渐不能忍受，提出让她尽快在他和那个男生中做出选择。女朋友最终选择了放弃他。杜某无法接受这个现实，很难相信三年的感情这么不堪一击，心中实在不能把女朋友放下，他试图与女朋友谈话沟通，尽力挽回却无果。近日，杜某更觉得情绪低落，茶饭不思，有时甚至觉得活着没有任何意义。

分析：

很明显，杜某失恋了，而且遭受了很大的打击，沉溺于这种消极的情绪中不能自拔。他将爱情当作生命的唯一，没有了爱情就没有了活下去的希望。其实，这是一种错误的想法。人生中除了爱情，还有很多事情值得珍惜，如亲情、友情等。针对杜某这种情况，他可以通过适当的方式发泄情绪，还可以转移注意力，如集中精力投入到学习或集体活动中去，以转移自己失恋的痛苦。

知识延伸

大学的恋爱课该教些什么？

恋爱是可教的吗？尽管对于这一命题，学术上尚无统一定论，但大学生希望接受爱的教育、提升恋爱能力的需求不容忽视。2020 年，中青校媒（中央新闻网站中青在线的官方微信号）面向全国 1 028 名大学生发起问卷调查。调查结果显示，88.23%的大学生支持大学开设恋爱课。此后，相关话题也登上热搜，引发不少网友热议。

与几年前部分高校开设恋爱课的先驱性尝试相比，如今指责此举是大学“管得太宽”“不务正业”的评论已大大减少。公众逐渐对大学教育的目的达成共识：大学不只是青年智识的训练场，同样是帮助其更好地成人化、社会化的孵化器。与哈佛大学著名的“幸福课”一样，恋爱课的本质，也是引导大学生培养收获、经营幸福的能力。在各类搭讪技巧（Pick-up Artist，PUA）流传、情感诈骗层出不穷、离婚率有所攀升的当下，科学合理的恋爱教育显得尤为重要。

上大学以前，繁重的学业占据了学生的主要精力，与异性的良好相处之道成为一门“待修课”。恋爱课讲授沟通和表达技巧，不是破坏恋爱关系的自然发展，而是帮助大学生辨别感情路障，培养其积极处理问题的心态，避免其陷在思维怪圈中出不来。与社会上流传的搭讪技巧相比，二者也有本质区别：“PUA”是伪装成不是自己的人，通过精神操控、欺骗等方式获取他人的信任；恋爱课则是在尊重真实的基础上，教人如何更好地表达真心。

大学恋爱课还可以培养情绪管理和共情能力，让大学生学会经营好一段情感。恋爱关系不会是绝对理性的，大学校园中因情所致的抑郁、自杀和暴力行为，都是情绪失控下造成的情感悲剧。只有摆脱感情中的无意识状态，更好地管理自己的情绪、感知对方的心意，感情才能走得更长远。

除了“术”的传授，恋爱课更重要的任务其实是树立积极向上的恋爱观，提升自我认知能力和判断能力。虽然恋爱没有固定公式，每段关系有着不同的相处方式，但理想感情状态绝对不应该怎样，应当有所共识。例如，当情感关系中充满索取、羞辱、贬低、欺骗等负面因素时，大学生就应果断地与对方说再见，而不是自我欺骗、继续忍耐。

近些年，不断有人打着女德、情感挽回等旗号，宣扬奇葩的恋爱观念。值得注意的是，这些教导女性自我物化、号称情感可以被操控的错误理论，却不乏拥趸。这种现象，既反映了年轻人希望解决情感问题的现实需求，也暴露了相关教育存在一定缺失的问题。而正确恋爱观的树立，恰恰是传统大学教育的薄弱地带。

正如周濂在《打开》一书中所说：哲学可以让人看清到底谁在胡说八道。理想的大学恋爱课虽然不能保证每个同学都获得幸福，但至少能够培养大学生的判断能力，不至于其在遇到情感挫折时慌不择路，被社会上一些扭曲的恋爱观误导。

很长一段时间以来，恋爱关系都停留在私人话语的范畴，在公共话语场，人们则多是心照不宣、避而不谈。其实，这本来就是正常的人际交往，对爱情这一永恒话题的深入探讨，也能使人在面对情感时不再盲目、肤浅。大学恋爱课的设置，可以说是对这一话题的脱敏，进而塑造大学生更加开放、坦然的恋爱心态。

当然，某些高校在传统文化课上加入“女德课”，教授“妇德”“妇容”“男尊女卑”等内容的案例也提醒我们：大学恋爱课程的授课内容和方式必须科学合理，避免让腐朽、有毒害性的恋爱观念误导大学生。在这个意义上，高校还需统筹规划和设计，别让恋爱课变成"撩妹课"，也别沦为老师"放水"，学生凑学分的"走过场课"。

（资料来源：《中国青年报》，2020 年 10 月 14 日，有改动）

第三节 大学生性心理概述

名人名言

情欲所带来的结果，使你分裂、远离真正的心灵、意念、价值观，以及你真正想要的人生。

——亨利·克劳德

一、性的含义和属性

（一）性在不同层面上的含义

我们在谈到性时，常用到"性""性别"或"性别角色"这样一些词。虽然在日常使用时，我们会把这三个词当作一个词，但实际上，它们分别从性的三个构成方面反映了性的特质，它们的区分涉及生物学、心理学和社会学的知识。

1. 性

性，是生物学上的词汇，常指男女两性在生物学上的差异。它包括男女两性的染色体不同、性腺不同、性激素不同、生殖道与外生殖器不同和第二性征不同。性的生理因素是指人类性行为是性器官及其他系统协同活动的生理过程，是人类性活动的基础。性的需要是人的一种自然本能。

2. 性别

性别，是心理学上的词汇，它是指男女两性在生理差别基础上的心理差异，主要表现在性格、气质、感觉、情感、智能等方面，是个体的动机、态度、情绪、人格及行为的综合体现。

小贴士

我国著名医学家吴阶平曾说过："性行为和性功能本质上并不仅是生物学性的，而且没有任何别的方面比性领域更能充分表现出精神和肉体之间的相互作用。性是诸因素，包括自我力量、社会知识、个性和社会准则等与生理功能密切结合的一个高度复杂的体系。"这一阐述对于我们理解"性"十分有帮助。

3. 性别角色

性别角色，是社会学上的词汇，是指社会按照人们的性别赋予人们不同的社会行为模式。性别角色是男女两性在生理差异的基础上，由于社会期望不同而形成的。男女先天生理上的差异，为性别分化提供了可能。但是，男女在家庭和社会生活中扮演什么角色，则主要由伦理、道德、风俗、传统等社会文化所决定。

(二)性的属性

性是一个含义多、涉及范围广的名词，它既具有自然属性也具有社会属性。性是自然属性和社会属性的统一体。作为自然属性的性，是指男女在生理构造上的差异和人生来就具有的性的欲望和本能，它是人类生存和繁衍后代的必要基础条件。从生物的形态学和生理学上来理解，性是伴随着有性生殖出现的。人的基因与性器官的差异形成了男性和女性，性征便是两性特点的表达。作为社会属性的性，是性的本质体现。人的性需要，不仅包括生理性需要，也包括社会性需要。例如，择偶的要求不仅是寻找一位伴侣，而且还要满足个人审美的需要、爱的需要、个人生活幸福与自我发展等的需要，需要考虑对方的兴趣、爱好、学历、职业、家庭等社会因素。人的性行为必须通过婚姻、经济、法律、道德关系的规范才能够实现。

性是自然属性和社会属性的统一体，性既受人发展的生物规律的支配，又受人类社会文化发展条件和各种社会需要的制约。二者是有机联系、密不可分的。性的社会属性是人类文明进步和发展的本质，人并不仅仅是一个自然人，更是一个社会人。

二、大学生常见的性行为表现

(一)性渴望

进入青春期后，大学生由于性成熟而对性知识、生育现象有了探索的欲望和浓厚的兴趣，他们对自己的性器官十分关注，并且对“性”也十分好奇，渴望知道自己某些新的生理需求产生的原因和满足的方式，也想知道异性身体的秘密，对性方面的问题有着强烈的渴求。

(二)性冲动

性冲动是一种对性行为的欲望或者冲动，它不仅限于性器官，而且还连及整个身体和整个心灵。性冲动是随着生理的发育、性功能的日趋成熟及性意识的产生而产生的。男女从进入青春期开始，都会产生性冲动，只是引起的原因有所不同。性冲动是大学生青春期身心发展的结果，是正常的生理、心理现象，但同时大学生也要理性地控制自己的行为。

(三)性梦

性梦是指人在梦中与他人谈情说爱，甚至发生性关系的一种心理、生理现象。性梦的本质是一种潜意识活动，是人类正常的性思维之一。性梦是不由人控制的，梦和现实的巨大差别，不代表人的真正意愿。有关统计表明，性梦多发生于男性青少年当中，且性梦发生率有明显的年龄差异，一般随青少年年龄增长而增加。男女两性的性梦内容一般不同。男性的性梦常伴有梦遗现象；梦中的情境总有几分奇幻、几分恍惚；醒后往往回忆不起梦境的全部细节。女性的性梦往往错落零乱、变化无常，很难有清晰的性梦；醒后一般能够回忆起梦境的内容。有过性梦体验的大学生，不必为自己的经历而感到焦虑和羞怯，应顺其自然，同时要把主要精力放在学习和工作上，避免过多地受各种性信息的干扰。

(四)性幻想

性幻想是指以虚构的与性有关的遐想来满足自己对性的一种心理需求，是人类最常见的性现象，表现为在日常生活中经常出现无法摆脱的性幻觉。每一个心智健全的人都会有这样那样的性幻想，只不过在出现频率、持续时间、内容、性质及对待它的态度等方面存在着较大的差异而已。性幻想在入睡前及睡醒后卧床的那段时间及在闲暇时出现较多。性幻想属于性成熟的正常现象，但不可过分沉溺其中，否则容易给身心健康造成危害。

(五)自慰

自慰是指用手或其他工具刺激生殖器官而获得性快感的一种行为。在性冲动较为强烈而且无法找到合适的满足方式时，自慰在一定程度上可以缓解性紧张，宣泄能量，保持身心平衡。自慰属于一种正常现象，适度、节制的自慰对身体是没有害处的，但不可过分沉浸其中，否则也会给身心健康带来极大的危害。

课堂讨论

谈谈你对性的认识。

三、大学生性心理困扰及其调适方法

(一)性认识偏差带来的困扰及其调适方法

在对性的认识上，由于受封建社会谈“性”色变的保守观念的影响，又未受到系统、正规的性科学教育，不少大学生对“性”持有不正确的认知，把性看成下流的、肮脏的、难以启齿的、污秽的东西。这种认知往往导致大学生对性情感、性态度的过敏、禁忌、矛盾、冲突，进而影响大学生的自我评价，表现为焦虑、烦躁、厌恶及内心不安、恐惧、自责等。这种性认知的偏差，既是一种不健康性心理的表现，也是引起一系列性心理障碍的重要因素。

另外，也有极少数大学生对性抱着一种满不在乎、随意为之的态度。他们过于强调性的生物性，受西方“性自由”“性解放”思想的影响，把恋爱当作一种时尚，当作一种能力，把自己谈了多次恋爱作为炫耀的资本。还有大学生在恋爱过程中，只注重情欲而忽视爱欲，只注重肉体而无视精神，把人的性与动物的性等同起来，虽然这仅存在于极少数的大学生中，但是，它造成的影响是巨大的，是对整个大学生群体的一种玷污。

性是人的一种本能，是人性的表现。大学生应该学习、掌握性知识，应该具备与年龄和文化程度相吻合的性知识水平和性行为方式；除了要认识性的生物属性，还要认识性的社会属性。人是社会的动物，人的性观念、性行为应符合社会道德和社会规范。性是自然属性和社会属性的统一体，性禁忌和性放纵都是有害于身心健康、有悖于人性的。

(二)性冲动带来的困扰及其调适方法

一些大学生常常会因性冲动而产生许多困扰。例如，某位男生和女友在一起时，总会产生一种冲动，想要亲吻她、抚摸她，甚至占有她。这种想法很危险，他深知爱她就要尊重她，就要对她负责任，决不能做伤害她的事，然而虽然拼命地克制自己，但心里总感到很难受，惧怕有一天会做出什么越轨的事。这种情感和理智的较量，在每个大学生身上都可能发生，但只要我们认识了什么是真爱，就能够用坚强的性意志来调控自己的情感，解除内心的躁动和困扰。

产生性冲动困扰的大学生大多数能人为地压抑自己对性的要求。适度的性压抑是社会化的需要，也是性心理成熟的一种体现。有的大学生为缓解性冲动的困扰，采用性自慰行为来宣泄性的欲望。但是由于许多大学生对自慰存在不正确的看法，或对自慰存在强烈的罪恶感，或过度自慰而影响了身心健康。一般来说，适度自慰不影响性功能，也不影响未来的生育功能。自慰的危害不在于自慰本身，而在于对自慰的担忧、恐惧、羞愧和罪恶感。“自慰有害”的思想使自慰的大学生容易产生悔恨、焦虑、自责、担忧等困扰，在这种负罪感的压迫下，许多大学生不敢抬头做人，使学习和生活受到极大的影响。为减少自慰带来的危害，可以从以下几个方面入手：①积极参加健康的文体活动，使充沛的精力得到有效释放；②作息时间规律，养成晨起锻炼的习惯，不贪睡、不恋床；③努力培养开朗的个性，发展自己的爱好与兴趣，养成关心集体的性格，从而减少自我关注；④睡前少看或不看与性有关的书刊或影视节目。

（三）婚前性行为的认识误区及其调适方法

热恋中的大学生往往会因爱的激情而产生一种难以抑制的性冲动，使情感突破理智的防线，发生性行为。有少数大学生错误地认为，如今的社会对婚前性行为的态度日趋宽容，而且双方都是自愿的，不存在谁伤害谁。之所以说这种认识是错误的：其一，大学生婚前性行为具有突发性、自愿性、非理性等特点，受年龄与观念的影响，一旦发生性行为，便会多次发生，如果措施不当，还有可能造成未婚先孕；其二，和谐的性行为需要安全、私密、舒适的环境，而大学生的婚前性行为多数在隐蔽状态下进行，常伴着内心的恐惧、紧张、害怕、担心怀孕及不洁感、不道德感、羞愧感和罪恶感，容易引起性反应抑制和性焦虑，导致男性阳痿、早泄或心因性功能障碍，而女大学生还有可能因意外怀孕而进行流产手术，影响身心健康；其三，婚前性行为会给双方带来巨大的心理压力，如恐惧、焦虑、自卑等。因此，对大学生而言，因为冲动而过早地发生性行为对双方的成长都是弊大于利，大学生应当提升自身的性道德水平，有效地克制性冲动，促进性心理的健康发展。

精选案例

这是一位女同学的自述：我是一个漂亮的女孩，追求我的男生很多，但在这么多的追求者中我选择了他，因为他很有才华而且风度翩翩，是女孩梦中的白马王子。我们的感情迅速进入白热化状态，整天黏在一起，恩爱无比，别的同学还十分羡慕，说我们是“男才女貌”，是“才子配佳人”，我对于这样的状态也是很满足。一次元旦放假，他宿舍的同学都回家了，他邀请我去他宿舍和他一起过新年，我也没多想，很痛快地答应了。到了他的宿舍后，他对我提出了性要求。当时我心里有一点儿挣扎，但最后还是被他的恳求打动了，认为既然是自己这么爱的人，将来一定是要在一起的。后来，我怀孕了。他得知这一情况后，立马翻了脸，把我当包袱一样甩掉了。当时，我真的痛苦万分，也后悔万分……

分析：

这位女同学的经历是苦涩的，也给我们敲响了警钟。大学生在恋爱过程中，首先要树立正确的恋爱观和性观念；其次要充分了解性知识、性健康、性心理、性道德、性防护等内容，对性有正确的认识与态度。

小贴士

针对大学生出现的与性有关的问题，社会各方也开展了性健康教育，其内容不仅仅包括性生理教育，还包括性心理、性道德、性法制、避孕与优生知识及性病、艾滋病知识等方面的教育。

第四节 大学生健康性心理的培养

名人名言

爱，和炭相同，烧起来，得想办法叫它冷却，让它任意燃烧，那就要把一颗心烧焦。

——威廉·莎士比亚

一、性心理健康的定义及评定标准

(一)性心理健康的定义

我国学者这样定义性心理健康：性心理健康是指个体具有正常的性欲望，能够正确认识性的有关问题，并且具有较强的性适应能力，能和异性进行恰当的交往，在免受性问题困扰的同时，还能使之丰富和完善自身人格，促进自身身心健康的发展。

(二)性心理健康的评定标准

美国心理学家罗杰斯认为，保持健康的性心理应具有良好的性知识；性行为符合人道；在性方面能做到“自我实现”，即能学会拥有、体验、享受性的能力，在社会道德的允许下，最大程度地获得性活动的快乐与满足；能负责地做出有关性方面的决定；能较好地获得有关性方面的信息；接受社会道德和法律的约束。

罗杰斯的标准对于广义上的成年人都适用，针对我国具体情况，健康的性心理应当包含以下一些具体内容。

(1)有正常的性需要和性欲望。正常的性需要和性欲望是性心理健康的生物学基础。

(2)对性知识有科学、全面、正确的认识。了解包括性生理、性心理、性道德等一切有关性健康的知识。

(3)性行为方式正当健康。性行为的目的和性满足的方式符合人性。

(4)性观念和性行为符合社会道德和法律规范。

(5)对性抱有正确的态度和情感。能够自觉调解和克服不良情绪，如自卑、恐惧、焦虑等。

课堂讨论

结合上面的论述，你觉得在自己心目中，什么样的性心理是健康的？

二、大学生培养健康性心理的途径

(一)参加性教育活动，掌握性知识

大学生应充分利用学校资源，如积极参加学校举办的性教育活动，掌握科学的性知识，从而使自己能够更快地适应生理成熟的过程，能够以科学的态度对待自己出现的性心理问题，控制自己的性冲动，保持自身性生理和性心理健康。

大学生应该对“性”有一个科学的认识。性是一门综合性的学科，包括性生理学、性心理学、性社会学、性伦理学、性美学等。大学生应当努力学习和掌握性知识，消除对性的神秘感，改变性无知和性愚昧状态，增强对性冲动的控制力和调节力，消除把性仅仅看作生物本能的片面认识。

小贴士

“性”是每一个健康的人本能的欲望和心理需求。科学地认识性，坦然地面对性，正确地疏导性压抑，道德地把握性行为，对于大学生减少性心理障碍、防止婚前性行为是十分有益的。

(二)树立正确的性爱观

性反映了一个人人格的成熟程度，更表现出个体对待性的态度。每一个大学生都应该懂得，性欲是正常和健康的，并且是可以控制的。大学生还应懂得，每个人都要有自己的道德底线，要有良好的人格基础。正确的性爱观是指对生理健康和心理健康无害的一种观念，主要体现在以下几个方面。

1. 有良好的调控能力

对于性冲动，除了给予适度控制，还可以采取一些积极的、符合社会规范的方式来取代或转移性欲。大学生可以通过学习和参加各种文体活动，以及男女正常交往等多种合理途径陶冶个人情操。

2. 能克服遗精恐惧和月经焦虑

对于遗精和月经，不必太紧张。男生要正确对待遗精，经常清洗床单、内裤和性器官，保持个人卫生。女生要了解月经规律，减少经期中的不良精神刺激，努力调控自己的情绪，愉快度过经期。

3. 正确对待自慰、性幻想和性梦

大学生要通过性知识的学习，克服自慰引起的心理困扰。大学生不必因为自慰而自责。但是，过分沉溺于自慰，只靠频繁的自慰来缓解性冲动是不健康的表现，应当通过丰富多彩的精神生活和恰当

的异性交往来平衡自己的性心理。大学生应当通过追求高层次的需要，来减少性幻想和性梦出现的频率。

4. 文明适度地与异性交往

文明适度地与异性交往，可以满足青春期性心理的需求，缓解性压抑。与异性交往有益于扩大信息面、完善自我，对个人的恋爱婚姻及个人的成才发展具有重要的作用。但大学生在与异性交往时要把握分寸，注意场合，规范行为，处理好友情与爱情的关系。

5. 对性骚扰的自我保护

首先，大学生应当维护自己自尊、自重、自爱的自我形象，做到举止大方、行为得体、作风正派。其次，大学生应当学会自我保护。女生晚上尽量不要单独外出，更不要单独在男性家中或住所长时间停留。面对他人的非分要求，不要畏惧，要勇敢地说“不”。要以严厉的态度制止和反抗性骚扰，必要时向别人呼救或向公安部门寻求帮助。最后，对于性骚扰的经历，不要过分恐惧和自责。

精选案例

小丁是某高职院校二年级学生，由于家庭贫困，需要做兼职来养活自己，于是他向家政中心递交了简历，希望找到一份家政工作。两个月前，通过家政中心的介绍，他开始做起了家政工作。两个月来，小丁由于表现较好，与一户人家建立了长期合作关系，他和那户人家相处得很好，特别是女主人，每次都会向他嘘寒问暖，让远离家乡的小丁感受到了家庭般的温暖。但女主人渐渐变得有点令人难以捉摸，经常在小丁工作时穿着暴露地在他面前晃来晃去。有一天，女主人突然坐到小丁旁边，一边说话，一边把手放到小丁的大腿上。这种情况令小丁感到非常尴尬和紧张，于是小丁一句话也没说就慌忙夺门而出。

分析：

大学生做兼职时遭遇性骚扰的情况时有发生，大学生应该有自我保护意识。首先，在工作之前对工作环境有所了解，并且要提高警惕，避免性骚扰的发生。其次，如果不幸遭遇性骚扰，应当注意收集证据，寻求帮助，相关的短信、微信、通话记录等要及时留存。受害者可以选择报警，由公安机关对性骚扰者给予行政拘留、罚款的行政处罚。如果性骚扰行为造成了损害，受害者还可以向人民法院提起诉讼，要求损害赔偿。

（三）寻求心理咨询，促进身心健康发展

现在越来越多的高校建立了自己的心理咨询室，这样可以及时有效地解决大学生的心理健康问题。在心理咨询室中，性不再是一个难以启齿的问题，大学生可以尽情地宣泄心中的郁闷。据不完全统计，在大学生咨询的问题中，与异性的交往问题占据了一半以上的比例，其中的大部分或多或少涉及对性的困惑。当大学生遇到性困扰时，可以坦然寻求心理咨询，在心理咨询室倾诉自己的困惑和真实的情感，可以获得及时的沟通和积极的引导，排解性心理问题，促进身心健康发展。

教学检测

一、思考题

1. 爱情的特点有哪些？

2. 大学生恋爱常见的心理困扰有哪些？如何调适这些困扰？

3. 大学生常见的性困扰有哪些？

4. 大学生应如何培养健康性心理？

二、活动设计题

1. 爱是什么？

目的：通过活动让大学生思考自己的爱情观，同时通过大学生对“爱的实质”的讨论拓宽大家的思路，让大学生更全面地领悟爱的真谛，并能对自己的情感生活有所反思。

操作：请静静地思考一下爱是什么，并在白纸上写出五条你所认为的“爱的实质”，如：爱是需要、关怀……(请更多关注那些直觉的、第一反应的内容，而非理性思考的内容和感受)，写完后每个同学在小组内向大家汇报自己的选择及感受。最后每个小组将排在前五位的“爱的实质”写到黑板上，在全班进行分享，教师进行点评和总结。

讨论：

(1)你在活动中有何感受？

(2)对你而言，“爱的实质”是什么？你的爱情观对你曾经或目前的恋爱有何影响？你的选择与你的爱情观相符合吗？

(3)其他人的爱情观对你有何影响？

2. 悦纳自己的性别

无论男生还是女生都有自己的长处，每个人都应悦纳自己的性别。下面，以班级为单位，五个人组成一个讨论小组，针对下面的问题作答，尽可能多写，然后互相讨论，将大家共同的观点写在书上。

我是男生，我擅长：________________________________

我喜欢我是男生，是因为：________________________________

我是女生，我擅长：________________________________

我喜欢我是女生，是因为：________________________________

思政园地★

无臂学霸分享爱情故事走红

近日，一位“90后”无臂小伙分享爱情故事的视频在网络走红。这位无臂小伙叫杨孟衡，1990年出生，曾是一名残疾人运动员，退役后他重返校园，靠着不屈的毅力开启“学霸”之路，后赴英国剑桥大学攻读硕士。妻子杨楠陪着他一起出国，在妻子的照顾下，杨孟衡一边学习、一边创业。谈到丈夫，杨楠表示，两人在一起生活很自在，他不仅是爱人，也是朋友，还是同事，“他会带着我成长，我也会陪他去尝试新的生活。我们一起经历了很多事情，有幸福时刻也有艰难时期，我们一直在一起，互相鼓励。”

6 岁时意外失去双臂——曾为运动员，后因受伤遗憾退役

6 岁时，杨孟衡被高压电击伤导致高位截肢，失去双臂，这让他的生活发生了巨大的改变。对于普通人而言极其简单的一件小事，他却要付出十倍、百倍的努力。

父母悲痛之余，也考虑为儿子的未来寻找出路。他们了解到有一个与儿子有类似情况的人靠书法谋生后，决定让儿子也练习书法。对当时的杨孟衡来说，练习用脚写字十分辛苦，脚趾常常磨出血泡。他无数次想放弃，但是母亲一直陪伴着他。为了激励儿子，她甚至以身作则，自己也用脚夹起了笔练习写字。“时常练得脚上都是血泡，在母亲的鼓励下，我坚持了下去，3 个月后，我学会了用脚写字，母亲也学会了。”杨孟衡说。

“在我 10 岁的时候，有教练来到我们县城里挑选运动员，我的身体素质还行，就被教练选中了。”刚开始，杨孟衡一边训练、一边上学。2005 年，初中毕业的他全身心地投入到训练中。

起初，杨孟衡主要练习田径，但由于他的身体条件在残疾人田径比赛分级中并不占优势，便转为练游泳。为了能够争取到参与 2008 年北京残奥会的资格，他开始废寝忘食地训练。

2007 年 5 月，杨孟衡参加了第七届全国残疾人运动会，尽管他坚持比完赛，但因当时带着伤，仅获得全国第六的成绩，冠军梦并未实现。之后，他的右脚伤势变得更为严重，他最终遗憾退役。

退役后重返校园拼命学习——以优异成绩考上大学

2007 年 9 月，杨孟衡阔别学校两年后再次回到教室，起初他并不适应学习生活，在经历了一段时间的迷茫后，他开始全身心地投入到学习中。“以前练游泳的时候，每一个划水的动作都要练习上万次，把这种劲头放到做题上来，又有什么难呢?”杨孟衡说。

杨孟衡抱着“学到一点赚一点”的心态学习，“努力把每个知识点搞清楚，不懂的就反复钻研，有时候一个晚上就解一道数学题”。

在老师和同学们的帮助下，杨孟衡的学习成绩渐渐得到提高，高一学期末的考试，就已经位居班级前列，“好像忽然找到了学习的窍门儿一样，之后我的状态越来越好，直至毕业，我的成绩一直名列前茅，我还参加了各种科目的竞赛，获得了好几次一等奖”。

2010 年，杨孟衡以 594 分的高考成绩拿到了云南省昆明市宜良县文科第一名，并进入云南省文科前 60 名，被中山大学翻译学院录取。

一路开启学霸模式——在妻子的陪伴下心无旁骛地学习

2014 年，杨孟衡从中山大学毕业后保研至云南大学外国语学院攻读硕士研究生。

从云南大学毕业后的杨孟衡，选择出国留学，“我是学英语专业的，一定要想办法去英语母语国家体验一下”。

在大学期间，杨孟衡和高中时候的同班同学杨楠相恋。两人大三时开始恋爱，杨孟衡在奔赴英国剑桥大学读研之前，和杨楠领证结婚。

2016 年 8 月，杨孟衡如愿赴英国剑桥大学求学，攻读教育学硕士。在英国读研的时间里，他的日常生活都是由妻子来照料。杨孟衡说：“妻子为我解决了后顾之忧，一直无条件地信任我、支持我，让我能够心无旁骛地学习。”

2017 年 10 月，杨孟衡顺利获得剑桥大学硕士学位。

“如果只用一个词来形容他的话，那就是阳光，他如同阳光一样温暖、明亮，充满希望。”谈到丈夫杨孟衡，杨楠如是说。杨楠在本科毕业后进入金融行业工作，在知道丈夫有出国留学的打算后，她辞掉工作，陪着丈夫一起出国。

杨楠表示，她和丈夫在一起生活很自在，他们不仅是爱人，也是朋友，还是同事，“我们一起经历了很多事情，他会带着我成长，遇到风雨，我们也会互相陪伴、互相鼓励”。

发视频分享爱情故事——想给大学生树立正确的恋爱观

杨孟衡因为分享自己和妻子的爱情故事引起很多人关注。在视频里，他讲述了和妻子相识、相恋的过程，还谈了自己恋爱后的感受。他表示，发视频一方面是想记录自己和妻子的恋爱经历，另一方面也想在开学季为新生树立正确的恋爱观贡献一份自己的力量。

“我觉得在大学时代能够谈恋爱是特别好的事情，因为我们都需要拥有爱别人的能力。”当然，杨孟衡也认为，如果没有缘分或者机会谈一场恋爱，也没有什么遗憾的，“爱情虽然很重要，但是同样还有很多重要的事情。当我们把自己变得足够好了，那个人就会出现”。

2020 年，杨孟衡创立了“孟衡学习社”，希望利用自己的优势和所学，帮助更多的年轻人实现梦想。

这个世界上没有一帆风顺的人生，总会有挫折和坎坷，或大或小。正如杨孟衡所说：“生活很多时候就是这个样子，变故、困境来临的时候，我们甚至都没有时间去伤心难过，因为生活还要继续，所以突破困境最好的办法就是勇敢直面、继续努力。”

（资料来源：《扬子晚报》，2021 年 10 月 9 日，有改动）

讨论：

1. 从杨孟衡的恋爱故事中，你得到了什么启示？
2. 谈谈你自己的恋爱观。

第九章 大学生职业生涯规划

育人目标

◎ 真正了解创新创业，提高专业素养，促进知识和能力的协调发展，为未来的“创新创业之路”打下坚实的基础。

◎ 树立正确的就业择业观念，提高职业规划素养和就业能力，发掘自我潜能，为国家建设提供重要的人才支撑和人力资源支持。

学习目标

◎ 了解职业生涯规划的相关概念及相关理论。

◎ 了解大学生职业生涯规划应遵循的准则及常见的心理困扰，理解大学生职业生涯规划的现实意义。

◎ 掌握调适心理困扰的方法及求职择业的技巧，培养大学生职业发展技能。

情境导入

一对兄弟住在80层。他们旅行回来，却发现大楼停电了！兄弟俩背着大包小包非常发愁，商量决定无论如何也得回家，于是开始爬楼。爬到20层时，他们觉得累了。哥哥说：“包太重了，不如就放在这里，等来电后坐电梯来拿。”于是，他们把行李放下，轻松些，继续向上爬。到了40层，两人实在太累了。想到只爬了一半，两人开始互相埋怨，指责对方不注意大楼的停电公告，才会落得如此下场。他们边吵边爬楼，就这样一路爬到了60层。到了60层，他们累得连吵架的力气也没有了。弟弟对哥哥说：“咱们不要吵了，爬完它吧。”于是，他们继续爬楼，终于到了家门口。站在80层的楼梯口，兄弟俩互相望了望，忽然想起了一件事：钥匙忘在20

层的背包里了。

这个案例说的就是人的一生。我们假设每个人的一生都有80年，刚开始的时候，人人都意气风发，背负的沉沉的行囊里装着抱负，装着很多很多的愿望，不畏艰险，从脚底下第一个台阶开始上路了。20岁之前，我们活在家人、老师的期望之下，背负着很多的压力、包袱，自己也不够成熟、能力不足，因此步伐难免不稳。20岁之后，我们抛开了压力，卸下了包袱，开始全力以赴地追求自己的梦想，就这样愉快地过了20年。到了40岁，我们发现青春已逝，不免产生许多遗憾，于是开始惋惜这个、感慨那个，就这样在抱怨中度过了20年。到了60岁，我们发现人生已所剩不多，于是告诉自己不要再抱怨了，就珍惜剩下的日子吧！于是继续走完了自己的余生。到了生命的尽头，才想起自己好像有什么事情没有完成。原来，我们所有的梦想都留在了20岁的青春岁月。

对于很多人来说，职业生涯规划这个名词还是比较陌生的，在概念上对它没有一个清晰的认识。简单地说，职业生涯规划是一个人对自己未来职业的规划。俗话说："未雨绸缪"，一个人只有对自己的未来有一个明确的方向，才能在越来越激烈的社会竞争中处于有利地位。因此，职业生涯规划也成为大学生个人发展的重要课题，大学生提早设立职业目标，学会确定实现职业目标的步骤和方法，将终身受益。

第一节　职业生涯规划概述

名人名言

人只有为自己同时代人的完善，为他们的幸福而工作，他才能达到自身的完善。

——卡尔·马克思

一、职业生涯规划的相关概念

（一）职业

一般所说的职业是指参与社会分工，利用专门的知识和技能创造物质财富、精神财富，获得报酬，满足物质生活、精神生活需要的活动。职业是工作种类的称呼，是从时间和空间两个维度去认识工作，即存在于不同时期、不同组织中的同一类工作，如教师、医生、职业规划师等。职位是分配给个人的与一系列具体任务相关的岗位。而工作是指由相似的职位所组成的一个特定的专业领域，如高校教师从事教育工作、汽车修理工从事汽车维修工作等，工作可以是有偿的也可以是无偿的。

（二）职业生涯

职业生涯就是一个人的职业经历，是指一个人一生中所有与职业相关的行为与活动以及相关的态度、价值观、愿望等连续性经历的过程，也是一个人一生中职业、职位的变迁及工作、理想的实现过程。职业生涯是一个动态的过程，它并不包含在职业上成功与否，每个工作着的人都有自己的职业生涯。职业生涯的概念随着时间的推移发生过很多变化。在 20 世纪 70 年代，职业生涯专指与个人生活和工作相关的各个方面。随后，又有很多新的意义被纳入“职业生涯”的概念中，其中甚至包含了关于个人、集体及经济生活的方方面面。

一个人的职业生涯是一个漫长的过程，有的人也许一生只从事一种职业，而有的人也许一生中从事多种职业，但每个人都希望找到一个相对稳定、适合自己的职业。一个人如何选择和规划自己的职业生涯，往往受其学识、爱好、机遇、工作环境等主客观条件的制约。一个人只有根据现行的工作需要改变原来的职业目标和兴趣，调整心态，培养对所从事职业的敬业精神，在实践中产生对事业的热爱，才能集中精力全身心投入工作，实现个人价值，做出成就。

(三)职业生涯规划

职业生涯规划，简称职业规划，也叫职业生涯设计，是指个人和组织相结合，在对一个人职业生涯的主客观条件进行测定、分析、研究的基础上，对自己的兴趣、爱好、能力、特长、经历及不足等各方面进行综合分析与权衡，结合时代特点，根据自己的职业倾向，确定自己的职业奋斗目标，并为实现这一职业目标做出行之有效的安排。借助职业生涯规划，可以把个人利益与组织利益有机结合。

小贴士

职业生涯规划是一个人职业发展道路的设想和规划，它包括如何在一个职业领域中得到发展，打算取得什么样的成就等问题。大学生应了解职业生涯规划的理念，学会科学地规划自己的职业生涯。

职业生涯规划的过程，主要取决于两个方面：一是社会发展的客观需要，特别是社会职业的现实要求；二是个人的实际情况。其中起主要作用的是个人。因为职业生涯规划不是社会或学校强加在个人身上的实施方案，而是个人在内心动力的驱使下，结合社会职业的要求和社会发展利益，依据现实条件和机会所制定的个人化的实施方案，所以，从个人的角度来讨论职业生涯规划，它的主要内容包括自我认识、自我规划(确定职业方向和目标、制订职业发展道路和计划)、自我管理(明确需要进行的自我学习、提升准备和行动计划)、自我实现(反馈评估、修正完善)。

课堂讨论

在学习本节内容之前，你了解职业生涯规划的相关知识吗？

二、职业生涯规划的相关理论

(一)帕森斯的特质因素理论

1909 年，美国波士顿大学教授弗兰克·帕森斯在其《选择一个职业》一书中提出了人与职业相匹配是职业选择的焦点的观点，这就是人职匹配理论，也就是著名的“特质因素论”。帕森斯认为，在选择职业的过程中，一般涉及三个主要因素，即“职业指导三大原则”，具体如下：

(1)了解自己，包括个人对自己的智力、能力、兴趣、资源、优劣势及其他特质的了解。

(2)了解工作，了解职业所需的知识技能、素质要求、薪酬待遇、升迁机会及发展前景等。

(3)匹配，即将上述两类资料进行综合，并找出与个人特质匹配的职业。

帕森斯的这一理论，首先是要在做出选择之前，先评估个人的能力，因为个人选择职业的关键，在于个人的特质与特定行业的要求条件是否匹配；其次是要进行职业调查，并进行分析，包括研究工作情形、参观工作场所、与工人和管理人员亲自交谈等；最后要以个人和职业的高度配合为职业指导的最终目标。帕森斯认为，只有这样，人才能适应工作，并且使个人和社会同时受益。

(二)舒伯的生涯发展理论

著名职业生涯规划大师唐纳德·E. 舒伯认为职业生涯发展是一个持续渐进的过程，伴随人的一生。其主要观点如下。

1. 自我概念

自我概念是舒伯理论中的核心概念。自我概念是指个人对自己的兴趣、能力、价值观及人格特征等方面的认识。工作与生活满意与否，就在于个人能否在工作和生活中找到施展自我的机会。舒伯曾说：“职业生涯就是对自我的实践。”

2. 职业生涯发展阶段

(1)成长阶段(0～14 岁)。这一阶段的少儿开始辨认他们周围的事物，并逐渐开始意识到自己的兴趣所在以及学习与职业相关的一些最基本的技能。这个阶段发展的任务是确立自我形象和对工作、世界的正确态度，并了解工作的意义。

(2)探索阶段(15～24 岁)。青少年开始通过尝试一些自己感兴趣的职业活动，对自我能力及角色、职业进行探索，职业倾向趋向于某些特定的领域。

(3)建立阶段(25～44 岁)。个人开始尝试选择适合自己的职业领域。这个阶段发展的任务是致力于工作上的稳定，大部分人处于最具创造力的时期。

(4)维持阶段(45～64 岁)。个人通过不断努力来获得职业生涯的发展和成就，并逐渐在工作领域中占有一席之地。这个阶段发展的任务是维持既有的成就与地位。

(5)衰退阶段(65 岁以上)。由于个体生理与心理的日渐衰退，个人职业角色的分量逐渐减轻，个人逐渐离开工作岗位，开始发展新的角色，寻求新的生活方式来替代和满足个人发展的需要。

3. 职业循环理论

舒伯在后期提出，在一个人一生的职业发展过程中，职业发展的五个阶段，即成长阶段、探索阶段、建立阶段、维持阶段、衰退阶段，是一个循环再循环的过程。职业发展的五个阶段并不完全和年龄相关，而且各阶段之间也并不存在严格的界限，也可能有交叉，在人生中的不同时期，都可以经历由这五个阶段构成的一个“小循环”。职业生涯发展就是一个循环往复的过程。

4. 生涯彩虹图

舒伯认为一个人的职业生涯发展与个人在发展历程的各个阶段中所扮演的各种角色，如子女、学生、休闲者、工作者、持家者等密切相关。人在某一阶段对某个角色投入得多，可能导致这一角色的成功，同时也可能导致另一角色的失败。舒伯称生涯发展的各个阶段为生活广度，称个人扮演的角色为生活空间，生活广度和生活空间交汇成生涯彩虹图。在生涯彩虹图中，舒伯描绘出了生涯发展阶段与角色彼此间交互影响及多重角色生涯发展的状况(见图 9-1)。

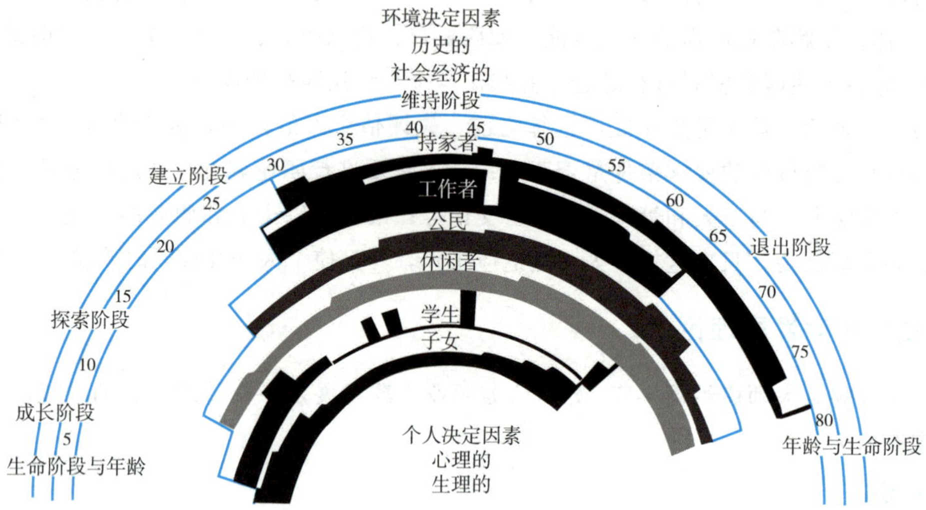

图 9-1 生涯彩虹图

(三)霍兰德的职业兴趣理论

美国著名职业指导专家约翰·霍兰德认为，职业选择是人格的一种表现，工作兴趣类型即人格类型。他根据人格特征与职业相配的情况把人分为六种类型，即现实型、研究型、艺术型、社会型、企业型、常规型。

1. 现实型

现实型的人喜欢有规则的具体劳动和需要基本技能的工作。这类人往往缺乏社交能力。现实型的人适合做木匠、农民、技师、工程师、机械师、鱼类和野生动物专家、车工、钳工、电工、火车司机、机械制图员、电气师、机器修理工、长途公共汽车司机等。

2. 研究型

研究型的人喜欢智力的、抽象的、分析的、推理的、独立的任务。这类人往往缺乏领导能力。研究型的人适合做生物学者、天文学者、气象学者、药剂师、动物学者、化学家、科学报刊编辑、植物学者、地质学者、物理学者、数学家、实验员等。

3. 艺术型

艺术型的人喜欢通过艺术作品来自我表现，他们一般爱想象、感情丰富、不顺从、有创造性、能反省。这类人往往缺乏办事能力。艺术型的人适合做室内装饰专家、摄影师、作家、音乐家、演员、记者、作曲家、诗人、编剧、雕刻家、漫画家等。

4. 社会型

社会型的人喜欢社会交往，常出席社交场所，关心社会问题，愿意为别人服务，对教育活动感兴趣。这类人往往缺乏机械能力。社会型的人适合做导游、福利机构工作者、社会学者、咨询人员、社会工作者、学校教师、精神卫生工作者、公共保健护士等。

5. 企业型

企业型的人性格外向，爱冒险，喜欢担任领导角色，具有支配、劝说和言语技能。这类人往往缺乏科学研究能力。企业型的人适合做推销员、商品批发员、进货员、旅馆经理、广告宣传员、调度员、律师、政治家、零售商等。

6. 常规型

常规型的人喜欢系统的、有条理的工作任务，具有实际、自控、友善、保守的特点。这类人往往缺乏艺术能力。常规型的人适合做记账员、银行出纳、成本估算员、核对员、办公室职员、统计员、计算机操作员、秘书、速记员等。

霍兰德提出用人格六角形模型(见图 9-2)来解释以上六种类型之间的关系，这种模型可以帮助我们对人格特质类型与职业环境类型之间的适配性进行评估。如果人格类型与职业环境匹配，那么就有可能提高职业满意度、职业成就感和职业稳定性。因此，占主导地位的人格特质类型可以为个人选择职业和工作环境提供方向。

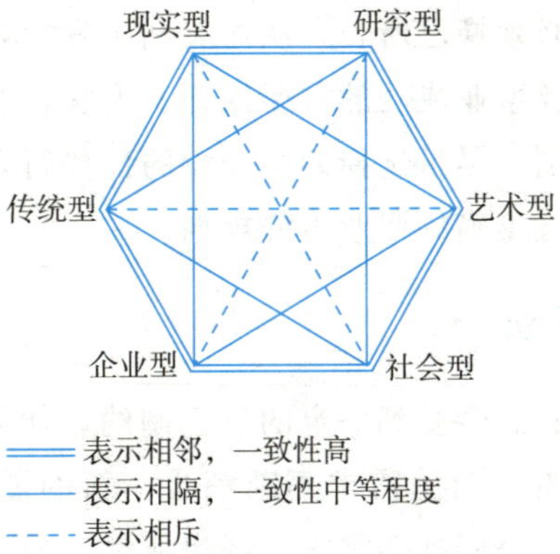

图 9-2　霍兰德人格六角形模型

霍兰德认为一种职业环境就是一种职业氛围，这种职业氛围是由具有类似人格特质的人所创造出来的特定环境，具有特定的价值观念、态度倾向和行为模式。因此，霍兰德将工作环境也分为六种类型，其名称及性质与人格类型的分类一致，人们都尽量寻找那些能运用自己的技术、体现自己的价值和能扮演令自己愉快的角色的职业。一个特定的职业场所的工作氛围可以通过对其工作人员的工作、训练类型或职业偏好进行分类而获得。个人的职业满意度、职业成就感和职业稳定性取决于个人人格类型和职业环境之间的适配度。

第二节　大学生职业生涯规划概述

名人名言

我的人生哲学就是工作。

——托马斯·阿尔瓦·爱迪生

一、大学生职业生涯规划的准则

(一)选择自己感兴趣的职业

从事一项自己喜欢的工作本身就能带来一种满足感，职业生涯也会因此变得妙趣横生。兴趣是最好的老师，一个人只有从事自己感兴趣的工作，才能取得非凡的成就。所以大学生在规划自己的职业生涯时，要考虑自己的个性特征，重视自己的兴趣，选择自己感兴趣的职业。

(二)选择自己能够发挥一技之长的职业

任何职业都要求从业者掌握一定的技能，具备一定的能力。一个人一生中不能将所有技能都全部掌握，所以我们在进行职业选择时必须择己所长，从而有利于发挥自己的优势。一个人的能力对职业的选择起着重要作用，是求职择业及事业成功的重要保证。大学生在选择职业的时候应该运用比较优势原理，充分分析别人与自己的区别，尽量选择冲突较少的优势行业。在对自己进行正确评价的基础上，根据自己的真才实学和能力制订正确的职业生涯规划。

(三)选择符合社会需求的职业

选择职业作为一种社会活动，必然会受到一定的社会制约，如果择业脱离社会需求，那么将很难被社会接纳。社会的需求不断演化着，旧的需求不断消失，新的需求不断产生，新的职业也不断产生，所以在规划职业生涯时，一定要分析社会需求，择世所需。最重要的是目光要长远，能够准确预测未来行业或者职业的发展方向，再做出选择。将社会需求作为出发点和归宿，以社会对个人的要求为准绳，实现个人利益与社会需求的有机统一。

(四)选择有所发展的职业

职业是个人谋生的手段，也是人们谋求发展的一种方式，其目的在于追求个人幸福与个人发展。所以在择业时，大学生既要考虑自己的预期收益——个人幸福最大化，也要考虑职业的发展前途，使自己的能力有所展现，能为社会的发展尽自己的一份力量。

二、大学生职业生涯规划的步骤

职业生涯规划的过程很漫长，而且是一个动态的过程。大学生职业生涯规划可以通过以下具体步骤来完成。

(一)评估

大学生职业生涯规划的第一个关键环节是进行正确的、客观的评估，它包括自我评估和生涯机会评估，即“知己”和“知彼”的过程。孙武就有“知彼知己，百战不殆”的精辟论断，这在职业生涯规划中同样是非常重要的。

1. 正确的自我评估

能进行正确的自我评估是大学生探索其职业倾向的基础，它关系到大学生健康自我意识的培养和稳定自信心的树立。大学生对自身内部和与职业生涯相关的各种因素进行分析和评价，首先要了解自己的个性特征，这是职业生涯规划的首要任务。不同的职业有不同的性格要求，大学生可以根据自己的职业倾向来培养和发展相应的职业性格。其次要认识到自己的职业兴趣。兴趣是人们积极地接触、认识、研究某种事物的心理倾向，兴趣可以促使人以更积极的心态投入到工作中。最后要积极参加各种社会实践活动，提高自己的职业技能，并对自己的能力有清晰的认识。通过自我评估，大学生可以认清自身的特点，形成一个良好的自我意识，为整个职业生涯规划奠定基础，同时也决定了职业生涯规划的可行性和有效性。

精选案例

小李于2019年毕业于某高职院校，其专业是企业管理。毕业后，他先后换了几份工作。最初，他在一家商场做售货员，负责销售电子产品，待遇还不错。但是他觉得每天站在柜台前十分枯燥，常常感觉百无聊赖，最后选择了辞职。后来，他又应聘到一家企业做技术工人，但是每天在生产线上重复同样的动作，他依然感觉无聊，工作了一年就辞职了。后来，他经人介绍进入一家保险公司做保险员，负责营销工作。由于工作态度不积极，业绩不理想，一年后被辞退。2021年，他通过应聘进入一家小企业做采购员，负责采购一些小东西再进行销售。由于企业人手少，小李每天要兼着做一些杂务。小李感觉工作还是很无趣，想再换一份工作，但不知道自己能做什么。转眼间，已过去好几年，对于自己的未来，小李一片迷茫……

分析：

小李一直在寻找适合自己的工作，但更换了好几份工作之后依然没有得到他想要的结果，主要的原因在于他并没有针对自身特点进行职业规划，对自己没有正确的认识和评估，摆不正自己的位置。他需要全面深入了解自己的兴趣、性格、能力以及价值观 ，即了解自己喜欢干什么？能够干什么？适合干什么？明确自己在职业发展上的目标，同时，了解职业市场的需求，找到与之匹配的工作，并制定好短期和长期的职业目标，然后不断学习和提升自己的能力，从而实现职业成功和个人成长。

课堂讨论

你能够正确地评估自我吗？

2. 客观的生涯机会评估

客观的生涯机会评估是大学生对自身以外的环境及各种类型职业性质的分析和评价。宏观的环境包括全球及国家的经济发展现状和趋势、国家的人事政策和改革制度、社会的稳定程度、劳动力市场的供需情况等。微观的环境包括可选择的职业的发展前景、具体职业或机构的待遇、职业的具体要求及能够获得的机会等。

（二）明确职业定位和确定职业目标

职业定位就是要为职业目标与自己的潜能及主客观条件谋求最佳匹配。在职业生涯规划中应该先给自己一个合适的定位，明确自己想成为什么样的人。准确的职业定位是以自己的最佳才能、最优性格、最大兴趣、最有利的环境等信息为依据的。不要一味追求十全十美的职业，要审时度势、及时调整。

在明确职业定位后，给自己确定短期目标、中期目标、长期目标和人生目标。短期目标要明确、切实可行、具有现实意义且比较容易实现，从而增强自信心；中期目标应切合实际、有一定的操作性；长期目标必须慎重考虑，使之既有现实性又有前瞻性，一旦确定最好不要更改；人生目标更是要慎之又慎，从长远出发，使之符合自己的人生道路。

许多职业咨询机构和心理学专家在进行职业咨询和职业规划时常常采用的一种方法就是有关五个“W”的归零思考模式：①Who are you? ②What do you want? ③What can you do? ④What can support you? ⑤What you can be in the end? 第一个问题“你是谁”，是指对自我的认识，把自己的优点和缺点一一列出来；第二个问题“你想要什么”，是指对自己职业发展的心理倾向进行检查；第三个问题“你能干什么”，是指对自己能力与潜力进行全面总结；第四个问题“环境支持或允许你干什么”，是指对主客观因素进行深入调查，做出可行性分析。该模式认为，在明晰了前四个问题之后，人们就能找到实现有关职业目标的有利条件和不利条件，列出不利条件最少、自己想做而且又能够达成的职业目标，即第五个问题“你最终的职业目标是什么”。这一模式对大学生职业生涯规划的目标确定能起到指导作用。

（三）制定实现职业目标的行动方案

行动方案的制定是职业生涯规划付诸行动的重要环节。大学生要对自己的性格、潜能、职业目标等进行分析，根据自己现有的条件，制定出适合自己的行动方案。首先，应利用在校的大好时光努力学习科学文化知识和专业知识，参加各种社会实践活动，做到理论与实践相结合；其次，应了解自己的长处和不足，积极发扬自己的长处，弥补自己的不足，积极培养自己的独立性，摆脱依赖他人的想法；再次，要努力调整自己的心态，当自己忧郁时要学会适当发泄，使自己的性格变得沉稳、不急躁；最后，要在学习和以后的工作中维持自己对所选职业的兴趣，确立自己的职业目标，在学习和工作中不断充实自己所学的专业知识，不断提高自己的修养，获取更好的专业技能，积极培养自己对社会的适应能力。

（四）再评估

再评估是指通过实施效果的反馈信息来诊断整个职业生涯规划的科学性、实效性及针对性，及时找出职业生涯规划各个环节存在的问题，采取相应对策，对规划进行调整与完善。也许原来掌握的信息不准确，也许主客观情况发生了变化，因此大学生要不断地进行评估与修订，调整自己的选择，包括职业目标的重新选择、职业的重新定位、中期和短期目标的重新调整、具体行动计划的重新制订等。

小贴士

评估、明确职业定位和确定职业目标、制定实现职业目标的行动方案、再评估这四个步骤是相对独立，但又相辅相成的，往往要经过多次调整才能形成一个较为合理的职业生涯规划。当然，职业生涯规划是一个动态的过程，任何规划都是在实施过程中不断完善的。

思政元素

残疾人大学生比拼职业生涯规划

2020年11月4日，由浙江省残疾人联合会、共青团浙江省委员会主办的首届浙江省残疾人大学生职业生涯规划比赛圆满收官，决出一等奖2名、二等奖4名、三等奖6名、优秀奖8名。

本次比赛以“创新放飞梦想，创业成就人生”为主题，旨在引导残疾人大学生科学规划职业生涯，展现他们的能力素养，营造全社会关心支持残疾人大学生就业的良好氛围，帮助他们实现更高质量就业。比赛于2020年7月正式启动，共有11支代表队、30名残疾人大学生参赛。

现场，浙江省残疾人就业服务指导中心还与浙江省青年企业家协会签订就业合作协议，共同搭建残疾人与企业之间的互助交流平台。

（资料来源：浙江在线，2020年11月5日，有改动）

三、大学生职业生涯规划的现实意义

(一)有利于大学生树立科学的择业观

大学生的第一份职业从广义上讲就是择业的结果，但这种择业受父母的意愿、学校的推荐、社会单方面需求的影响比较大，与大学生自身的条件可能并不完全相符。而我们提倡的是科学择业，即求职者依照自己的职业期望和兴趣，凭借自身能力挑选职业，使自身能力素质与职业需求特征相符合。

择业受求职者自身条件和职业要求的限制：一方面，求职者不可能具有从事所有职业的能力与兴趣；另一方面，各种职业由于有各自不同的劳动对象、手段和工作环境等，对求职者的能力也有相应的特定要求。

现在的高校毕业生就业的主要形式是“双向选择，自主择业”。面对就业压力，部分大学生在入学时选择学校和专业的主要甚至唯一标准就是毕业后容易找工作，缺乏主动择业的观念。部分大学生毕业后又容易走向两种极端：一种是盲目自信，只考虑自身的需要而脱离实际，对用人单位和职业有盲目的要求；另一种是纯粹的现实主义心态，认为只要社会需要的就是我们要选择和考虑的。这与所提倡的科学择业观显然是背道而驰的，科学的择业观倡导的是建立在“知己”和“知彼”基础上的“人职匹配”，而系统的职业生涯规划有利于建立这种观念。

(二)有利于提高就业市场配置的成功率

在“双向选择、自主择业”的背景下，大学毕业生很看重各种形式的人才交流会，这也是大学毕业生走向社会、选择职业的主要渠道之一。根据国内各大城市举办大型人才交流会的统计，多数大学生参加人才交流会都有一种“赶集”的感觉，没有明确的目标、没有充分的准备，结果就是人才交流会对接成功率不高。造成这种现象的原因之一就是大学生职业生涯规划的缺失，即大学生职业目标相对模糊，对自我缺乏认知。

(三)有利于降低离职率

如前所述，缺乏职业生涯规划的大学生由于职业目标模糊、缺乏自我认知，在某种程度上表现为盲目就业和择业，直接的后果是人职不匹配，接踵而至的就是草率跳槽。经过系统职业生涯规划的大学生一般都有明确的职业定向，第一次择业往往都很慎重，以求在双向选择的基础上找到一个相对适合自己的职业，从而降低了因人职不匹配而离职的概率。

（四）有利于降低就业压力

由于缺乏职业生涯规划的指导以及长远打算，不少大学生只是随波逐流地找工作、换工作，能找着什么工作就干什么，到了30多岁还没有职业定位。这种缺少规划地更换工作的行为，一方面让毕业生难以在一个合适的领域内积累必要的职业经验，另一方面会影响毕业生职业的稳定发展。一个不具备应有的职业技能和经验的求职者，或者频繁跳槽的求职者都难以得到用人单位的青睐。个体的这种行为最终会演变成整个社会对大学生求职者的谨慎选择，导致另一种就业压力的产生，从而使大学生承受就业压力的时间变得更长。因此，大学生做好职业生涯规划有利于降低就业压力。

四、大学生职业生涯规划常见的心理困扰及其调适方法

（一）大学生职业生涯规划常见的心理困扰

1. 焦虑

焦虑是由心理冲突或挫折而引起的，是紧张、不安、焦急、忧虑、恐惧等感受交织成的情绪状态。绝大多数大学生在择业过程中都会焦虑。优秀的大学生焦虑的问题是能否找到实现人生价值的理想单位；学习成绩不理想的大学生焦虑的是没有单位选中自己怎么办；来自外地的大学生为该不该回家乡而焦虑；恋爱的大学生为不能继续在一起而焦虑；还有一些大学生因不知自己毕业后向何处去而焦虑。

大学生的上述焦虑状态一般并不会对未来的职业生涯产生较大的影响。一般来说，适度的焦虑会使大学生产生压力，这种压力可以增强人的进取心，从而使其奋发图强。但是，如果焦虑不能得到及时的缓解，那么就有可能向病态发展，表现出情绪紧张、心情紊乱、注意力不能集中、身心疲倦、头昏目眩、心悸、失眠等症状。这种焦虑，使大学生精神上负担沉重、紧张烦躁、心神不宁、萎靡不振；学习上得过且过、穷于应付、反应迟钝；生活中意志消沉、长吁短叹、食不甘味、卧不安席。有些大学生在屡遭挫折之后，甚至产生了恐惧，一提择业就心里紧张。此时，焦虑不但会扰乱大学生正常的生活、学习和娱乐，还会成为大学生择业的绊脚石。

2. 自负

自负心理是指过高地估计个人的能力，没有自知之明。有些大学生不能正确认识自己，在择业时常常过高地估计自己的能力，把自己的愿望和社会需求割裂开来。由于与社会的接触不多，一些大学生对用人单位的要求知之甚少，不清楚自己在求职市场中的真实位置，把自己的学历、知识作为资本，常常挑剔攀比，提出过分的要求，给用人单位留下很差的印象，导致其无法就业。其根源就在于部分大学生对自己的评价过高，存在自负的心理。现如今在就业市场上，大学生已不再是人人称赞的天之骄子，仅从工作经验这点来说，众多大学生已经处于不利的位置。市场经济条件下所需要的人才是个人素质和能力均较高的人，而学历并不是决定性因素。如果大学生不能及早地对社会的人才需求形势有足够清醒的认识，对自己有一个全面、客观、公正的评价，那么他们将会错失择业的良机，耽误自己的前程。

3. 自卑

自卑心理表现为对自己的能力评价过低，轻视自己。对于涉世不深的大学生来说，在择业问题上

极容易产生自卑心理，尤其是那些性格内向，在学校期间没有经过社会工作、社会活动锻炼的大学生，他们主要表现为缺乏自信，退缩不前，怕别人看不起自己，实际上是自我认识出现偏差所致。在择业过程中，一些大学生不能正确评价自我、缺乏自信心、勇气不足、没有主见、依赖心强，其结果是他们在择业的人生关头，不敢和不善于推销自我，以致失去了许多求职成功的机会。自卑心理与人才市场激烈的竞争形成了强烈的反差，是求职者在求职活动中的一大心理障碍。从心理学的角度分析，自卑的实质是自我评价过低，不自信。自卑的人往往并不是真的能力不如别人，只是过低的自我评价压制了其能力的发展和表现，因此，在求职过程中克服自卑心理是大学生走向成功的必经之路。

4. 盲目从众

大学生正处在心理逐渐完善和成熟的阶段，容易受社会上一些观念的影响，表现在就业上就是“别人怎么选择，我就怎么选择”。进入大学之后，大学生的自主意识在逐步增强，他们希望尽早地独立于学校、家长的保护之外，但客观上，多数大学生由于从小到大均在学校和家长的百般呵护之下，缺乏独立性，因此就业时，许多大学生也有严重的依赖思想，他们一方面希望找到称心如意的工作，另一方面又不愿意到处奔波、劳心劳力，缺乏独立求职的思想观念，容易出现盲目从众的心理。

精选案例

小王是某高职院校的学生，所学专业是医学，毕业后他在中等城市里的各种医院求职，但由于学历较低，再加上各医院编制有限，一直不能如愿，甚至连个体的诊所和社区的医疗站都进不去。后来经过思想转变，他到偏远的山村去做乡村医生，很快就打开了工作局面。在几年的行医生涯中，小王既提高了自己的业务水平，又给当地人解决了就医的困难，实现了自身的价值。

分析：

小王在刚毕业的时候想在中等城市的医院工作，这也正是多数大学生的想法。但是现实是残酷的，小王并没有找到适合的工作。于是，小王转变思想，去乡村开辟了属于自己的一片天地，实现了自身的价值。

(二)大学生职业生涯规划常见的心理困扰的调适方法

大学生职业生涯规划中遇到的心理困扰对于大学生的职业生涯规划及就业十分不利，应该采取一定的方法进行自我调适。大学生应主动自觉地适应环境，与环境保持协调，客观地分析自我与现实，有效地排除心理困扰，保持稳定而积极的心态，达到合理择业、顺利就业和健康成长的目的。

1. 客观地认识社会和评价自己

大学生是社会中的一员，作为个体，只有正确认识自我与社会的关系，才能有效地把握自己的权利、义务和责任，培养适合社会需求的主体意识。目前，社会对大学生的期望是具有较强的改革意识和业务能力，具有敬业精神和创新能力，社交能力强、知识面广、一专多能、德智体美劳全面发展等。大学生在求职择业过程中，应当认真仔细、深层次地认识自己的价值目标、适应能力、知识结构、个性特征等，对自己有一个完整的准确的认识，只有在此基础上建立起来的职业选择意愿，才具有现实可能性。

2. 学会自我欣赏与自我接纳，提高承受挫折的能力

在求职择业过程中，遇到挫折是在所难免的。大学生要正确对待挫折和失败，要学会自我欣赏与自我接纳，对自己的能力持认可、肯定的态度，敢于竞争、不怕失败。大学生求职失败时，可运用理

性情绪法宽慰自己，用“成功是失败之母”“天生我材必有用”等名言鼓励自己，减轻或消除所受的创伤；也可通过列举别人失败的事实，告诉自己失败是不可避免的，从而提高自己承受挫折的能力。

思政元素

懂得欣赏自己

《庄子》中有这样一则故事，子舆天生有很多身体上的缺陷，如驼背、耸肩、脖子朝天。朋友问子舆：“你讨厌自己的样子吗?”子舆回答说：“不！我为什么要讨厌自己呢？假如上天使我的左臂变成了一只鸡，我就用它在凌晨来报晓；假如上天使我的右臂变成弹弓，我就用它去打斑鸠来烤了吃；假如上天使我的尾椎变成车轮，精神变成了马，我便乘着它遨游世界。上天赋予我的一切，我都可以充分使用，为什么要讨厌呢?”

子舆无疑是懂得欣赏自己的，而且是那么全然、喜悦地接受自我，不自暴自弃，并能充分发挥自己独特的潜能，化劣势为优势。懂得欣赏自己，不但要学会正视自身的弱点，还要善于挖掘自身的优势。“天生我材必有用”，身处逆境时，要乐观地对自身做一个客观的评价，找准人生的坐标，在逆境中积蓄力量，等待时机促成“质”的飞跃，实现自己的社会价值和生存价值。

3. 克服从众心理，培养决策能力，避免盲目竞争

从众心理是指人们在群体压力的影响下，放弃个人意愿，采取顺从行为的心理倾向。在择业中表现为缺乏主见和竞争意识，择业观为他人所左右、为舆论所左右，不顾主观条件和客观现实，随波逐流、人云亦云。大学生在择业时不可盲从，更不能以别人的选择为自己的最佳选择，而应综合各方面因素，培养果断的抉择能力。大学生在择业时一定要充分思考，选择有利于充分发挥自己优势的方面去参与竞争。同时要有所侧重，即在竞争中把主要精力放在对自己有较大意义的方面。

精选案例

小王是一位来自农村的工科学生，身材矮小，性格内向。在临近毕业的一段时间，他内心常常涌起一种莫名其妙的恐惧和不安，以致上课都不能专心听讲，也无法集中精力做毕业设计。来心理咨询室时，他主动谈起了自己的心理感受：他平时学习很用功，大学这几年学习成绩也不错，还获得过奖学金，但总觉得除了学习之外，别的方面都不行；他不善言辞，虽然和宿舍同学相处得还算不错，但同学们老觉得他不活跃，每次他们谈一些有趣的事时，他都插不上嘴；同学们可以通过各种途径找工作，而他来自农村，没有一点人脉，他去过几次人才市场，但由于太害怕、太紧张，结果很不理想。当问到他想找一份什么样的工作时，小王很茫然地说：“我也不知道，现在找工作也不容易，只要比较稳定，收入还行就可以，我的期望也不高，但怎么就这么难呢?”小王陷入了不安与困惑中……

分析：

面对就业，小王存在被动等待、胆怯恐惧、焦虑不安等不良心理，致使他在就业过程中接连碰壁，受挫之后更是茫然无措。加上他本身性格内向，不善言谈，不善于展示自我、推销自我，所以在求职的问题上更是感到压力重重。面对这种情况，小王应该努力克服自身的缺点，大胆、主动地求职。小王还应注意调整心态，适当降低期望值，注意避免产生眼高手低、不切

实际等一些不良心理。

因此，大学生应该提前做好职业生涯规划，确定自己的职业定位，调整自己的择业心态，克服各种心理困扰，为自己的未来描绘出精彩的生命线。

第三节 大学生求职择业的技巧

名人名言

只有满怀自信的人，才能在任何地方都怀有自信，沉浸在生活中，并实现自己的意志。

——马克西姆·高尔基

大学生在求职择业过程中除了要重视自身心理方面的因素，还要掌握一定的技巧。求职择业技巧是指人们谋求职业所需的方法和手段。掌握求职择业技巧的人的求职效率会更高，而忽略或不懂求职择业技巧的人则会失去很多理想的择业机会，留有遗憾。因此，面对激烈的社会竞争及复杂的人际关系，大学生应掌握一些择业的技巧。

一、做好准备工作

求职择业除了要做好必要的心理准备，还有一些实际性的工作要做好。要认真填写一些基本的表格如个人简历等，做到实事求是、笔迹工整、信息翔实；要事先了解就业的程序、了解相关的政策，明白什么是“自主择业”、优秀毕业生在择业的时候有什么优势、学校推荐就业应达到什么条件等；充分收集就业信息，了解用人单位对毕业生的需求，并根据收集到的信息着手准备材料；根据社会需求，慎重征求老师及家长的意见，在他们的指导下确定自己的择业意向；毕业生可以与用人单位直接见面，了解对方，推销自己，进行充分的双向交流，在双方达成一致意见后，学校、毕业生、用人单位三方需要签订协议书，规定各自的权利和义务。

知识延伸

制作个人简历的注意事项

个人简历是求职者学习和生活的简短集锦，也是求职者自我评价和认定的主要材料。它是一扇窗户，能使用人单位透过它了解到求职者的部分情况，也能激起用人单位与求职者进一步接触的浓厚兴趣。应届毕业生制作个人简历，应注意以下事项。

(1)个人简历一定要写得充实，有内容，有个性。至少要在一定程度上反映出自己的真实情况。

(2)个人简历一两页即可，不可太长。简历的格式应便于阅读，有亮点，并使人对自己和自己的目标有良好的印象。在简历中要充分展示自己的专业特长和一般特长，强调自己过去所取得的成绩，最好能写出 3 个以上，并且要讲究材料的排列顺序。

(3)一般而言，白纸黑字应该是个人简历的最佳样式。打印排版时，要注意间隔及字体的常规性，同时注意语法、标点、措辞等，一定要避免出现错别字。

(4)不要写那些对自己不利的情况，就是成绩也不必一股脑儿全写上去，写主要专业课的成绩就可以了，尤其要注意避免写补考的学科。

二、掌握面试的技巧

面试在求职择业中是重头戏，大学生应该慎重对待。

(一)服饰搭配的技巧

美国就业指导专家迈克尔·吉利奥尼认为，在求职面试过程中，服饰是在 10 秒钟之内给人的第一印象，如果求职者的服饰着装与职业环境完全不协调，那么仅因这一点就可能会失去被录用的机会。一般而言，面试官评判求职者服装的标准是协调中显示出个人的气质和风度；稳重中透露出个人的可信赖程度；独特中彰显着个人的个性。因此，大学生在面试时，应选择与自己个性相符的服装，不用十分讲究，但一定要整洁大方，并且符合自己所应聘的职位的要求。例如，头发可稍加整理，使人看起来神清气爽；女生的脸部可化淡妆，使自己看起来更加自信和充满活力。

精选案例

一个年轻的硕士研究生即将从某重点大学金融管理专业毕业，她得到了去一家银行面试的机会，职位是银行市场推广部门的项目推广人员。于是，在约定好的时间，这位年轻人兴致勃勃地来到了那家银行。面试很快结束了，她的感觉很不好。虽然银行方面并没有明确告诉她结果，但是她很清楚结果是拒绝录用，因为面试她的人对她一点儿也不热情，只是说现在银行没有适合她的职位，希望她明年再来试试看。

问题出在哪里呢？带着满脑袋的困惑，她找到了就业指导老师，请老师帮忙分析一下问题出在哪里。老师通过和她的交流，发现她在学术和专业能力上没有任何问题。她虽然有些腼腆，但是说话时清晰的发音和适当的语速、语调及音量都显示出她受过良好的教育。

于是，老师请她谈谈面试时的着装，她告诉老师，她穿的就是现在所穿的衣服。上身是一件藕黄色带衬里的薄纱无袖短衫，短衫是大领口的，在领口和袖口边上还有宽宽的折叠花边；下身着装是一条同色的短裙，裙边也是宽宽的折叠花边。可能因为是夏天，年轻人没有穿袜子，脚上是一双贴有闪亮水晶片的黑色细高跟凉鞋，手上拿一个印有卡通图像的帆布手提包。

无疑，她的问题出在面试时的着装上。

分析：

案例中这个年轻人现在身上穿的这套服装，作为私人场合的着装非常好，但是作为应聘银行工作的职业着装是非常失败的。因为银行是一个比较严谨、严肃的地方，通常银行工作人员的着装要给人可靠和具有权威性的感觉，所以很多时候，银行工作人员都会选择穿深色的西装。深色的西装会给人踏实可靠的感觉。作为一名即将毕业的社会新人，应聘这份工作，可以不必像银行正式员工那样穿深色的西装，但是穿其他服装的时候，要体现出来的是和银行对员工要求相同的严谨、踏实、细致的风格，所以着装应该选择保守的款式和颜色才符合银行的需要。

(二)语言表达的技巧

面试时，语言表达艺术标志着求职者的综合素养。对于求职者来说，掌握语言表达的技巧是很重要的。

面试的自我介绍案例

1. 口齿清晰，语言流利，优雅大方

交谈时既要注意发音准确、吐字清晰，还要注意控制说话的速度，以免磕磕绊绊，影响语言的流畅度。为了增添语言的魅力，还应注意修辞，忌用口头禅，更不能有不文明的语言。

2. 语气平和，语调恰当，音量适中

面试时要注意语气、语调的正确运用。语气是指说话的口气；语调则是指语音的高低、轻重搭配。打招呼时，宜用上扬语调，加重语气并带拖音，以引起对方的注意。自我介绍时，最好多用平缓的陈述语气，不宜使用感叹语气或祈使语气。声音过大会令人厌烦，声音过小则难以听清。音量的大小要根据面试现场情况而定。两人面谈且距离较近时声音不宜过大，群体面试且场地开阔时声音不宜过小，以每个面试官都能听清自己的讲话为宜。

3. 语言要含蓄、机智、幽默

说话时除了表达要清晰，适当的时候可以插入幽默的语言，这样既能使谈话气氛更加轻松愉快，也能展示自己的幽默气质和从容气度。尤其是当遇到难以回答的问题时，机智幽默的语言可以显示自己的聪明才智，有助于化险为夷，并给人以良好的印象。

小贴士

从心理学的角度来看，一个人的言谈举止反映的是他的内在修养，如一个人的个性、价值取向、气质、所学专业等。不同类型的人会表现出不一样的言谈举止，面试官可以从言谈举止中判定求职者适不适合这份工作。所以在面试时，求职者应保持举止优雅大方，谈吐谦虚谨慎，态度积极热情。谈话时，眼睛要适时地注视对方，不要东张西望，显得漫不经心；也不要眼皮低望，显得缺乏自信。如果有两位以上面试官，那么回答谁的问题时，求职者的目光就应注视谁，并应适时地环顾其他面试官以表示你对他们的尊重。激动地与面试官争辩某个问题是不明智的举动，冷静地保持不卑不亢的风度是有益的。有的面试官会故意提一些无理的问题来试探求职者的反应，这时求职者一定不要慌张，保持冷静，客观地回答问题就可以了。当遇到不了解的问题时，要诚实回答，给面试官留下一个好的印象。

（三）回答问题的技巧

1. 把握重点，简洁明了，条理清楚，有理有据

一般情况下，回答问题要结论在先，议论在后，先将自己的中心意思表达清晰，然后再做叙述和论证。否则，长篇大论会让人不得要领。

2. 讲清原委，避免抽象

面试官提问总是想了解一些求职者的具体情况，切记不可简单地仅以“是”或“否”来回答。针对面试官所提问题，有的需要解释原因，有的需要说明程度。不讲原委、过于抽象的回答，往往不会给面试官留下具体的印象。

3. 确认提问内容，切忌答非所问

面试中，如果对面试官提出的问题一时摸不到边际，以致不知从何答起或难以理解对方问题的含义时，可将问题复述一遍，并谈谈自己对这一问题的理解，再请教对方以确认内容。对不太明确的问题，一定要搞清楚，这样才会有的放矢，不致答非所问。

4. 有个人见解，有个人特色

面试官接待若干名求职者，相同的问题会问若干遍，类似的回答也要听若干遍。因此，面试官会有乏味、枯燥之感。只有具有独到的个人见解和个人特色的回答，才会引起面试官的兴趣和注意。

5.“知之为知之，不知为不知”

面试中遇到自己不知、不懂、不会的问题时，回避闪烁、默不作声、牵强附会、不懂装懂的做法均不可取，诚恳坦率地承认自己的不足之处，反倒能赢得面试官的信任和好感。

（四）倾听的技巧

倾听是一门每个人都必须学习的艺术，只有善于倾听才可能与人顺利地交流、沟通。倾听可以完整而准确地获取谈话对象所表达的全部信息，帮助自己做出准确而及时的判断，根据需要流畅地应对谈话过程中的各种问题。同时，倾听可以给谈话对象一个很重要的心理感受，那就是被重视和尊重，这有利于谈话氛围的营造，保证谈话在和谐氛围中顺利进行。因此，在面试过程中，大学生应注意始终保持良好的倾听状态，身体姿态也应相应配合，宜采用开放式的姿势，即身体稍微前倾、呈关注状态，随时向面试官传达一个信息：我在很认真地听并随时准备回答问题。

精选案例

张某，女，信息管理专业，欲参加某企业的面试，应聘外联部职位。进入面试的会场后，张某发现面试会场是一个小会议室，里面有一个圆的会议桌，面试官坐在最中央，其余的求职者分别围坐在两旁。面试不是一对一地单独进行，而是采用集体讨论的方式，面试官提出问题，大家参与讨论，提出自己的看法，其间，面试官还会针对一些回答提出疑问。在面试过程中，有些求职者为了突出表现自己，总是不等面试官把话说完或不仔细倾听面试官的意见就抢答。而张某每次都是在认真听完面试官的问题或意见后，沉思一会儿后举手示意回答。结果，张某顺利被录取。面试官对张某说：“我对你的面试表现很满意，你很有礼貌，而且很自信，还有非

常重要的一点是你懂得倾听，你的表现让人愿意和你交谈，而且懂得倾听的人能够冷静地和别人交流，能够从言谈中抓住别人的心理。这正是我们企业所需要的人才。”

分析：

张某之所以能够取得成功，一个重要的原因就是她懂得一些面试的技巧。面试时，礼貌、自信是最基本的，它能够让面试官了解求职者的品格，相信求职者能胜任这个职业。但是倾听更为重要，倾听可以让面试官感觉到自己受到了尊重，求职者也能从中捕捉到谈话的重点，从而让谈话顺利进行，为最后的成功打下基础。

课堂讨论

你认为上述的面试技巧对你来说有实际的参考价值吗？

三、掌握笔试和签约的技巧

笔试是应聘考核的辅助方式，一直以来都受到用人单位的重视，笔试能从侧面反映出求职者的心理素质与职业素质。笔试主要包括心理测验，用来测试求职者的心理健康状况与职业兴趣、职业能力、态度、个性、气质等；专业考试，主要是检验求职者的专业知识与相关能力；命题写作，主要是检验求职者驾驭语言文字的能力和分析解决问题的能力。大学生应在平时注意自己各方面能力的培养。因为平时的积累有助于其在求职时脱颖而出。

签约是求职的最后环节，也是择业的最后一步。就业协议书规定了学校、学生和用人单位三方的权利与义务。大学生一定要慎重对待就业协议书，认真考虑协议条款并做出最后的决定。

教学检测

一、思考题

1. 职业生涯、职业生涯规划的定义是什么？
2. 大学生职业生涯规划的准则有哪些？
3. 大学生应该如何克服职业生涯规划过程中产生的心理困扰？

二、活动设计题

模拟面试：以班级为单位，分为若干小组，每个小组由 4 或 5 名同学组成。每人轮流扮演面试官和求职者的角色。每人事先准备扮演面试官时要询问的 5 或 6 个问题。活动开始后，除了扮演面试官和求职者的同学，每个小组里的其他成员均以旁观者的身份来观察模拟面试情况，并在面试结束后，向求职者提出意见和建议。

思政园地

陕西理工大学探索构建“就业思政”体系　着力打造就业指导新模式

陕西理工大学深入贯彻党中央、国务院关于稳就业、保就业的有关决策部署，把做好毕业生就业作为落实“立德树人”的重要环节和“三全育人”的重要内容，以改变“学生固有就业观念”为核心，以帮助“学生树立正确就业观念”为目标，推动思政工作与就业工作深度融合，引导毕业生把个人理想追求融入社会主义现代化国家建设新征程，推动实现毕业生更加充分更高质量就业。

思想引领，建立“主题性”就业指导体系

陕西理工大学始终将思想引领贯穿就业工作全过程，打造主题鲜明、价值导向明确的“职讲堂”“求职实战训练营”等以“成才观、职业观、就业观”为核心的主题性就业指导品牌活动，引导和支持毕业生自觉服务国家需求“大舞台”，唱响基层就业“主旋律”。例如，举办“助力三支一扶，共建祖国未来——为建设西部与基层发展而奋斗”“青春由磨砺而出彩，人生因奋斗而升华”等主题讲座，引导毕业生扎根基层一线，厚植家国情怀；举办“企业一线，大有作为”“热血真青春，奋斗正年华——带着梦想去创业”等主题讲座，引导毕业生赴国家重点地区、重点行业、重点单位就业；开展“最美基层就业毕业生”先进事迹专题宣传、“榜样之声”专栏等活动，引导毕业生赴西部、基层、艰苦地区就业，到祖国最需要的地方建功立业。近两年，陕西理工大学举行就业思想引领和价值观教育的系列活动23场次，参与学生近4 500人次，毕业生赴基层、西部、国家重点行业就业比例达80%以上。

课堂教学，建立“融入性”就业课程体系

陕西理工大学坚持以就业课程教学为抓手，“点面结合、条线相济”，将就业指导融入大学生发展全过程和专业学习中。坚持就业工作与大学生发展阶段相融合，面向低年级学生开设“大学生职业生涯规划”课程，帮助大学生树立生涯规划意识，提前做好求职准备；面向高年级学生开设“就业指导”课程，帮助大学生树立正确的就业观念、了解最新就业政策、掌握求职技巧和方法，提升大学生就业信心和求职成功率。坚持就业与专业相融合，结合专业性质开设相关就业课程，授课教师皆由专业教师担任，根据专业特点有针对性地进行备课和授课，确保就业课程精准有效实用。截至目前，已实现“大学生职业生涯规划”与“就业指导”课程全覆盖。

理念创新，建立“精准性”日常指导体系

陕西理工大学不断创新就业工作理念，积极践行“互联网＋就业”工作思路，在加强就业指导活动“精准化”方面下功夫。开发“毕业生就业管理服务微平台”等平台，实现移动端“职业测评”“精准推送”“在线招聘”“信息管理”等功能。以信息化建设为抓手，开发优质课程资源、创新教学方法，让大学生及时获取就业创业政策、个人职业发展规划、求职技能、网络课程等资源，做到精准、高效、不受限地开展日常指导、咨询和服务。根据大学生群体特点，有针对性地设计和开展就业指导活动，举办“简历制作大赛”“模拟招聘大赛”“职业生涯规划大赛”等活动，切实提升毕业生求职能力。近两年来，陕西理工大学精准推送就业指导信息1.7万余条，举办大型校园学生活动11场，受益学生约1.4万人次。

类型识别，建立“前置性”就业帮扶指导体系

陕西理工大学加大对困难大学生群体的帮扶力度，建立就业困难大学生识别模型，准确掌握家庭困难、少数民族、身体残疾等毕业生群体的具体情况，对就业困难大学生进行“前置性”排查和帮扶。针对大学生的不同特点和需求，提前送政策、送指导、送信息，帮助大学生转变就业观念、提升就业能力。加强对特殊群体毕业生的帮扶，落实落细“三支一扶”就业项目资金发放、“求职创业补贴”申报和发放等工作，努力保障有意愿就业的特殊群体毕业生 100%就业。近两年来，共为 1 729 人办理求职创业补贴，共计 172.9 万元，建档立卡贫困家庭毕业生、少数民族毕业生、深度贫困地区毕业生初次就业率均高于学校平均水平。

（资料来源：陕西省教育厅官网，2021 年 4 月 13 日，有改动）

讨论：

1. 构建“就业思政”体系对大学生的职业生涯规划有什么意义？
2. 你认为大学生职业生涯规划还面临哪些问题？你准备如何解决这些问题？

第十章 大学生生命教育

育人目标

◎ 在提高专业知识和专业技能的同时，增强生命意识，树立健康的生命观，充分感受生命的活力和价值。

◎ 积极参加学术、科研、体育、艺术、娱乐等各种实践活动，丰富和充实自己的生活，在活动中体验生命，培养积极的生命情感。

学习目标

◎ 了解生命的内涵和存在形式，理解生命教育的内涵和大学生生命教育的内容。

◎ 了解部分大学生自杀的原因，掌握大学生自杀行为的预防措施。

◎ 了解心理咨询的内涵、大学生心理咨询的内容、类型和主要形式，以及大学生心理咨询时应注意的问题。

情境导入

大三学生李某因男友与别人相恋，感情不能自拔，长时间情绪低落，不与人交往，拒绝外出实习，抑郁成疾。她很痛苦：男友怎么突然爱上了别人？失恋不仅影响了她的正常生活，更使她怀疑是否所有男生都没有任何真感情可言。她实在不知如何才能从这种状态中走出来，觉得生活没有任何意义，甚至产生了自杀的念头，她不停地问自己：人为什么而活？

李某向心理咨询师吐露：自己性格敏感，从小缺乏自信，失恋发生后受到巨大打击。由此可见，李某的生命教育是欠缺的。通过心理咨询，李某改善了不合理认知，逐步认识到生命的意义和重要性。

在大学生的现实生活中，不只有欢声笑语、鲜花掌声，还有烦恼苦闷、颓废无聊。社会的变革，大学生自我意识的冲突，世界观、人生观、价值观的不确定甚至扭曲，在很大程度上导致大学生出现生命困惑。如何了解、认识和回应这些严重影响大学生生命观念的刺激事件，树立正确的生命观，是当代大学生面临的现实挑战。

生命是一个神圣而又严肃的话题。生命是什么？似乎每个人的心里都有答案但又不能够具体地说出来。有人曾这样诗化地阐述生命：“生命如诗，是一首浪漫的抒情诗；生命如梦，是一个委婉或晦涩的梦；生命如歌，是一首欢快的歌曲；生命如茶，是一杯充满韵味的苦茶。”但生命却是实实在在的，人的生命只有一次。因此，肩负祖国未来建设重任的大学生，其生命意识亟待加强，其生命教育刻不容缓。面对越来越多的心理困扰，开展大学生心理咨询更是势在必行。

第一节　生命及生命教育

名人名言

生命的价值不在于时间的长短，而在于你如何利用它。

——米歇尔·德·蒙田

一、认识生命

探索生命意义和价值

(一)生命的内涵

生命是众多学科的研究对象，不同的学科从不同的角度探索生命，因而对于何谓生命就有不同的界定。从文学角度而言，生命就是性命，可以思考、想象、感受和表达；从生理学角度而言，生命必须具备心脏跳动、会呼吸、大脑有活动等条件；从生物学角度而言，生命泛指有机物和水构成的一个或多个细胞组成的一类具有稳定的物质和能量代谢现象(能够稳定地从外界获取物质和能量并将体内产生的废物和多余的热量排放出来)、能回应刺激、能进行自我复制(繁殖)的半开放物质系统。

由此可见，生命现象本身涵盖的范围广泛，人们对生命的理解也复杂多样。从生命教育的角度来说，本书主要将生命限定为人的生命，认为人的生命是自身繁殖、生长发育、新陈代谢、与环境进行物质和能量交换、遗传变异以及对刺激的反应等复合现象。

课堂讨论

德国作家赫尔曼·黑塞曾说：“生命究竟有没有意义并非我的责任，但是怎样安排此生却是我的责任。”对于这句话，你是如何理解的？

(二)生命的存在形式

人的生命的存在形式有生物性、精神性和社会性三种。

1. 生物性存在

生物性是人的生命的最基本特性。人作为一个自然生理性的肉体生命而存在，人的生长和发展必然要服从生物界的法则和规律。所以，衣食住行、吃喝拉撒、生老病死是每一个人都必须经历的，也是每一个人都无法逃避的。人的生物性存在是人的一切存在的基础，是人的一切高级生命存在的物质前提。没有这个基础和前提，人的一切其他的生命存在方式都会失去载体和根基。从这一角度来说，人应当关注和爱惜自己的生物性存在。

2. 精神性存在

人之所以为人，就在于人不仅仅是为了满足自己的自然生命而活着，还要追求超越生物性存在的精神性存在。人之所以要追求精神性存在，首先在于精神性存在是对生物性存在的指导和提升；其次在于精神性存在的本质是自由、开放和升华，具有完整性和超越性。人要规划自己的人生，创造自己的价值，指导和提升生物性存在。正是有了生命的精神性存在，才使人的生命有了人文意义和价值，有了理性的意蕴和道德的升华。

3. 社会性存在

每个人要想生存下去，就必须参与社会活动，在与人的沟通、交往和互动中保存自己的生命，追求自己生命的意义，实现自己生命的价值。正是这种社会性存在，使人在面对千差万别、千变万化的社会生活时，有一种生命的智慧和坚定的信念；使人在面对有生有死、有爱有恨、有聚有散、有得有失的有限人生时，有一种豁达的胸怀和安然的态度。

(三)生命的特征

1. 生命的有限性

有限性是生命的重要特征。人的生命的有限性首先表现为存在时间的有限性，即人的生命的存在时间是有限的，并具有不可重复性；其次表现为肉体生命的有限性；最后表现为人的生命的不可预测性，人的生老病死、喜怒哀乐是不可预测的。正是这种有限性促使人们去努力思考、奋发创造，去实现生命的超越，追求生命的辉煌。从这个意义上说，人的生命的有限性正是人走向成功的最强大的动力，也是人的一切活动的起点。

小贴士

在《钢铁是怎样炼成的》这本书中，保尔·柯察金曾说过这样一段话："人最宝贵的东西是生命，生命对人来说只有一次。因此，人的一生应当这样度过：当他回首往事时，不因虚度年华而悔恨，也不因碌碌无为而羞愧。这样，在他临死的时候，就能够说，我把整个生命和全部精力都献给了人生最宝贵的事业——为人类的解放而奋斗。"这段话告诉我们要珍惜仅有的一次生命，应将自己宝贵的生命投入到对社会的奉献中。

2. 生命的独特性

个体生命的独特性是人类社会生命存在的最普遍的形式。每个人都是不同的，都具有自我独特性，具有不可重复和不可取代的唯一性。正是这种独特性，才使得每个人的存在具有独特的意义和价值。

人的独特性一方面是由个体先天的遗传素质差异所决定的，另一方面还受后天的社会化过程的影响，尤其是受后天生活环境的熏陶和个体成长过程的影响。换言之，人的独特性还表现在后天形成的个性方面，如性格特征、思维方式、行为习惯、生活方式、价值观念和理想信仰等。因此，我们每个人都应明确自身的优势和不足，活出自己的个性和精彩的人生，使自身独特的个人价值和生命得到最完美的诠释。

3. 生命的不可逆性

生命遵循着从小到大、从生到死的规则，不会发生逆转。人们幻想能返老还童或是长生不老，那只是一种美好的愿望而已。生命的不可逆性是我们对生命不可舍弃的又一个重要的理由。生命画板只容许我们涂抹一次，即使不能令自己满意，也绝不可能再回头重画一次，这就要求我们认真地对待每一天，做到回首往事的时候没有遗憾。

4. 生命的社会性

人的生命具有社会性，脱离了社会的人，就不是真正意义上的人。社会性是人的基本属性之一，这决定了人们不会满足于简单的生物性存在，而是会试图探寻生命的意义和价值，不只满足于对现实世界的追求，而且还寻求自我的社会意义。

精选案例

在一次讨论会上，一位著名的演说家没有讲一句开场白，手里却高举着一张 20 美元的钞票。面对会议室里的 200 个人，他问："谁想要这 20 美元?"一只只手举了起来。他接着说："我打算把这 20 美元送给你们中的一位，但在这之前，请准许我做一件事。"他说着便将钞票揉成一团，然后问："谁还要?"仍有人举起手来。他又说："那么，假如我这样做又会怎么样呢?"他把钞票扔到地上，并且用脚去踩碾它。然后他拾起钞票，钞票已变得又脏又皱。"现在谁还要?"还是有人举起手来。"朋友们，你们已经上了一堂很有意义的课。无论我如何对待这张钞票，你们还是想要它，因为它并没贬值，它依旧值 20 美元。人生路上，我们会无数次被自己的决定或面前的逆境击倒、欺凌甚至碾得粉身碎骨，我们觉得自己似乎一文不值，但无论发生什么，或将要发生什么，我们永远不会丧失价值。因为无论肮脏或是洁净，衣着齐整或是不齐整，我们依然是我们。"

分析：

生命具有有限性、独特性、不可逆性和社会性，人应该珍惜仅有一次的生命，遇到困难绝不退缩，遇到挫折绝不气馁，以自己的行动来确定自己的价值。不要被困难和挫折打倒，因为我们自身本就有价值，我们可以实现自己的价值。

二、认识生命教育

(一) 生命教育的内涵

何谓生命教育？生命教育就是指通过教育指导人们正确认识生命的意义和价值，尊重和珍惜生命，最终培养人文关怀精神，陶冶健全的人格品质。生命教育主要是帮助人们认识并珍惜自己的生命，尊重他人的生命，并在此基础上主动思索生命的意义，找到自己的存在价值与定位，提高生命的质量，培养人文精神。对大学生进行生命教育，目的是使大学生既认识到生命的伟大与崇高，又认识到生命的渺小与脆弱；既了解人类的生命价值，又了解自然界中其他生命的价值；既热爱自己的生命，又关注他人的生命；既能积极创造生命的价值，又能自觉提升生命的价值。

课堂讨论

你们学校开展过生命教育吗？对你有什么样的帮助？

(二)大学生生命教育的基本内容

大学生生命教育的内容主要包括三个方面，即关爱生命教育、直面死亡教育和生命价值教育。

1. 关爱生命教育

关爱生命先要珍视生命的本体价值。生命的本体价值主要表现为生命的有限性、独特性、不可逆转性和社会性，即生命是人类创造和实现一切价值的前提和先决条件，没有生命的存在，就没有社会历史的产生、发展及所有的人类活动。人的生命价值首先在于生命的存在和延续本身，脱离生命本体的存在和延续来实现生命的价值，无疑是荒谬的。生命的本体价值要求我们必须关注生命、珍爱生命。

近年来，大学生自杀、杀人事件时有发生，其根源之一就在于忽视了关爱生命的另一方面——敬畏生命。生命教育必须使大学生懂得生命的神圣性，对大自然的一切生命持敬畏的态度。从根本上说，任何生命都有存在的权利。生命存在于普遍联系之中，人与人之间、人类与自然界之间环环相扣，任何环节出现问题，都会影响到人类的生命。生命只有在相互关爱中才有可能存在和延续。人类必须敬畏生命，懂得其他生命的价值，善待其他生命，并与其他生命休戚与共。

精选案例

早晨，一个人来到海边散步。他注意到，在沙滩的浅水洼里，有许多被昨夜的暴风雨卷上来的小鱼。用不了多久，浅水洼里的水就会被沙粒吸干，被太阳蒸干，这些小鱼就会干死。忽然，他看到前面有一个小男孩不停地捡起水洼里的小鱼，用力把它们扔回大海。这个人忍不住走向前说："孩子，水洼里有成百上千条小鱼，你救不过来的。""我知道。"小男孩头也不回地答道。"哦？那你为什么还在扔？谁在乎呢？"

"这条小鱼在乎！"男孩一边回答，一边捡起一条小鱼扔进大海。"这条在乎，这条也在乎！还有这一条、这一条、这一条……"

分析：

小男孩的行为告诉我们要懂得生命的价值。和人一样，自然界的生物都有其存在的价值，关爱生命、尊重生命是每个人都应具备的品德，大学生更应该懂得生命的重要性。

2. 直面死亡教育

谈生命教育不可能不谈死亡，因为生命就是从出生到死亡的过程。死亡是一个永恒的话题。我国文学巨匠巴金曾说，像斯芬克斯的谜那样，永远摆在我眼前的是一个字——死。直面死亡教育的最基本的目的是介绍死亡的知识，使大学生了解死亡的过程及不可抗拒性，了解死亡对亲人、朋友的伤害，并使其对各种与死亡相关的打击、挫折、损失等有所了解和接受。大学生应广泛地获取有关死亡方面的哲学、社会学、伦理学等知识，理性地思考死亡在生命过程中所担任的角色及死亡的真谛，从而正确地对待死亡，培养和树立起正确、科学的死亡观。大学生只有意识到死亡的意义，才会只争朝夕，充实自我，奋斗尽责，让生命焕发耀眼的光芒。

3. 生命价值教育

爱因斯坦曾经说过："一个人的价值，在于他贡献了什么，而不在于他得到了什么。"这种观点曾经教育了几代人，对于当代大学生也有一定的教育意义。大学生的主体意识、独立意识日益增强，对生命的价值有自己的期望和评价标准。生命价值教育必须顺应大学生生命观念的发展趋势，对生命的价值做现实的解析，使大学生真正懂得生命的价值。首先，生命是一种对父母、亲友、社会、自己的承诺，是一种责任，拥有生命就必须履行生命的职责。在任何挫折与不幸面前，个人无权草率地处置自己的生命。其次，生命是一个过程，自然会遇到许多艰辛、挫折、困顿，这些苦难和幸福一样，都是生命的一部分，是无法选择的。学会挑战苦难，磨炼生命的意志，生命才会有价值。最后，个体生命的存在客观上影响着社会和他人，这种影响是人生价值实现的重要指标，多做有益于社会和人民的事，其生命会更有意义。要培养大学生追求生命质量的健康意识，引导大学生体会生命所蕴含的积极意义。

思政元素

"感动校园人物"出炉　重庆工商大学上了一堂别样的思政课

彰显青春风采，传递榜样力量。2021 年 12 月 10 日，重庆工商大学第十二届"感动校园人物"评选活动颁奖典礼在校举行。

据介绍，重庆工商大学自 2004 年创办"感动校园人物"评选活动以来，在师生中广泛宣传，充分发动，重点关注，采用"自荐+推荐"的方式征集感动人物和事迹，探索以朋辈引领和浸润教育为核心的思想政治教育新模式，评选表彰学风建设、科技创新、自强不息、志愿服务、互助友爱、教书育人、奉献社会等各方面震撼人心、令人感动的人物和团队，涵盖学生、教师、后勤人员、校友等。

在当天的颁奖典礼上，康生凯、阮世会、李阳一、梁广南、王兴兰、肖艳、付晓琼、王敬春，以及会计学院"向日葵"青年志愿者服务队、重庆工商大学派驻彭水脱贫攻坚干部团体获得"感动校园人物"称号。

他们中，有为校争光的学子，有心系学生的老师，有把学生视作自己孩子的宿管阿姨，有洒热血、传爱心的志愿者，还有访农户问民生、走村社下田地的脱贫攻坚干部团体，传扬了学生成长成才的优秀事迹，体现出高校"立德树人"的根本。

据悉，"感动校园人物"是重庆工商大学"立德树人"的思政公开课，通过榜样凝聚力量，让师生在感动中共情共鸣，引导学生做德智体美劳全面发展的社会主义建设者和接班人。自创办以来，"感动校园人物"共评选出典型个人和团队共 124 个，覆盖学生近 30 万人次，经过多年的发展，被该校师生誉为"重庆工商大学人的精神航标"。

（资料来源：人民网，2021 年 12 月 11 日，有改动）

第二节 大学生自杀行为的预防

名人名言

应该笑着面对生活，不管一切如何。

——尤利乌斯·伏契克

谈到大学生生命教育，不可忽略的就是大学生的自杀行为，这一问题已引起社会的普遍关注。自杀是指个体蓄意或自愿以某种手段结束自己生命的行为。自杀是个体对其生存意义的否定和个体对其所在社会的否定。根据中国疾病预防控制中心的一份研究报告可知，我国自2010—2021年，总体自杀死亡率下降了一半，但15～24岁青少年的自杀率年均增长了约20%。

一、大学生自杀的原因

（一）心理障碍

其实大部分人都有一定的心理问题，关键看个人如何调节、如何释放，调适得当、释放良好则问题迎刃而解，反之则可能走向极端。当大学生在生活或学习的过程中遇到困难或挫折时，有的人可以成功地自我调节，有的人则不能，不能调适心理状况的人往往会出现觉得自己无能力、无希望、无帮助的“三无”心理。如果此时仍没人帮其分担或解决问题，其容易产生冲动的心理。每个人都会产生冲动，这就需要有冲动控制或者冲动引导机制，或者由外部事物将构成冲动的精神能量释放，反之，则易产生自杀行为。

（二）生理疾病

我们大部分人无生理问题，但也有部分人天生或后天患有疾病且无法治愈。其中有些人顶着别人异样的眼光，跨过高考这道坎，进入了大学。随着年龄的增加，他们的自我意识越来越强，身心压力逐渐增大，也越来越自卑，觉得命运不公平，继而可能产生轻生的念头。

（三）家庭突遭变故

目前的大学生独生子女的比例相当大，他们从小在父母的精心呵护下长大，很少经历挫折和逆境。而现代社会家庭常出现如父母离婚、再婚等变故，会对孩子造成一定的影响。有的大学生因为心理不成熟，不能接受家庭出现变故这个事实，可能选择极端的方式——自杀来结束内心的痛苦。

精选案例

于某，某高职院校大二学生，上大学以前，家庭情况较好，很受父母的宠爱。但在她大一的时候，父母离异，她跟着妈妈生活，变成了单亲家庭的孩子，她再也感受不到以往的幸福了，心情十分抑郁。原本就多愁善感、不爱说话的她从此更加沉默寡言。在学校例行体检的时候，她又被查出携带乙肝病毒。回到宿舍后，她想了很久，觉得自己得了这样的病，一定会遭人歧视，于是，她就产生了自杀轻生的念头。

分析：

于某产生自杀轻生的念头有两个方面的原因：一是家庭突遭变故，父母离异，她原本幸福的生活被打破，一时接受不了；二是生理方面的疾病造成的伤害。而且于某的性格多愁善感，不善与人交流沟通，这就使得她抑郁的心情得不到疏解。多方面的原因加在一起，让她产生了自杀轻生的念头。

(四)学习和就业压力大

大学生处在人生的黄金时代，无论是家人还是自己，都对其大学生活和学习寄予了厚望，可是有些大学生在通往人生目标的路上，遇到障碍时就会感到沮丧、失望，反复遭受挫折就可能产生心理障碍和心理疾病，特别是感到前途无望时，行为上常会产生偏差，最终酿成悲剧。一般情况下，学生进入大学后，面临着全新的生活环境，在大学里没有了父母和老师的催促，全靠自觉学习。在这种情况下，很多大学生不能把握自己以致迷失了方向，最后有一些学科不能通过，从而面临着学校的处罚和家长的问责，自觉无颜面对老师和父母，从而产生极端的自杀心理。受大环境的影响，大学生刚毕业不一定能找到满意的工作，无法正确排解就业带来的压力也会产生自杀轻生的念头。

精选案例

近日，某大学的学生何某跳江自杀，警方在江中找到何某的尸体。警方怀疑何某可能是因为学习压力过大而自杀的。

几天前，何某生日，在宿舍吃完蛋糕后，他于22点左右离开宿舍，后来几天都没有去上课，且手机关机一直联系不上。他出门时没带身份证、银行卡、一卡通等，只带了手机。何某的家人调取学校监控后发现，当日22时12分，何某在校门处逗留了一会儿后，往江边走去。

何某的家人称，何某性格内向，成绩不太好，学习压力大，出走前曾在朋友圈写下告别的话。“他原本有3门科目要补考，但他没去，说自己太累了。”何某的姐姐说，出走当晚，何某往她支付宝账号上转了850元，并留言帮他存着。

何某的姐姐还注意到，何某出走当晚19时22分，更新了一条动态，写道：“让我悄悄地离开，谢谢那些出现在我生命里的人。至于送我的礼物，可惜我看不到了，这是我的选择。”何某的姐姐称，弟弟失联后，家人在他宿舍里发现了一个日记本。日记本里写了很多悲观的话，如“为什么我对生活失去了希望”等。

分析：

大学生的压力主要来源于学习、就业、生活适应、人际关系及经济等方面。在面对这些压力的时候，有些同学自暴自弃，到最后也就失去了大学生活的乐趣。作为大学生，我们应该明白大学阶段的压力来自多个方面并且不可避免，我们不要惧怕压力、逃避压力。相反，压力在一定程度上对人也存在着积极的意义。适当地消化压力可以使人们提升自我修养、树立正确的人生观。因此，学会调节压力，避免压力过度，将压力化为动力，实际上是大学阶段的必修课。我们需要根据压力作出明智的解决方法，既不逃避，也不反应过度，从而提高自身心理素质，正确应对各种压力。

(五)情感受挫

大学生谈恋爱具有强烈的浪漫色彩和盲目性，有的大学生并不清楚“爱”为何物，只是凭一时冲动或者随波逐流而恋爱，所以他们的爱情极其脆弱，失恋也是难免的事。大多数大学生的心理并不成熟，不能经受失恋的痛苦，失恋使其消沉、对生活失去信心，有的甚至产生自杀倾向、报复心理。有的大学生听到自己心爱的人提出分手时没有心理准备，觉得不能接受，或者认为失恋是一件丢人的事情，以致认为活着再没有任何意义，于是选择自杀。更有甚者，当恋人提出分手后，会愤愤不平，认为恋人侮辱了自己的感情，于是产生报复心理。

知识延伸

大学生自杀的征兆

一般而言，自杀者在自杀前处于想死同时又渴望被救助的矛盾状态时，从其行为与态度变化中可以看出蛛丝马迹。大约2/3的人都有可观察到的征兆。据南京危机干预中心调查，在61例自杀的大学生中，有22人曾明显地流露出各种消极言行以引起周围人的注意。日本学者长冈利贞认为，人在自杀前会有种种信号，可以从言语、身体、行为三个方面观察。

(1)言语。有自杀意念的人会间接地、委婉地说出来，或者谨慎地暗示周围，如“想逃学”“想出走”“活着没有意思”等。

(2)身体。有自杀意念的人会有一些身体症状，如感到疲劳、体重减轻、食欲不好、头晕等，这些症状往往是抑郁情绪所致，不能简单地认为是身体有病，应引起注意。

(3)行为。当人的自杀意念增强时，在日常生活中会表现出不同于平常的行为，如无故缺课、频繁洗澡、看有关死亡的书籍，甚至出走、自伤手腕等。

以上种种征兆可以为预防自杀提供线索。

课堂讨论

你对大学生自杀的问题有什么样的看法？

二、预防大学生自杀行为的措施

(一)加强对大学生的生命教育

在学校开设相关的课程，对大学生进行生命意义、生命价值、生命责任等方面的教育是很有必要的。大学生要认识到生命的可贵，识别心理危机，有效地进行自助、他助与求助；大学生应自觉地加强个人修养，克服不良的个性品质，做一个乐观开朗的人；大学生要树立正确的挫折意识，认识到人们在社会上、在工作中、在学习上、在生活中不可能一切都一帆风顺，虽然道路曲折，但是前途是光明的。另外，大学生还应重视自身能力的训练与培养，如适应能力、自理能力、人际交往能力、社会工作能力、解决问题的能力及克服困难的能力等。

思政元素

成为生命教育的“萤火虫”外，上海大学启动“沉浸式生命教育项目”

2021年11月28日，上海大学“沉浸式生命教育项目”启动，除了招募志愿者成为生命教育的“萤火虫”，还将通过体验、讲座、沙龙等计划让大学生了解生命、尊重生命、关爱生命。

“我们准备招募30名临终关怀志愿者，首批参与我们的生命教育体验计划。”上海大学社会学院社会工作系主任程明明表示，志愿者需要完成8小时的上岗培训，结束后去各实践基地完成40个小时的志愿服务。“在这当中他们还要完成一定的任务，比如完成一个生命叙事的故事。”之后再接受专业的生命教育结构式团体辅导，升华实践过程中的积极心理品质。

完成体验的志愿者们将从生命教育的“种子”升级为生命教育的“萤火虫”。“如果愿意继续发挥更大更多的能量，可以继续完成另外40个小时的志愿服务，协助设计和制作一项生命教育推广产品，并到一些中小学完成3次生命教育公共活动，比如沙龙、讲座、绘本故事、团体辅导等。”程明明说，“萤火虫”的寓意就是可以把光带到更多的地方去照亮他人。

(资料来源：青春上海News——24小时青年报，2021年11月28日，有改动)

(二)大学生应努力提高自身素质

一般来说，大学生对困难和挫折的心理承受能力比较差，他们进入大学后要独立生活，独立面对激烈的竞争，独自处理各种人际关系，当遇到较为尖锐的矛盾时，他们往往措手不及、方寸大乱。大学生应该培养良好的意志品质，增强自控能力。良好的意志品质是人们在日常生活中逐渐形成的，如勤奋、勇敢、热情、大方等。大学生还要正确对待各种压力，学会调节自己的情绪，加强心理健康训练。当遇到不愉快的事情或者心情不好的时候，可以采取一些方法排解，如发泄法、诉说法、转移矛盾法、升华法等。

(三)加强对自杀行为的认知

有自杀意念的人都试图从自己的问题中解脱出来，如果能找到另外的解决方法，那么就能化解自杀的危机，大学生应认识到这一点。同时，大学生还应该明白，自杀不是一个人的事情，它关系到亲友和周围其他人乃至整个社会。自杀不仅不能终结痛苦，反而会转化成他人的另一种全新的精神痛苦。因此，大学生应时刻保持理性思考，学会客观地分析事物，学会站在他人的角度思考问题。

(四)加强心理干预，及时解决大学生的心理问题

在我国，大多数高校都设有向大学生免费开放的心理辅导中心，大学生在日常生活中如果遇到学习、恋爱、人际关系等方面的问题时，可以到学校的心理辅导中心去获得心理咨询老师的帮助，向老师倾诉自己的苦闷，排解抑郁、焦虑、恐惧等心理问题，从而预防自杀事件的发生。针对自杀行为，一些城市或学校还建立了危机干预或自杀预防中心，大学生在遇到这方面的困扰时，可以及时与这些组织取得联系，寻求帮助。

人的生命是最宝贵的，大学生千万不要轻易放弃。对于学校而言，应及时地、积极地采取预防措施，以教育为主，帮助大学生排解生活或学习中遇到的困难；对于大学生而言，应提高自身素质，加强认识，明白生命的可贵，进而珍惜生命。

精选案例

王某，女，某高职院校三年级学生，21岁。王某的母亲是护士，受母亲的影响，王某对个人卫生要求非常严格，在学校吃午餐都会先用随身携带的酒精棉擦拭餐具。中学时，有一次同学过生日，她去参加了，第二天有个同学感冒发烧没来上学，母亲知道后立即带王某去检查身体，在检查过程中，王某开始呕吐，从此她不再参加任何同学聚会。大学时，她睡在上铺，有一次一位女生调皮地从另一个床铺跳到她的床上，她知道后，立即将床单和被罩换洗掉。到后来，只要别人碰她的东西，她都要小心清洗。和她接触的人都知道她很怪，同学们对她要不是抵触，要不是敬而远之。

看到别人都有几个好友围绕左右，自己形单影只，她非常苦恼，她不知道怎么会这样。但她每天还是会反复清洗各种用品，自言自语，行为也变得更加孤僻，舍友都说“不想跟她再住在一起”。她自己非常痛苦，曾找到系里的辅导员寻求帮助，辅导员建议她回家休养一段时间。回家后，父母白天忙工作，很晚才回来，她每天独自在家跟自己说话，跟空气说话，有说有笑，甚至手舞足蹈的，就像是旁边真的有个人一样。终于有一天，她和空气对完话后，打开了自家的煤气，想要结束自己的生命。幸亏抢救及时，才挽回了她的生命。

后来在咨询过程中，王某称自己讨厌家庭，讨厌同学，也厌恶学习。“大家都认为我有病，我什么活动也不敢参加，也不想和别人接触。我心里很痛苦，想得到解脱，不想活了。”

分析：

案例中王某总对着空气说话就是自杀的一种征兆。案例告诫我们，大学生要懂得生命的可贵、珍爱生命，积极有效地管理自己的情绪，调整心态，当自己的心态出现问题时，要采取有效的途径积极解决心理问题，以避免悲剧的发生，从而顺利地度过美好的大学时光。

第三节　大学生心理咨询

名人名言

心情愉快是肉体和精神的最佳卫生法。

——乔治·桑

大学生的自杀行为大多是由于生活或学习中的某些事件对心理产生的刺激而引发的，因此，心理健康就凸显出其重要性。当发现自己出现一些心理方面的问题或存在某种心理障碍时，正确的做法就是寻求帮助，大学生可以在学校设立的心理辅导中心咨询，进行心理治疗，解决自己心理方面的问题。

一、心理咨询的内涵

揭开心理咨询的神秘面纱

所谓心理咨询，是指专业人员，即心理咨询师运用心理学理论、知识和方法，通过语言、文字及其他信息传递方式，与咨询对象共同分析、研究和讨论咨询对象提出的问题，找出问题的所在，并且经过心理咨询师的帮助、启发和指导，咨询对象能找出问题的解决办法，克服情绪障碍，恢复与社会环境的协调适应能力，从而维护身心健康。心理咨询的目的在于帮助咨询对象避免和消除不良心理因素的影响，并产生认识、情感和态度上的变化，对于大学生而言就是解决大学生在学习、生活等方面出现的各种疑难问题，从而使其更好地适应环境、发展自我、增进心理健康。具体地说，大学生心理咨询的目的一方面在于针对一些大学生在学习和生活中遇到的各种问题，结合其认识特点和行为特征，提供一些必要的指导，帮助他们处理好人际关系，提高学习效率，完成学习任务，更好地处理因环境带来的各种问题，增强其对环境的适应能力，解决现实生活问题；另一方面在于使大学生进一步建立明确的自我认识，特别是对自我能力、素质方面的认识，帮助他们认识和开发自身的潜能，不断突破自我的种种局限，全面、充分地发展自己。

课堂讨论

你们学校有心理咨询中心吗？你了解心理咨询吗？

二、大学生心理咨询的内容

（一）大学生心理发展一般问题咨询

大学生心理发展一般问题咨询的内容主要包括根据不同年龄阶段大学生的身心特点及发展规律，帮助大学生解决心理挫折导致的心理问题；青春期的性心理卫生、异性交往等问题；大学生与教师、同学的人际交往问题；班集体的组织管理问题；家庭、社会和群体(包括班集体及其他小群体)对大学生身心发展的影响问题；不同时期的心理健康问题；大学生的人格发展问题；不适应行为、不良习惯及问题行为的矫治问题；重大事件或应激源对大学生的影响问题等。

(二)教育与学习咨询

教育与学习咨询的内容主要包括大学生的学习动机问题；教学内容、教学方式及教学环境对大学生认知过程的影响问题；培养良好的学习习惯和纠正不良的学习习惯问题；各种学习障碍的克服等问题；学习方法的自我检查与调整问题；智力发展与品德教育的关系问题；学习困难及学校适应不良问题；思想教育的方法及措施的有效性问题；特殊大学生(既包括超常大学生，也包括智力落后大学生)的教育及教学问题等。

精选案例

小陈，男，20岁，某高职院校二年级学生。本人自述：近一个月来由于头疼，功课落下很多，总想把功课补上，可怎么也学不进去，越看书越头疼，并感到自己后脑勺麻木，有时会有莫名其妙的紧张感。但医院体检并未查出异常，小陈希望在较短时间内查明病情，恢复学习能力，否则只能休学。他对自己的评价是自卑、内向。

经了解，小陈在进入大学后，尤其是做了学习委员后，感觉学习上有很大的压力。由于注意力不集中，学习效率下降，他的学习成绩并不理想，看书时间稍长就会感觉头脑发昏、头疼，想学也学不进去，常有一种强迫自己去学习的想法，甚至还产生过自杀的念头。针对这种情况，心理咨询师对其采取认知心理疗法，以正确、合理的认知代替不正确和不合理的认知，改变其看待问题的方法。

分析：

小陈由于学习压力过大而产生了一系列的困扰。为了摆脱这种困扰，他寻求了心理咨询师的帮助。心理咨询师认为他出现这种情况的根本原因在于其对自身的认知有误，是认知出现了问题，从而引发了心理、生理的问题。要想改变这种状态，最紧要的就是进行正确的认知引导。

(三)升学与就业咨询

升学与就业咨询也是大学生心理咨询的重要内容。每年均有数百万高中毕业生升入各类职业学校和大学学习，他们都面临升学考试与专业选择问题，所以升学咨询也越来越受到社会、学校及家长的重视。另外，随着市场经济的发展，大学生毕业后自谋职业已成为必然趋势，因此就业咨询成为大学生心理咨询的主要内容之一。升学与就业咨询的内容主要有大学生能力(一般能力与特殊能力)问题；性格与职业兴趣的测量问题；专业选择问题；职业选择或职业走向问题；就业前的心理适应问题；就业与升学信息咨询问题等。

(四)心理及行为障碍咨询

心理及行为障碍咨询是指对大学生常见的各种心理与行为障碍(或异常)的预防、诊断、治疗及预后处理等。青春期及青年早期各种生理及心理的变化为大学生提出了新的人生课题。这段时期正是各种心理冲突集中出现的阶段，他们将第一次独立面对一些心理挫折，由此带来的心理与行为上的不适应成为各种心理疾病的源头和病因。另外，早期(如童年期)存在的各种心理与行为障碍也会持续到大学阶段。心理及行为障碍咨询的内容主要包括环境不适应问题；各类神经症(神经衰弱、恐惧症、强迫症、抑郁症、焦虑症、癔症等)问题；性心理或性行为异常(如恋物癖、窥阴癖、露阴癖、性倒错倾向等)问题；各类行为障碍(如口吃、刻板行为、多动、不良习惯等)问题；人格障碍或病态人格问题等。

小贴士

在学校开展心理咨询一般包括以下三个主要任务。

(1)咨询师向来访的教师、行政人员及大学生家长提供相关的信息和指导。

(2)对心理异常的大学生进行诊断和鉴定，依据一定的心理学原理对来访大学生的心理和行为问题提供帮助。

(3)贯彻预防为主的方针，推行和实施学校心理卫生计划。

三、大学生心理咨询的类型

(一)发展性心理咨询

发展性心理咨询对象通常是正常的、健康的，无明显心理冲突，基本适应环境，咨询的目的是更好地认识自己，扬长避短，充分发挥潜能，提高学习和生活的质量，如探讨提高学习效率的最佳方法，获得人际交往的技巧和方法，测定自己的气质、性格特点等。这将有助于咨询对象增强自我认识能力、社会适应能力与发展能力，挖掘自身潜力，促进自身全面发展。

(二)适应性心理咨询

适应性心理咨询对象基本健康，但在现实生活中有各种烦恼和压力，有明显的心理矛盾和冲突，咨询的目的是排除心理困扰，减轻心理压力，改善适应能力，如新生入学后对环境适应不良而焦虑，因学习成绩上不去而苦闷，因单恋或失恋而不能自拔，过度自卑等。适应性心理咨询就是对咨询对象在学习、工作、人际关系等方面的适应不良提供帮助。

(三)障碍性心理咨询

障碍性心理咨询对象通常患有某些心理疾病，已影响正常的学习和生活，求治心切，咨询的目的是挖掘病源，找到对策，消除痛苦，恢复心理健康。

四、大学生心理咨询的主要形式

心理咨询有多种不同的形式。按照咨询对象的数量来划分，主要有个体咨询、小组咨询；按照咨询的途径来划分，主要有门诊咨询、书信咨询、电话咨询、宣传咨询和现场咨询等。一般来说，高校的心理辅导中心采取的心理咨询形式主要是按照咨询对象的数量来划分的。

(一)个体咨询

个体咨询是指由咨询对象单独向咨询机构提出咨询要求，一般也由单个心理咨询师出面解释、劝导和提供帮助的一种方式。个体咨询旨在运用咨询心理学与临床心理学的知识，帮助咨询对象全面认识那些影响其正常学习、生活的内外因素，增强咨询对象克服困难的信心和能力。个体咨询的会面次数、时间是由双方约定的。具体时间应根据咨询对象的实际情况等要求而定。在大多数情况下，心理咨询主要针对咨询对象学习、日常生活过程中出现的心理问题而进行。但在需要的时候，心理咨询师也对咨询对象的异常行为表现加以治疗。就整个过程而言，心理咨询师很注重通过增强咨询对象对其问题的认识来改变咨询对象对事物的认知。

个体咨询的最大优点是咨询师和咨询对象有机会建立一种彼此信任的关系。这种关系给咨询对象提供了一种安全感，有助于咨询对象袒露自己真实的内心世界。个体咨询不是咨询对象处于完全被动和受操纵的地位，针对心理咨询师提出的建议，咨询对象完全可以参与进去，拥有一种互动的体验。

(二)小组咨询

小组咨询是指由心理咨询师根据咨询对象所提出的问题，将咨询对象分成若干个课题小组分别进行讨论，引导、指导、解决咨询对象共同关心的学习、生活的问题的一种方式，也可以由咨询对象自愿组成小组，根据共同的心理障碍进行咨询。小组咨询的人数要求并不严格，一般以 10 人左右为宜。小组咨询旨在利用集体的智慧与力量来帮助咨询对象共同克服困难，解决问题。小组咨询与个体咨询相比，有自己更鲜明的特色。

在小组咨询中，小组成员之间的交流是多向的。这种多向交流，有利于成员之间产生共鸣。成员可以观察、了解到其他人也有与自己类似的苦恼，从而有助于自我认识和稳定情绪。问题相似，解决问题的迫切性也相同，从而会促使他们积极地讨论，集思广益；也会促使他们相互支持，相互帮助，相互影响。小组咨询的方式对于孤僻、害羞等社会交往障碍起着重要的作用。小组本身就可以给咨询对象提供参加社交活动的机会，采用示范、模仿、练习等方法，可以使咨询对象逐渐克服各种交往障碍。不过，小组咨询也有难以弥补的缺陷，如有些咨询对象不愿意暴露实质性又带有隐私性的信息，他们就需要个别对待。

五、大学生心理咨询时应注意的问题

目前，全国各大高校基本建立了大学生心理咨询中心，但是大学生对心理咨询的认同和利用心理咨询方式解决心理困惑的情况却并不尽如人意。有关调查显示，很多大学生在遇到心理问题时往往更乐意向朋友和家人倾诉，很少想到通过心理咨询的方式来解决。有部分大学生不去心理咨询中心是害怕别人认为自己不正常，宁可长期忍受心理上的痛苦和折磨而迟迟不去就诊。实际上，心理上的疾病和身体上的疾病一样，若不及时治疗，常常会使病情加剧。如同人们不可能自己解决个人所有的生理问题一样，人们也不可能自己解决个人所有的心理问题。当人们被心理问题困扰时，及时进行心理咨询是很有必要的。

进行心理咨询也要注意一些问题，这样才能更好地帮助咨询对象获得预期的效果，使其心理问题得到疏解。

(一)正确认识心理咨询

心理咨询所遵循的是一种教育模式，而不是医学模式。在咨询过程中，咨询对象被看作正常人，而不是病人或患者。对大学生而言，心理咨询的主要目的是对其在生活或学习中出现的一些心理上的困扰进行疏解。所以，不要错误地认为只有心理出现问题的人才进行心理咨询，大部分咨询对象是为了解决自己的苦恼，让自己的心理更加健康。

(二)相信心理咨询师

对于自己的问题不要羞于开口或含糊其词，不必有太多的顾虑。心理咨询师关注更多的是咨询对象叙述的内容而不掺杂其他因素，所以开门见山地谈论自己的问题就好。还有，要相信在咨询室里是绝对安全的。对于个人的隐私，心理咨询师会保密的。因为保密是心理咨询师必须遵守的行业信条，是从业者的基本素质之一。

(三)正确看待心理咨询的作用

在整个心理咨询过程中，心理咨询师做的是帮助咨询对象认清事实，分析利弊，开阔和转变思路，疏导不良情绪。问题的最终解决还是要靠自身，即在心理咨询师的帮助下，树立正确的观念，摒弃原有的错误观念，最终实现心灵的解脱。

心理问题往往是长久累积的结果，解决它需要时间和过程，更需要努力和耐心，急于求成往往会导致心理问题愈演愈烈，而保持平和的心态，按照心理咨询师的指导一步步进行才有利于问题的最终解决。

(四)注意咨询的方式

在进行心理咨询时，咨询对象可能会渴望倾诉心中的苦闷。当然，倾诉是心理咨询所必需的，但注意不要纠缠于细枝末节的问题。心理咨询师在了解咨询对象的基本情况后，更关注的是咨询对象对问题的看法和感受，不会就事论事给咨询对象一个结论。所以，不要在一些不相关的事情上占用太多时间。

当大学生遇到心理困扰时，可以通过心理咨询这一较为科学的方式来疏解自己的心理问题。这一方式可以使大学生更好地了解自己，更好地解决自身的问题。

教学检测

一、思考题

1. 生命的含义和特征是什么？
2. 大学生自杀的原因有哪些？如何预防大学生的自杀行为？
3. 大学生心理咨询的形式有哪些？

二、活动设计题

1. 以班级为单位，举办一次征文活动，要求所有的同学都参与进来。以“生命”为主题，可以谈谈对生命的感受，也可以结合自身实际谈谈遇到的一些困扰及针对这些困扰的想法。老师作为评委，将一些突出的问题拿出来在主题班会上和同学们一起讨论，达到解决同学们心理问题的目的。

2. 做个热心肠的人。仔细观察一下，看看你周围是否有正在遭受心理困扰的同学，你可以说服他去进行心理咨询，从而更科学地排解心中的苦闷。

思政园地

王伟：铁血忠魂的海空卫士

“呼叫81192，王伟同志，请你返航……”“81192”是原南海舰队航空兵某团中队长王伟生前所驾驶的歼—8Ⅱ战机的编号。2001年4月1日，王伟在执行对美军电子侦察机(以下简称“美机”)跟踪监视飞行任务时，为保卫祖国领空，遭美机撞机被迫跳伞坠海，壮烈牺牲，年仅33岁。

王伟，1968年4月生，浙江湖州人，一级飞行员。十几岁时，王伟就树立了报国从戎的理想。1986年6月，他如愿成为一名军校飞行学员。因在校期间表现优异，1988年，他光荣地加入了中国共产党。1991年，王伟从军校毕业，主动要求到海军部队工作，去南海守卫祖国的南大门。

到部队后，王伟努力学习高科技知识，刻苦钻研飞行技术，用行动践行着“让理想在飞行岗位上闪光”的誓言。他整理的训练笔记，常被打印成册，成为战友们的学习教材。他在全团率先将飞行理论和战术理论知识通过计算机编程，转化成形象逼真的图形，以增强学习效果。一本《国际航空飞行规定》被他翻阅得卷起了毛边，里面的重要条款，他都烂熟于心。

王伟牢记使命，贴近实战，部队每次改装新机种，他总是第一个报名参加试飞。有人劝他：“一旦改装，又是从零开始，你又成了一名新飞行员。凭你这样的飞行技术，在别的部队早就干上大队长了。”王伟却不为所动。短短几年间，凭着对飞行事业的忠诚，王伟熟练掌握了驾驶3种新型战机的过硬本领。

地面苦练，空中精飞，锻造了王伟矫健的“翅膀”。在15年的飞行生涯中，他安全飞行1 152小时6分钟，起飞2 000余架次，从未发生过“错、忘、漏”现象和事故征候，创造了一个个骄人的“第一”，成为一名守卫祖国南大门的海天骄子。

2001年3月31日晚6时30分，王伟从飞行中队给妻子阮国琴打电话说：“队里人手紧张，我替别人顶班，今晚就不回家了。”阮国琴万万没有想到，这竟是他们夫妻的最后诀别。

4月1日8时36分，一阵急促的战斗警报声骤然响起，担负战斗值班任务的王伟和飞行员赵宇以百米冲刺的速度跑向战机。上升高度、调整航向、空中编队，而后全速向目标飞去……

几分钟后，王伟和赵宇发现左前方有一架大型飞机。他们向目标接近，很快判明这是一架正向我国海南岛三亚外海抵近的美国EP-3型军用侦察机。王伟、赵宇迅速调整航向，驾驶“战鹰”与美机同向同速飞行。飞行一段时间后，突然，美机大动作转向，向王伟的飞机撞压过来！美机左机翼外侧螺旋桨将王伟驾驶的飞机垂直尾翼打成碎片，王伟的战机呈右滚下俯状坠落。此时，从翻滚坠落的飞机上传来了王伟镇定的报告声：“飞机控制失灵。”赵宇随即大声命令：“跳伞!”然而，王伟再也没有回答。

王伟的战机悲壮地扑向大海，激起冲天巨浪，一只降落伞缓缓下落，在南海上空盘旋、盘旋……

王伟落海后，军队及地方有关单位和人民群众展开了大规模的搜救行动。4月14日，根据多方面的情况分析判断，王伟已无生还可能，不得不确认他光荣牺牲，魂归大海。

王伟用自己年轻的生命谱写了一曲爱国主义和革命英雄主义的壮丽凯歌，他被中央军委授予“海空卫士”荣誉称号和一级英模奖章，并被海军党委批准为革命烈士。

（资料来源：《党建》，2022年1期，有改动）

讨论：

1. 从王伟烈士的英勇事迹中，你感受到了什么？
2. 结合材料和所学知识，谈谈你对生命的价值的理解。

参考文献

[1] 肖宇，主编；谭敏，何媛媛，副主编．大学生心理健康与人生发展[M]. 2 版．成都：西南财经大学出版社，2022.
[2] 陈红，邵景进. 大学生心理健康教育：微课版[M]. 北京：人民邮电出版社，2021.
[3] 王慧芳，董雪．大学生心理健康教育[M]. 北京：清华大学出版社，2021.
[4] 冯正玉，李焰．大学生心理健康[M]. 北京：高等教育出版社，2021.
[5] 冉威，简冬秋．大学生心理健康教育[M]. 北京：科学出版社，2021.
[6] 方双虎．新时代大学生心理健康实务[M]. 上海：同济大学出版社，2021.
[7] 谭锦花，舒卫华．大学生心理健康教育教程[M]. 天津：天津科学技术出版社，2021.
[8] 徐建财，邓远平，谢书书．大学生心理健康与发展[M]. 上海：上海交通大学出版社，2021.
[9] 刘济良，等．大学生生命教育[M]. 北京：科学出版社，2021.
[10] 宛蓉．大学生心理健康[M]. 2 版．北京：北京师范大学出版社，2020.
[11] 王江红．大学生心理健康[M]. 2 版．北京：人民卫生出版社，2020.
[12] 刘娟，刘燕．大学生心理健康教育[M]. 南京：南京大学出版社，2020.
[13] 刘嵋．大学生生命教育教程[M]. 北京：北京理工大学出版社，2020.
[14] 伍世亮，吴玉梅，林娥．大学生生命教育[M]. 广州：广东高等教育出版社，2020.
[15] 孙耀胜．当代大学生生命教育的认知与探索[M]. 北京：中国水利水电出版社，2019.
[16] 马林，李林森，王建侠．新编心理健康教育[M]. 哈尔滨：哈尔滨工业大学出版社，2018.